商务馆对外汉语教学专题研究书系（第二辑）
总主编　赵金铭
审　订　世界汉语教学学会

汉语作为第二语言的学习者研究

主编　王建勤

2019年·北京

总主编 赵金铭
主　编 王建勤
作　者（按音序排列）

柴省三　丁安琪　段伟丽
符冬梅　郭明军　郭　睿
江晓丽　李向农　林润宣
刘芳芳　刘凤芹　柳千训
钱玉莲　王佶旻　魏　敏
吴思娜　吴勇毅　徐晓霞
易　红　张延成

目 录

总　序 …………………………………………………………… 1
综　述 …………………………………………………………… 1

第一章　二语学习者情感因素研究 ……………………………… 1
第一节　韩国非中文专业大学生汉语学习态度调查研究 ………… 1
第二节　来华留学生预科汉语学习动机类型研究 ……………… 15
第三节　留学生来华前汉语学习动机强度分析 ………………… 27
第四节　来华留学生汉语学习效能感与学习倦怠关系研究 …… 42

第二章　二语学习者个体差异一般因素研究 ………………… 62
第一节　初级阶段留学生个体背景因素与口语测验
　　　　表现的关系 …………………………………………… 62
第二节　汉语作为第二语言习得的关键期假设研究 …………… 78

第三章　二语学习者学习策略研究 …………………………… 101
第一节　韩国学生中文阅读学习策略调查研究 ………………… 101
第二节　意大利学生汉语口语学习策略使用的个案研究 ……… 117
第三节　日本国内大学生汉语学习策略调查分析 ……………… 143
第四节　中亚留学生汉语词汇学习策略使用情况调查分析 …… 155

第五节　汉语作为第二语言的停延习得策略 ……………166
　　第六节　美国大学生汉语口语交际难点与应对策略研究 …181

第四章　二语学习者认知风格研究 ……………………207
　　第一节　不同认知风格留学生的汉语课堂学习需求分析 …207
　　第二节　留学生认知风格与汉语学习成绩关系 …………221
　　第三节　后方法时代的教师研究：不同认知风格的汉语
　　　　　　教师在课堂教学策略运用上的差异 ……………233

总　序

赵　金　铭

　　对外汉语教学专题研究书系是商务印书馆出版的同名书系的延续。主要收录2005～2016年期间，有关学术期刊、集刊、高校学报等所发表的有关对外汉语教学研究论文，涉及学科各分支研究领域。内容全面，质量上乘，搜罗宏富。对观点不同的文章，两方皆收。本书系是对近10年对外汉语教学研究成果的汇总与全面展示，希望能为学界提供近10年来本学科研究的总体全貌。

　　近10年的对外汉语教学与研究，呈现蓬勃发展的局面，与此同时，各研究分支也出现一些发展不平衡现象。总体看来，孔子学院教学、汉语师资培训、文化与文化教学、专业硕士课程教学等方面，已经成为研究热门，研究成果数量颇丰，但论文质量尚有待提升。由于主管部门的导向，作为第二语言汉语教学的汉语本体研究与汉语教学研究，在一定程度上被淡化。语音、词汇及其教学研究成果较少，语法、汉字及其教学研究成果稍多，汉字教学研究讨论尤为热烈。新汉语水平考试研究还不够成熟，课程与标准和大纲研究略显薄弱。值得提及的是，教学方法研究与教学模式研究、汉语作为第二语言习得研究、现代教育技术研究及其在教学中的应用研究，发展迅速，方兴未艾，成果尤为突出。本书系就是对这10年研究状况的展示与总结。

近10年来，汉语国际教育大发展的主要标志是：开展汉语教学的国别更加广泛；学汉语的人数呈大规模增长；汉语教学类型和层次多样化；汉语教师、教材、教法研究日益深入，汉语教学本土化程度不断加深；汉语教学正被越来越多的国家纳入其国民教育体系。其中，世界范围内孔子学院的建立既是国际汉语教育事业大发展的重要标志，也是进一步促进国际汉语教学持续发展的一个重要平台，吸引了世界各地众多的汉语学习者。来华外国留学生汉语教学与海外汉语教学，共同打造出汉语教学蓬勃发展的局面。

大发展带来学科研究范围的扩大和研究领域的拓展。本书系共计24册，与此前的22册书系的卷目设计略有不同。

本书系不再设《对外汉语课堂教学技巧研究》，增设《汉语作为第二语言教学的教学方法研究》和《汉语作为第二语言教学的教学模式研究》两册。汉语作为第二语言教学，既与世界第二语言教学有共同点，也因汉语、汉字的特点，而具有不同于其他语言作为第二语言教学的特色。这就要求对外汉语教学要讲求符合汉语实际的教学方法。几十年以来，对外汉语教学在继承传统和不断吸取各种教学法长处的基础上，结合汉语、汉字特点，以结构和功能相结合为主的教学方法为业内广泛采用，被称为汉语综合教学法。博采众长，为我所用，不独法一家，是其突出特点。这既是对外汉语教学的传统，在教学实践中也证明是符合对外汉语教学实际的有效的教学方法。与此同时,近年来任务型教学模式风行一时,各种各样的教法也各展风采。后方法论被介绍进来后,已不再追求最佳教学法与最有效教学模式,教学法与教学模式研究呈现多样化与多元性发展态势。

进入新世纪后,对外汉语教学学科理论研究的一个重要进展是开拓了第二语言习得理论与实际问题的研究,从重视研究教师怎样教汉语,转向研究学习者如何学习汉语,这是一种研究理念的改变,这种研究近10年来呈现上升趋势。除了《汉语第二语言学习者语言系统研究》《汉语作为第二语言的学习者研究》,本书系基于研究领域的扩大,增设了《基于认知视角的汉语第二语言习得研究》和《多视角的汉语第二语言习得研究》,从多个角度开辟了汉语学习研究的新局面。

教育部在2012年取消原本科专业目录里的"对外汉语",设"汉语国际教育"二级学科。此后,"汉语国际教育"作为在世界范围内开展汉语作为第二语言教学的名称被广泛使用,学科名称的变化,为对外汉语教学带来了无限的机遇与巨大的挑战。随着海外汉语学习者人数的与日俱增,大量汉语教师和汉语教学志愿教师被派往海外,新的矛盾暴露,新的问题随之产生。缺少适应海外汉语教学需求的合格的汉语教师,缺乏适合海外汉语学习者使用的汉语教材,原有的汉语教学方法又难以适应海外汉语教学实际,这三者成为制约提高对外汉语教学质量、提升对外汉语教学水平的瓶颈。

面对世界汉语教学呈现出来的这些现象,在进行深入研究、寻求解决办法的同时,也产生了一种急于求成的情绪,急于解决当前的问题。故而研究所谓"三教"问题,一时成为热门话题。围绕教师、教材和教法问题,结合实际情况,出现一大批对具体问题进行研究的论文。与此同时,在主管部门的导引下,轻视理论研究,淡化学科建设,舍本逐末,视基础理论研究为多余,成为一时倾向。由于没有在根本问题上做深入的理论探讨,将过多的精力用于技法的提升,以至于在社会上对汉语作为一个学科产生了不同认识,某种程度上干扰了学科建设。本书系《汉语作为第二语言教学的学科理论研究》和《汉语作为第二语言教学的教学理论研究》两册集中反映了学科建设与教学理论问题,显示学界对基本理论建设的重视。

2007年国务院学位办设立"汉语国际教育硕士专业学位",目前已有200余所高等院校招收和培养汉语国际教育专业硕士。10多年来,数千名汉语教师和志愿者在世界各地教授汉语、传播中国文化,这支师资队伍正在共同为向世界推广汉语做出贡献。

一种倾向掩盖着另一种倾向。社会上看轻汉语作为第二语言教学的观点,依然存在。这就是将教授外国人汉语看成一种轻而易举的事,这是一种带有普遍性的错误认知。这种认知导致对汉语作为第二语言教学科学性认识不足。一些人单凭一股热情和使命感,进入了汉语国际教育的教师队伍。一些人在知识储备和教学技能方面并未做好充分的准备,便匆匆走向教坛。故而如何对来自不同专业、知识结构多层次、语言文化背景多有差别的学习者,进行汉语作为第二语言教学的专业培养和培训,如何安排课程内容,将其培养成一个合格的汉语教师,就成为当前迫切需要解决的问题。本书系增设的《汉语作为第二语言教学的教师发展研究》《汉语作为第二语言标准和大纲研究》以及《汉语作为第二语言教学的课程研究》，都专门探讨这些有关问题。

自1985年以来，实行近20年的汉语水平考试（HSK），已构成了一个水平由低到高的较为完整的系统，汉语水平考试（HSK）的实施大大促进了汉语教学的科学化和规范化。废除HSK后研发的"新HSK"，目前正在改进与完善之中。有关考试研究，最近10年来，虽然关于测试理论和技术等方面的研究仍然有一些成果出现，但和以往相比，研究成果的数量有所下降，理论和技术方面尚缺乏明显的突破。汉语测试的新进展主要表现在新测验的开发、新技术的应用和对重大理论问题的探讨等方面。《汉语作为第二语言测试研究》体现了汉语测试的研究现状与新进展。

十几年来，汉语作为第二语言教学史的研究越来越多，也越来越深入。既有宏观的综合性研究，又有微观的个案考察。宏观研究中，从学科建设的角度探讨汉语教学史的研究。重视对外汉语教学历史的发掘与研究，因为这是对外汉语教学学科建设中不可缺少的一部分。宏观研究还包括对某一历史阶段和某一国家或地区汉语教学历史的回顾与描述。微观研究则更关注具体国家和地区的汉语教学历史、现状与发展。为此本书系增设《汉语作为第二语言教学史研究》，以飨读者。

本书系在汉语本体及其教学研究、汉语技能教学研究、文化教学与跨文化交际研究、教育技术研究和教育资源研究等方面，也都将近10年的成果进行汇总，勾勒出研究的大致脉络与发展轨迹，也同时可见其研究的短板，可为今后的深入研究引领方向。

　　本书系由商务印书馆策划，从确定选题，到组织主编队伍，以及在筛选文章、整理分类的过程中，商务印书馆总编辑周洪波先生给予了精心指导，在此深表谢意。

　　本书系由多所大学本专业同人共同合作，大家同心协力，和衷共济，在各册主编初选的基础上，经过全体主编会的多次集体讨论，认真比较，权衡轻重，突出研究特色，注重研究创新，最终确定入选篇章。即便如此，也还可能因水平所及评述失当，容或有漏选或误选之处，对书中的疏漏和失误，敬请读者不吝指教，以便再版时予以修正。

综 述

第二语言学习者的研究，主要是指学习者的情感因素研究、个体差异研究和学习者的学习策略以及认知风格等方面的研究。近十几年来，该领域的研究无论在数量还是质量上都得到较大的增长和提高。学者们在这些领域进行了广泛、深入的探讨，研究的内容涉及第二语言学习者的诸多方面，理论框架越来越明晰。在研究方法上也有较大改进，不再局限于单一的调查研究，多种方法相结合，呈现多元化趋势。本书收录的15篇论文，包括汉语二语学习者情感因素研究、个体差异一般因素研究、学习策略研究和认知风格研究等四个方面。虽然数量有限，但仍然能够体现近十几年汉语作为第二语言的学习者研究在理论和方法上的进展。

一　汉语作为第二语言的学习者研究现状

学习者的个体因素或直接或间接地对学习者的学习结果产生影响，这些因素既包括学习者的态度、动机等情感因素，也包括一般的个体因素（年龄、性别、母语背景等）以及学习策略和认知风格的相关研究。

（一）二语学习者情感因素研究

在研究内容上，汉语二语学习者的情感因素研究包括态度、动机、焦虑和学习倦怠等四个方面。其中汉语学习动机研究最为丰富，其次是学习态度研究。关于学习焦虑和学习倦怠的研究也开始出现，在一定程度上丰富了情感因素视角下的汉语习得研究。[①]

情感因素的二语习得研究主要关注两个基本问题：第一，归纳总结情感因素的不同类型及其内涵。例如，丁安琪通过对问卷调查的数据进行因子分析，归纳总结出了机遇动机、经验动机、职业发展动机、内在兴趣动机和重要他人影响动机等五大类型。[②] 李向农、魏敏以来华留学预科生为研究对象，通过因子分析析出七种动机类型，即内—外混合型动机、个人发展动机、教师因素动机、社会因素动机、学习情境动机、移民动机和考试动机等。[③] 第二，揭示个体因素对不同类型情感因素的影响作用。第二个问题往往以第一个问题的分类框架作为基础，进一步探索学习者各情感类型在个体因素的不同水平之间是否存在差别。例如，专业对学习者汉语学习动机有显著影响；[④] 汉语学习阶段、汉语习得水平对学习者学习效能感和学习倦怠存在影响；[⑤] 华裔所属国家、来华前汉语学习时间、学历、年龄和性别对汉语语言态度有影响，而没有影响的是职业背景和汉语水平。[⑥]

---

① 见本书第一章第四节；张晓路《留学生汉语使用焦虑与归因的相关性研究》，《语言教学与研究》2008年第2期。
② 见本书第一章第三节。
③ 见本书第一章第二节。
④ 见本书第一章第二节、第三节。
⑤ 见本书第一章第四节。
⑥ 倪传斌、王志刚、王际平、姜孟《外国留学生的汉语语言态度调查》，《语言教学与研究》2004年第4期。

在研究方法上，此类研究往往采用问卷调查的方法（或改编已有经典问卷，或根据前期的调查和访谈自行编制问卷），通过统计检验增删题目，以因子分析的方式抽取问卷构成的主要成分并进行命名和分析。因子分析方法在此类研究中得以广泛使用，研究质量得到提高，研究的结论具有重要的参考价值。

（二）二语学习者个体差异一般因素研究

在汉语习得研究中，个体差异的一般影响因素涉及了性别、专业、职业、族群背景、母语背景、汉语学习时间、在华时间等，考察较为全面，问卷样本量较大，统计分析可靠，结论可信。例如，王佶旻对223名留学生个体因素和口语能力测验之间关系进行了调查。研究结果发现，年龄、国别和华裔家庭背景对口语能力有显著影响，而性别、职业、母语背景、受教育程度和学习动机类型等因素对口语能力没有显著影响。[①] 考虑到口语能力的个体差异往往较大，该研究对口语范畴的考察在一定程度上具有较高的研究价值和意义。

年龄对语言习得的影响一直是第二语言习得理论研究和教学实践中的焦点问题，是探讨学习者个体差异的重要因素。可惜的是，此方面汉语习得研究非常少，对语言习得"关键期假设"的专门研究更少。柴省三2013年的研究是探讨此类问题的代表。该研究首先通过问卷调查采集学习者的各种背景信息，然后严格控制汉语习得初始状态、习得方式、习得时长和习得环境等相关变量，将汉语习得起始年龄作为自变量，以汉语语法、词汇识别、汉字书写和语音听辨水平作为因变量，采用相关分析法和语言习

---

① 见本书第二章第一节。

得量变曲线，分别考察起始年龄因素对青春期前、后两组不同学习者汉语习得速度的影响、特征和模块化差异。研究结果显示，年龄因素对学习者汉语习得的影响具有明显的模块化差异特征，起始年龄对语音习得水平的影响呈现出线性单调递减的变化关系，但学习者在语法、词汇和汉字三个模块上的习得速度则沿着起始年龄维度呈现近似W形的曲线特征；学习者的习得速度在四个语言模块上均不存在以青春期年龄为标志的"临界"转折点，起始年龄变量对青春期前、后两组学习者能否达到准母语者水平的概率具有显著性影响。[①] 这一结果支持了多元敏感期假设，其解释力要高于关键期假设和多元关键期假设。该研究具有多重的价值和意义：第一，实验设计比较严谨，无关变量得到了很好的控制；第二，因变量以汉语水平考试（HSK）这一标准化语言测试成绩为准，语言水平测量信度比较高；第三，该研究在实验研究的基础上对关键期三种不同假设进行了探讨，其结论具有一定的理论价值。

（三）二语学习者学习策略研究

近十几年来，汉语二语学习者的策略研究涉及的内容比较广泛，包括阅读策略[②]、口语学习策略[③]、词汇学习策略[④]、韵律停延策略[⑤]、口语交际策略[⑥]等诸多层面。通过这些研究，研究者可以深入地了解学习者如何解决学习中实际遇到的各种问题，从而

---

① 见本书第二章第二节。
② 见本书第三章第一节。
③ 见本书第三章第二节。
④ 见本书第三章第四节。
⑤ 见本书第三章第五节。
⑥ 见本书第三章第六节。

为汉语教师制定更为切合学习者实际需求的教学目标和方法提供可靠的依据。

在研究方法上,早期的策略研究往往采用调查问卷的研究范式,其学习策略问卷往往是通过修改已有量表或者自制量表而编制。① 吴勇毅采用的则是访谈方式的个案研究,② 这种质性研究跟定量研究相互印证,加深了对学习策略的进一步认识。值得关注的是,后来的研究开始逐渐脱离调查问卷和学习者自述的研究范式,采用更为直接的方式观测学习者在学习活动过程中实际所采用的策略,比如张延成、徐晓霞的研究要求汉语学习者进行单句朗读、篇章朗读和自由说话三种表达任务。作者通过语音分析直接揭示了汉语学习者所使用的停延策略,比如倚重停延来提取目的语知识、争取时间组织语言;倾向于使用停顿而非延时;利用停延进行长词串韵律组块等策略。③ 江晓丽的研究在调查问卷和访谈之外,还设计了口语任务要求学习者来完成。④ 这种研究范式有利于直接观察和记录学习者在完成语言任务时实际使用的策略,避免了单纯依赖学生口述而造成数据可能不准确的问题,从而使得学习策略的研究更加真实可靠。

(四)二语学习者认知风格研究

认知风格是指人们对信息和经验进行加工时表现出来的个体差异,是个体在感知、记忆和思维过程中经常采用的、所偏爱的、

---

① 见本书第三章第一节、第三节。
② 见本书第三章第二节。
③ 见本书第三章第五节。
④ 见本书第三章第六节。

习惯化了的态度和方式。^① 美国心理学家 Witkin 于 20 世纪 40 年代提出了"场独立"型和"场依存"型两种不同的认知方式。简单来说，倾向于前一种认知方式的人认识事物时，很少受到环境和他人影响，而后一种认知方式的人则受环境和他人影响较大。不同的认知方式对第二语言学习者的语言习得过程和策略会产生不同的影响。

认知风格的研究包括学习者和教师两个维度。吴思娜的两项研究考察的是学习者的认知风格，其研究首先通过认知风格测验区分了"场独立"型学习者和"场依存"型学习者。然后，前一项研究通过问卷调查了学习者的汉语学习需求，后一项研究通过语言测验获得学习者的汉语成绩，以此考察不同的认知风格在学习者汉语学习需求上和汉语学习成绩上是否存在差别。研究发现，在学习需求上，"场独立"型和"场依存"型学习者在讲练比例、提问方式、纠错方式的要求、喜欢的学习材料、学习方式、偏爱的教学活动上都存在差别。作者认为，对这些不同需求的了解有助于教师适时调整教学策略。在学习成绩上，学习者在中级阶段认知风格与学习成绩存在显著相关，而在初级和高级阶段没有发现明显相关，而且认知风格与不同科目的成绩有关，尤其与口语成绩关系密切，而与听力、写作和阅读成绩没有显著相关。^②

吴勇毅、段伟丽的研究则是从教师的角度来探讨认知风格。该研究采用的也是问卷调查的研究方法。不同的是，该研究辅以课堂观察和访谈，以定量和定性相结合的方式来考察不同认知风格的汉语教师在课堂教学策略运用上的差异。该研究发现汉语教

---

① 王建勤主编《第二语言习得研究》，商务印书馆 2009 年版。
② 见本书第四章第一节、第二节。

师一般会偏爱并选用符合其认知风格的教学策略,比如,"场依存"型汉语教师注重学习者语言的流利性,而且出于鼓励并提高自信的考虑,一般会较少纠错;而"场独立"型汉语教师注重学习者语言的准确性,而且出于提高准确度的考虑,纠错的频率较高。该研究同时也发现了教师所采用的课堂教学策略与其认知风格不一致的地方,比如"场依存"型汉语教师使用抽象符号、公式和语法术语的频率要高于"场独立"型汉语教师,这不符合"场独立"型汉语教师更倾向于使用图表、流程或公式这一认知风格。该研究是以教师为视角的研究,角度新颖,对教师认知风格的研究与对学习者的研究互相补充,相得益彰。作者认为,汉语教师应该充分发挥自己的认知风格和特点,去建构属于自己的、个性化的教学实践理论与方法,并使其适应施教当地的个体、机构、社会和文化等情境。[1] 这一思想很好地体现了当前语言教学逐步向后方法时代过渡的发展趋势[2]。

二 汉语作为第二语言的学习者研究进展及展望

近十几年来,汉语作为第二语言学习者的研究受到汉语习得领域学者们越来越多的重视,在研究内容和研究方法上均取得了较大的进展。与王建勤2006年主编的文集[3]中所收录的同类文章

---

[1] 见本书第四章第三节。
[2] 库玛《全球化社会中的语言教师教育:"知""析""识""行"和"察"的模块模型》,北京大学出版社2014年版。
[3] 王建勤主编《汉语作为第二语言的学习者与汉语认知研究》,商务印书馆2006年版。

相比，除了学习策略和态度动机研究的进一步深化外，研究的范围还涉及学习焦虑、学习倦怠等心理因素以及年龄、认知风格等一般个体差异因素，丰富了这一领域的研究内容。在研究方法上，这些研究已经不再局限于问卷调查，而是多种研究方法相结合，如结合访谈、课堂观察、口语任务等个案研究方法，将两者整合共同揭示研究结果，显示出该领域在研究方法上的进步。

（一）关于学习者的情感因素研究

十年前学习者情感因素的研究尚缺乏一个比较客观的理论框架，[①]而本书收录的文章所依据的理论非常明确，比如Gardner的动机扩展模式[②]，Dörnyei的动机三层次说（语言层面、学习者层面、学习层面）[③]。可惜的是，该领域研究的理论基础和问卷往往不能对应一致，问卷结构和内容不能根据相应理论而设置，而往往是根据访谈或先导性调查自制问卷，并归纳类型。这样的研究方式虽然得出了一些有意义的结论，但大都落于描述性研究的窠臼，不能上升到理论层面进行阐释，因而缺少普遍性。也正因为如此，不同的研究之间结果差异很大，比如，丁安琪总结的动机类型为机遇动机、经验动机、职业发展动机、内在兴趣动机和重要他人影响动机等五种，[④]而李向农、魏敏则归纳为内—外混合型动机、个人发展动机、教师因素动机、社会因素动机、学习情境动机、移民动机和考试动机等七种动机。[⑤]两项研究结果

[①] 王建勤主编《汉语作为第二语言的学习者与汉语认知研究》，商务印书馆2006年版。
[②] 见本书第一章第三节。
[③] 见本书第一章第二节。
[④] 同注②。
[⑤] 同注③。

之间虽有重合，但缺少共同的理论框架，同类研究之间难以比较，后续的研究也难以在已有研究的基础上进一步拓展。

目前语言与情感因素研究的理论视角仍然停留在"结构观"层面，汉语习得领域较少语言与态度和动机等情感因素"建构观"的研究成果。"结构观"将社会心理视为相对固定、客观的外部社会结构范畴，或者是以此为分类基础的主观定位。"建构观"将社会心理视为在社会文化历史情境中，个体与外界互动而发展出来的多元、动态的身份定位及其过程。后一研究思路有助于将语言学习置于一个整体的"人"的生活史、心理发展史的过程中去理解，从而调整语言教育的定位。① 因此，态度和动机等情感因素在语言学习中的位置，由"结构观"到"建构观"发展是当前这一领域的趋势，也是未来研究需要进一步努力的方向。

（二）关于学习者的个体差异一般因素研究

年龄因素始终是第二语言习得的关键因素，其研究结果将对国家语言政策与规划具有现实意义。汉语习得研究界已经开始关注该领域的研究，② 希望未来能有更多的研究致力于探讨年龄，尤其是"关键期"前后对第二语言习得研究的影响这一基本问题。除此之外，随着认知神经科学以及磁共振和事件相关电位等实验技术的发展，未来研究应该对语言习得关键期神经生理机制做进一步探讨。

（三）关于学习者的学习策略研究和认知风格研究

相比上一个十年，学习策略研究继续受到学者们的普遍关注，

---

① 高一虹、李玉霞、边永卫《从结构观到建构观：语言与认同研究综观》，《语言教学与研究》2008年第1期。

② 见本书第二章第二节。

研究内容渗透到语言知识的各个层面，认知风格方面的研究也开始出现，这些研究丰富了该领域的研究成果。未来的研究首先可以从以下方面向纵深发展，比如学习者对学习策略的意识问题、学习策略的使用与学习成绩的关系、学习策略的个体差异等等。其次，仅仅使用调查问卷这一研究方法，其解释力是非常有限的。近年来已经开始出现通过访谈、课堂观察和口语任务等方法研究学习策略的文章，希望未来研究能够在这一方面不断拓展。最后，对于学习者特定的学习策略和认知风格，教师如何因材施教使用恰当的教学策略，以及如何依据学习策略和认知风格研究成果制定汉语教学策略，应该是未来研究努力的方向。

第一章

二语学习者情感因素研究

第一节　韩国非中文专业大学生汉语学习态度调查研究①

随着中国经济影响力的增强，中韩经济的交流日益频繁，韩国人开始把汉语作为除英语之外仅次于日语的第二外语，并很快有超过日语的趋势，在韩国江原道，选择学习汉语的大学生和高中生的数量已经超过学习日语的数量。那么普通韩国大学生对待汉语学习是什么样的态度呢？目前这方面的全面调查并不容易做，只能从官方给的韩国学习汉语的人数的增加和每年的情况变化看出一些端倪。但这只是宏观层面的反映，本节想从汉语学习者尤其是大学非中文专业的汉语学习者中做调查，并运用适用于主观性研究和小样本调查的 Q 方法，试图描述韩国普通非中文专业大学生对汉语学习的主观态度。

---

①　本节作者：柳千训、郭明军、林润宣，原文副标题为《基于 Q 方法》，原载《沈阳师范大学学报》（社会科学版）2012 年第 2 期。

一 韩国汉语教学研究现状

通过知网数据库以"韩国、汉语"作为关键词进行主题精确搜索,共搜索到 31 条记录,其中 27 篇是与韩国汉语教学有关的论文,从这 27 篇论文的研究内容来看,当前关于韩国人学汉语的研究呈现出以下特点:首先,注重对外汉语教学方法的研究,该类论文有 11 篇,占全部论文数量的 40.7%,这些论文大多把讨论的焦点集中于汉语教学课堂和汉语语法,探讨如何才能有针对性地教韩国人学汉语,如丁崇明发表于《北京师范大学学报》2009 年第 6 期的《韩国汉语中高级水平学生语法偏误分析》,李允玉发表于《西南民族大学学报》2005 年第 12 期的《韩国汉语口语教学研究》;其次,注重对韩国人学汉语宏观层面的研究,这类论文有 8 篇,比如焦毓梅、于鹏发表于《长江学术》2010 年第 3 期的《韩国汉语教育现状分析及发展前瞻》;再次是对韩国汉语教材的研究,这类文章有 5 篇,如张晓曼发表于《社会科学战线》2007 年第 6 期的《韩国汉语教材存在的问题及改进措施研究》。另外还有韩国汉语教育史的研究,这类文章 3 篇,如金基石发表于《汉语学习》2005 年第 5 期的《韩国李朝时期的汉语教育及其特点》。但建立在客观调查数据基础上的韩国人学汉语研究只有一篇,辛承姬发表于《福建师范大学学报》2009 年第 1 期的《韩国汉语教学的市场需求调研——以"商务汉语"课程为例》,还没有专门针对韩国人尤其是大学生汉语学习主观性态度的调查研究文章。

当然,面对整个韩国学习汉语的学习者整体进行调查是十分困难的事情,这受制于地域、阶层、群体、不同年龄层等多方面的因素，难以达到十分全面客观的效果。但我们还是有必要了解韩国汉语学习者对汉语的主观态度，他们是如何看待汉语学习的。本节无法对汉语学习者整体进行全面的调查，所以选择了非汉语专业的大学生这一群体作为调查对象。

二 *研究方法*

本节回避了原来在统计学中常用的问卷调查法，即所谓的 R 方法，由于这种方法要抽取大量的调查对象，对调查对象的广泛性和代表性要求很高，容易出现误差，另外运用该方法进行主观性调查时得出的数据可靠性也是值得商榷的，所以我们选择了更适用于主观性研究和小样本调查的 Q 方法。

Q 方法最初由原籍英国的心理学家物理学家 William Stephenson 于 1935 年给 Nature 杂志的一封信中首次正式提出，并在其 1953 年出版的《行为研究：Q 技术及其方法》一书中进行了详细论述。由于他同时具备研究主观世界的心理学知识背景和研究客观世界的物理学知识背景，所以能够从新的角度去应用因素分析技术。传统的统计方法重点研究一般平均数，摒弃个人特性，而 Q 方法以研究主观世界为己任，将人作为变量进行分析，其方法论的主要特点是对主观性与个别性的强调。Q 方法为对主观性进行系统研究提供了基础。我们的研究主题是韩国大学生对待汉语学习的主观态度，所以本方法更适合于这一问题的研究。

三 分步骤研究

（一）确定 Q 陈述样本和调查对象

Q 陈述样本类似问卷调查中问卷问题，但完全不同，前者多是从被调查群体中来并且是一些表达态度的陈述句；而后者是研究者基于某种考虑或者理论而设计，大多为疑问句。所以，本研究中的 Q 样本陈述，是通过对韩国学习汉语的非中文专业的大学生访谈获得，并选择有代表性的态度陈述 23 个作为 Q 陈述样本。调查对象是韩国关东大学选修汉语课的非中文专业学生 46 名（收回有效问卷 37 份），生源来自首尔、京畿道、江原道、釜山等。

（二）Q 分类和数据运算

Q 陈述样本选定之后制作成调查表，分发给被调查者，让他们按照表格中要求的程序排列 Q 陈述样本，这个过程叫作 Q 分类。Q 分类的目的是当这些调查对象读完所选的一定数目陈述后，按照自己认为的同意、中立、不同意进行分类。但这种分类不是毫无规则的，而是按照我们设定的强制性正态分布标准做出的。在该研究中，我们要求受试先把 23 个陈述分为同意、中立、不同意三类，然后按照最同意（+3）、最不同意（−3）和中立（0）进行排列，并解释为什么选择最同意和最不同意两项。每个级别赋予一定的分值，共分为八级，最同意（+3）的编号为 7，最不同意（−3）的为 1，这些分数和一定数量的陈述即 Q 样本按照下表分布，最后用 QUANL 运算，得出本研究要用的一系列数据。

第一节 韩国非中文专业大学生汉语学习态度调查研究

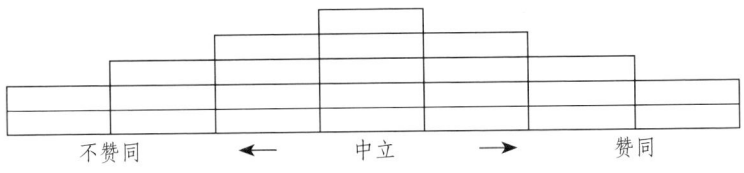

图 1-1

表 1-1

分布	-3	-2	-1	0	+1	+2	+3
参数	1	2	3	4	5	6	7
陈述数	2	3	4	5	4	3	2

表 1-2 问卷分值表

Q 问卷陈述 (Q-Statements)	分类别标准化得分 Zscore		
	I ($N=14$)	II ($N=17$)	III ($N=6$)
1. 我喜欢汉语,所以选了汉语选修课。	1.6	-0.3	1.1
2. 我对汉语并没有特别的爱好,随便选的。	-1.3	0.8	-0.4
3. 我认为学校开设汉语选修课很好。	1.4	1.1	1.0
4. 我认为学校没必要开设汉语选修课。	-1.5	-1.1	-0.6
5. 我特别喜欢汉语,高中时我就学得很好。	1.2	-1.6	—
6. 我很讨厌汉语课,但为了学分还得选。	-1.3	0.3	-0.7
7. 我从小就开始学习汉语。	0.1	-2.0	-0.7
8. 我不喜欢中国,所以也不喜欢汉语。	-1.6	-1.4	-0.9
9. 我认为汉语是未来很有用的一门语言。	1.6	1.2	1.4
10. 我认为汉语没有什么发展前景。	-1.5	-1.2	-0.9
11. 我想去中国旅游,所以选了汉语。	0.5	0.0	1.4
12. 我以后想和中国人做生意,所以选了汉语。	-0.5	-0.9	10
13. 中国是一个重要的国家,所以汉语也很重要。	0.6	1.0	1.6
14. 韩国语和汉语关系很密切。	0.0	0.9	1.0
15. 韩国语和汉语没什么关系。	-0.2	-0.0	-1.0

(续表)

Q 问卷陈述 （Q-Statements）	分类别标准化得分 Zscore		
	I (N=14)	II (N=17)	III (N=6)
16. 我上汉语选修课很努力，提高了我的汉语水平。	0.8	0.4	1.1
17. 我上汉语选修课主要是睡觉混学分。	-0.7	-0.8	-0.8
18. 我高中时没有选修汉语，很遗憾，所以选了汉语课。	-0.4	-0.3	-0.1
19. 我高中时就是选的汉语，选汉语课是想进一步提高我的汉语水平。	1.1	-0.1	-0.1
20. 汉语实在太难了，我觉得汉语选修课对我的汉语水平提高没什么帮助。	-0.4	0.3	-0.9
21. 我认为汉语选修课会对我的汉语水平提高有帮助。	0.7	1.7	0.8
22. 学汉语不如学日语。	-0.2	0.9	-1.8
23. 学日语不如学汉语。	0.0	0.9	-1.3

表 1-3

类型 TYPE	ID	性别	年级	专业	居住地	因子量
I （N=14）	2	男	大学一年级	医疗工学	京畿道	1.7252
	3	男	大学一年级	观光经营	江原道	4.0615
	7	男	大学一年级	体育	京畿道	1.1901
	8	男	大学一年级	中国学科	首尔市	1.0880
	11	女	大学一年级	韩国语教育	仁川市	0.7437
	12	男	大学一年级	酒店经营	江原道	1.2860
	13	女	大学一年级	警察行政	江原道	0.8945
	15	男	大学一年级	社会学	京畿道	2.0827
	19	女	大学一年级	韩国语教育	首尔市	1.2534
	23	女	大学一年级	警察行政	济州岛	3.1983
	28	男	大学一年级	医疗工学	京畿道	1.8245

第一节 韩国非中文专业大学生汉语学习态度调查研究 7

（续表）

类型 TYPE	ID	性别	年级	专业	居住地	因子量
I ($N=14$)	31	男	大学一年级	医疗工学	京畿道	1.1409
	33	男	大学一年级	医疗工学	首尔市	0.5731
	37	男	大学一年级	家庭教育	仁川市	2.3021
II ($N=17$)	1	女	大学一年级	社会学	首尔市	0.9262
	5	男	大学二年级	音乐	江原道	2.4616
	9	男	大学一年级	社会福祉	京畿道	1.0631
	10	女	大学一年级	社会福祉	京畿道	1.2407
	14	女	大学一年级	韩国语教育	釜山市	0.7322
	16	女	大学一年级	体育	江原道	1.1776
	17	女	大学一年级	体育	江原道	1.1238
	20	男	大学一年级	酒店经营	江原道	1.5819
	24	男	大学一年级	社会学	江原道	0.8503
	25	男	大学一年级	体育	京畿道	0.5745
	27	男	大学一年级	医疗工学	江原道	0.7955
	29	男	大学一年级	医疗工学	京畿道	2.5067
	30	男	大学一年级	医疗工学	京畿道	2.0440
	32	男	大学一年级	医疗工学	江原道	0.8621
	34	男	大学一年级	医疗工学	京畿道	0.6009
	35	男	大学一年级	医疗工学	京畿道	1.5868
	36	男	大学一年级	医疗经营	江原道	3.5813
III ($N=6$)	4	女	大学四年级	体育	京畿道	1.6352
	6	女	大学一年级	酒店料理	首尔市	1.0922
	18	女	大学一年级	韩国语教育	江原道	1.0140
	21	男	大学一年级	观光经营	首尔市	1.1153
	22	女	大学一年级	酒店料理	京畿道	3.1565
	26	女	大学一年级	贸易	江原道	0.6201

四 结果与分析

经过 QUANL 软件的运算,得出一系列运算结果,从表 1-2 和表 1-3 可以看出,软件把参与调查的对象分为三个类型,类型 I 14 人,类型 II 17 人,类型III 6 人。这三个类型解释的差异占有的权重为 62%(0.6214)。从表 1-3 可以看出,每个类型中被调查对象的因子数大于 1.0 的,类型 I 11 个,类型 II 11 个,类型III 5 个,其中类型 I 占有最大的因子量。并且,如表 1-4 所示,代表性的特征值分别是 14.9299、5.8041、2.2587。

表 1-4 特征值

特征值	14.9299	5.8041	2.2587
解释样本的比例(%)	0.4035	0.1569	0.0610
累计解释样本的比例(%)	0.4035	0.5604	0.6214

表 1-5 类型间关系比率

	类型 I	类型 II	类型III
类型 I	1.000	0.339-	0.636-
类型 II	0.339	1.000	0.321
类型III	0.636	0.321	1.000

表 1-5 显示了类型之间的关联系数,并且表现了类型之间的相似性,其中类型 I 和类型 II 之间的关联系数是 0.339,类型 I 和类型III之间的关联系数是 0.636,类型 II 和类型III之间的关联系数是 0.321。由这组数据可以看出,三种类型中除类型 I 和类型III联系性较大外,都符合作为独立类型的要求。

（一）类型分析

在进行类型分析的时候，最赞成与最反对的两项能起到决定类型特点的作用，所以作为重点分析。

类型 I （$N=14$）：

表 1-6

Q 问卷陈述（Q-Statements）	标准分数
1. 我喜欢汉语，所以选了汉语选修课。	1.61
9. 我认为汉语是未来很有用的一门语言。	1.61
3. 我认为学校开设汉语选修课很好。	1.38
5. 我特别喜欢汉语，高中时我就学得很好。	1.22
19. 我高中时就是选的汉语，选汉语课是想进一步提高我的汉语水平。	1.12
2. 我对汉语并没有特别的爱好，随便选的。	−1.29
6. 我很讨厌汉语课，但为了学分还得选。	−1.32
10. 我认为汉语没有什么发展前景。	−1.48
4. 我认为学校没必要开设汉语选修课。	−1.48
8. 我不喜欢中国，所以也不喜欢汉语。	−1.58

我们在表1-6中可以看出，类型 I 是对汉语学习热爱·友好型，该类型的大学生喜欢学习汉语，并且相当一部分人在高中时期就开始学习汉语了，他们对汉语有着长期的学习经历，并且一直保持着对汉语的兴趣，同时这类学生反对一切对汉语不利的态度，从选择陈述4、8作为自己最不赞同的陈述这一点上可以看出。

类型 II （$N=17$）：

表 1-7

Q 问卷陈述（Q-Statements）	标准分数
21. 我认为汉语选修课会对我的汉语水平提高有帮助。	1.73
9. 我认为汉语是未来很有用的一门语言。	1.15
3. 我认为学校开设汉语选修课很好。	1.12
13. 中国是一个重要的国家，所以汉语也很重要。	1.04
4. 我认为学校没必要开设汉语选修课。	-1.07
10. 我认为汉语没有什么发展前景。	-1.23
8. 我不喜欢中国，所以也不喜欢汉语。	-1.37
5. 我特别喜欢汉语，高中时我就学得很好。	-1.64
7. 我从小就开始学习汉语。	-2.00

表 1-7 反映出该类型的学生是理智·功利型，该类型的大学生选修汉语较之类型Ⅰ有着更现实的考虑，他们选择陈述 21、9 作为最赞同的陈述，认为汉语在未来很有用，并且这门课对于提高他们的汉语水平有好处；在最不赞同的两项中，他们选择了 5、7 项陈述，可以看出他们并不是特别喜欢汉语，并且汉语的学习处于初级阶段。

类型Ⅲ（$N=6$）：

表 1-8

Q 问卷陈述（Q-Statements）	标准分数
13. 中国是一个重要的国家，所以汉语也很重要。	1.58
11. 我想去中国旅游，所以选了汉语。	1.41
9. 我认为汉语是未来很有用的一门语言。	1.35
16. 我上汉语选修课很努力，提高了我的汉语水平。	1.08
1. 我喜欢汉语，所以选了汉语选修课。	1.06
3. 我认为学校开设汉语选修课很好。	1.03
12. 我以后想和中国人做生意，所以选了汉语。	1.01
22. 学汉语不如学日语。	-1.31
23. 学日语不如学汉语。	-1.79

从表 1-8 可以看出，类型Ⅲ的学生基本属于感性·现实型，他们在赞同的陈述选择方面一致性较强，并且呈现出感性与现实的色彩，比如他们选择第 11、13 项陈述作为最赞同的两项之一，充满了现实的考虑，但同时又情绪显露，比较感性化；在不赞同的方面权重超过 1.0 的只有两项，即陈述 22、23，从最不赞同这两项可以看出他们比较反感讨论汉语和日语哪个重要，因为他们有一个标准，那就是这种语言的现实适用性。

（二）类型间差异性分析

在类型间的差异分析中，分别以差异对照表 1-9、1-10、1-11 为基础，分析三种类型两两之间的差异。分别比较两两之间最同意和最不同意的两项之间的差异，这种差异越大表明该陈述越接近该类型。

类型Ⅰ与类型Ⅱ

表 1-9

	Q 问卷陈述（Q-Statements）	类型Ⅰ	类型Ⅱ	差异
赞同	5. 我特别喜欢汉语，高中时我就学得很好。	1.221	-1.638	2.859
	7. 我从小就开始学习汉语。	0.63	-2.002	2.065
	1. 我喜欢汉语，所以选了汉语选修课。	1.612	-0.263	1.875
	19. 我高中时就是选的汉语，选汉语课是想进一步提高我的汉语水平。	1.124	-0.115	1.238
不赞同	21. 我认为汉语选修课会对我的汉语水平提高有帮助。	0.698	1.735	-1.036
	22. 学汉语不如学日语。	-0.245	0.878	-1.123
	6. 我很讨厌汉语课，但为了学分还得选。	-1.323	0.288	-1.612
	2. 我对汉语并没有特别的爱好，随便选的。	-1.295	0.785	-2.080

从表 1-9 可以看出类型Ⅰ和类型Ⅱ之间的差异，在针对第 5、7 两项陈述的态度上，二者有着鲜明的差异，类型Ⅰ基本持赞同

态度，而类型Ⅱ则基本持反对态度。这两项表达的态度是特别喜欢汉语，从小就开始学习汉语。可见类型Ⅰ的大学生对汉语学习有着一种持续的长期的热爱，类型Ⅱ的受访者虽然也认为汉语重要，并且喜欢汉语，但并没有类型Ⅰ的受访者那样对汉语学习有着某种特殊的情感。在对第6、2两项陈述的态度上，两种类型的差异性也很明显，类型Ⅰ的受访者在基于对汉语热爱的心理基础上对这两条陈述表达了反对的观点，而类型Ⅱ的受访者虽然没有明确的赞成，但这两项的得分是正值。差异性最大的这8项陈述最能代表这两种类型各自的特点。

类型Ⅰ与类型Ⅲ

表 1-10

	Q 问卷陈述（Q-Statements）	类型Ⅰ	类型Ⅲ	差异
赞同	22. 学汉语不如学日语。	-0.245	-1.793	1.548
	23. 学日语不如学汉语。	0.025	-1.312	1.337
	19. 我高中时就是选的汉语，选汉语课是想进一步提高我的汉语水平。	1.124	-0.099	1.223
	5. 我特别喜欢汉语，高中时我就学得很好。	1.221	0.038	1.183
不赞同	13. 中国是一个重要的国家，所以汉语也很重要。	0.572	1.583	-1.012
	12. 我以后想和中国人做生意，所以选了汉语。	-0.465	1.007	-1.472

表 1-10 反映的是类型Ⅰ和类型Ⅲ之间的差异性，我们从表中的数据可以看出，类型Ⅰ和类型Ⅲ的差异性较小，我们从表 1-5 中二者相关系数为 0.636 也可以看出二者的接近。表 1-10 中最能代表差异性的两项分别是第 22 和 12 项。陈述 22 在两种类型的差异系数为 1.548，但在根本态度上没有严重的分歧，陈述 12 上的差异较明显，一个偏向反对一个偏向赞成，所以陈述 12 最能

代表类型Ⅲ的特点。

类型Ⅱ与类型Ⅲ

表 1-11

	Q 问卷陈述（Q-Statements）	类型二	类型三	差异
赞同	22. 学汉语不如学日语。	0.878	-1.793	2.671
	23. 学日语不如学汉语。	0.917	-1.312	2.229
	20. 汉语实在太难了，我觉得汉语选修课对我的汉语水平提高没什么帮助。	0.341	-0.934	1.275
	2. 我对汉语并没有特别的爱好，随便选的。	0.785	-0.428	1.213
不赞同	7. 我从小就开始学习汉语。	-2.002	-0.700	-1.302
	1. 我喜欢汉语，所以选了汉语选修课。	-0.263	1.064	-1.327
	11. 我想去中国旅游，所以选了汉语。	0.036	1.411	-1.375
	5. 我特别喜欢汉语，高中时我就学得很好。	-1.638	0.038	-1.676
	12. 我以后想和中国人做生意，所以选了汉语。	-0.937	1.007	-1.943

表 1-11 反映的是类型Ⅱ和类型Ⅲ的差异，在关于学日语好还是学汉语好这一问题上类型Ⅱ显然是没有倾向性，都放在了中间偏右的位置，而类型Ⅲ是明确反对的，这样就反映出类型Ⅲ的受访者对汉语重要还是日语重要这样的讨论本身是反感的。对于陈述 5 和 12，两者的差异也比较大，其中对于陈述 5 的态度，类型Ⅱ是持反对立场的，而类型Ⅲ则基本中立；陈述 12 最能反映出类型Ⅲ的特点，也是类型Ⅱ和类型Ⅲ的区别所在，类型Ⅲ受访者出于现实的考虑把 12 作为正面的选项，而这在类型Ⅱ那里则是负面选项。

（三）类型间一致性分析

表 1-12

	Q 问卷陈述（Q-Statements）	标准分数
赞成	9. 我认为汉语是未来很有用的一门语言。	1.37
	3. 我认为学校开设汉语选修课很好。	1.18
	16. 我上汉语选修课很努力，提高了我的汉语水平。	0.76
	14. 韩国语和汉语关系很密切。	0.64
不赞成	18. 我高中时没有选修汉语，很遗憾，所以选了汉语课。	-0.26
	15. 韩国语和汉语没啥关系。	-0.41
	17. 我上汉语修养课主要是睡觉混学分。	-0.76
	4. 我认为学校没必要开设汉语修养课。	-1.05
	10. 我认为汉语没有什么发展前景。	-1.22
	8. 我不喜欢中国，所以也不喜欢汉语。	-1.27

表 1-12 反映的是三种类型的受访者态度较一致的选项，在赞成的陈述中，9 和 3 所占因子量大于 1.0，可见，"我认为汉语是未来很有用的一门语言"和"我认为学校开设汉语选修课很好"是大家都认同的观念，这也反映出汉语在韩国大学生心目中的位置。在对待汉语课上课的态度上，大部分学生都认为自己上汉语课很努力，并有所提高。在韩国语与汉语的关系方面，韩国的大学生也较认同汉语与韩国语之间有联系，这在第 14 项和 15 项的选择上有所反映。在反对的陈述中，4、8、10 项陈述所占分子量较高，这与赞成的几项刚好是紧密联系的，也说明这次调查的结果是可靠的。

五 结论

在这次调查研究中，我们通过 Q 调查的方式完成了对韩国在校大学生（非中文专业）对汉语学习的主观态度调查，并通过 Q

分析软件运算分出三种不同类型的汉语学习者，暂且把他们称为：热爱·友好型、理智·功利型和感性·现实型。其中热爱·友好型也即类型Ⅰ共14名，占调查人数的37.8%，他们热爱汉语学习，并对所有与中国有关的事情感兴趣，属于友好派；理智·功利型即类型Ⅱ共有17名，占调查对象的45.9%，他们对汉语学习抱有理智的态度，并且选择学习汉语基本上是一种功利的选择，为前途和以后的就业甚至是仅仅为了学分着想；感性·现实型即类型Ⅲ共有6名，占调查人数的16.2%，这一类型的个性不太突出，很多观点尤其与类型Ⅰ接近，但也有其自身的特点，一是感性，凭感觉喜欢汉语，二是现实考虑较多，这一点与类型Ⅱ的功利接近。

通过本次基于Q方法的调查研究，我们基本上弄清楚了现在韩国在校大学生（非中文专业）对汉语学习的态度，这不仅能为我们的汉语教师有针对性的对外汉语教学提供帮助，也为我们推广汉语和制定相关政策计划提供了数据参考。

第二节　来华留学生预科汉语学习动机类型研究[①]

一　引言

（一）研究背景

据2014年12月孔院大会公布的数据，"截至2014年12月，

---

① 本节作者：李向农、魏敏，原载《教育研究与实验》2015年第4期。

全球有126个国家和地区475所孔院，851个孔子课堂；累计注册学员345万"。① 另据"教育部发布数据显示，2014年来华留学生人数为377054人，与2010年相比，增长117521名，同比增长37.7%。来华留学生总人数、生源国家和地区数、我国接收留学生单位数及中国政府奖学金生人数四项均创新中国成立以来新高。"② 与之形成反差的是，我国对外汉语教学的研究无论是教学方法还是课程设置上都存在明显不足，尤其是起步较晚的留学生预科教育，更是有待于进一步的探究。对预科留学生学习动机类型的研究，将对整个留学生汉语教学提供相应的依据。

我们知道，学习行为，特别是学校情境中的长期学习，都是由动机引起的。国外学者自20世纪50年代开始关注学习动机对第二语言学习的重要性。一种维度是"内在动机"和"外在动机"，前者指学习语言本身所带来的愉快与满足感，后者指把语言学习作为达到某一目的的途径。另一种经典维度是Gardner和Lambert提出的两大类学习动机：一是工具型动机，就是用语言做工具达到某个实际目的，如找份薪水高的工作；二是融合型动机，就是理解和融入目的语文化。在此基础上，他们研发了第二语言学习态度/学习动机测量表。③ 工具型与"外在动机"相对应，融合型与"内在动机"相对应。之后，一些学者对该经典动机模式进行扩展。Dörnyei更加重视课堂教学环境，提出了动机的三层次说，即语言层面、学习者层面、学习层面，并以此为基础来测量外语

---

① http://www.chinanews.com/cul/2014/12-07/6852661.shtml.
② http://www.moe.edu.cn/.
③ Gardner, R. C. & Lambert, W. E. *Attitudes and Motivation in Second Language Learning*. Newbury House, 1972.

学习。①Tremblay & Gardner 根据需求理论、期望—价值理论和自我效能理论，提出了学习动机的扩展模式，这也被认为是目前较为全面，且经得住检验的学习动机理论。②

　　我国语言界关注学习动机，是从中国人学习英语的研究开始的。很多学者主要是探索多种学习因素与学习成绩的关系，动机只是很多因素中的一个。高一虹等学者对全国 30 所大学的 2278 名本科生进行问卷调查，自下而上地归纳了中国大学本科生学习英语的学习动机类型，主要有 7 种，即兴趣、成绩、情境、出国、责任、发展、媒介。③近 10 年，对外国人学习汉语的动机有了一些研究。吕必松将第二语言学习的目的归纳为：受教育的目的、学术研究的目的、职业目的、职业工具目的以及其他目的。④郭亚萍在研究印尼留学生时，提出将对外汉语的学习动机分为三类：内在动机、工具性动机、被动性动机。⑤沈亚丽将对外汉语学习动机分为融入型动机、工具型动机、内在动机、外在动机、成就型动机，其中外在动机与被动性动机有相似之处。⑥原一川等人则提出 8 种学习动机以及一些相关的态度因素：内部动机、外部

---

　①　Dörnyei, Z. Motivation and Motivating in the Foreign Language Classroom. *Modern Language Journal*, 1994(78).
　②　Tremblay, P. F. & Gardner, R. C. Expanding the Motivation Construct in Language Learning, *Modern Language Journal*, 2011(79).
　③　高一虹、赵媛、程英、周燕《中国大学本科生英语学习动机类型》，《现代外语》2003 年第 1 期。
　④　吕必松《华语教学讲习》，北京语言学院出版社 1992 年版。
　⑤　郭亚萍《印尼留学生汉语学习动机调查研究》，厦门大学 2009 年硕士学位论文。
　⑥　沈亚丽《来华留学生汉语学习动机与学习策略及其相关性研究》，上海交通大学 2008 年硕士学位论文。

动机、融合性动机、社会责任动机、家长支持动机、学习焦虑动机、合作/竞争学习动机、教学因素动机；对本民族认同的态度、对外国语/文化的态度、学习汉语的态度、对汉语为母语的人的态度、学习努力程度以及学习愿望。[①]

总之，有关留学生汉语学习动机的研究多借鉴国外经典及扩展模式的理论框架，但对留学生预科汉语学习动机还未有涉及。根据国家留学基金委员会2009年的文件规定，凡申请我国各高校本科专业的留学生，需学习一年的汉语。文科生需通过新汉考五级，理科生需通过新汉考四级（为行文方便，HSK表示新汉考）。因此，留学生预科汉语教学就不可避免地具有速成性、强化性，有关留学生预科汉语学习的动机究竟有哪些类型，以及学习个体特征不同的学生有何动机差异，我们的实证研究还显见匮乏。探究这些问题将有助于预科汉语教学，并为整个宏观汉语教学提供相应的依据。

（二）研究问题

本研究的主要目的是归纳留学生预科汉语学习动机类型，并考察个人因素对动机的影响——即性别、专业等方面不同的学习者，在动机类型上是否存在差异？

二 研究方法

（一）研究对象

我们对华中师范大学2014级预科留学生发放问卷135份，

[①] 原一川、尚云、袁焱、袁开春《东南亚留学生汉语学习态度和动机实证研究》，《云南师范大学学报》（对外汉语教学与研究版）2008年第3期。

回收有效问卷131份,有效率97%。研究对象基本情况见表1-13。

（二）测量工具

表1-13 受试者年龄、性别和专业分布

	年龄（岁）				性别		专业	
	18～25	26～30	30～35	35以上	男	女	文科	理科
人数（%）	122（93.1）	7（5.3）	1（0.8）	1（0.8）	80（62.5）	48（37.5）	90（70.9）	37（29.1）

注：本表已剔除了缺失项。

本研究的测量工具参考了高一虹等对中国大学本科生英语学习动机类型问卷，英国诺丁汉大学英语系对中国人学习英语的调查问卷，结合留学生预科汉语教学实际，采用从"很不同意"到"很同意"的李克特5级量表形式自编问卷。

（三）数据分析

用SPSS19.0版统计软件对数据进行了因子分析和方差分析，目的是探究动机的类型以及个人因素对动机各成分的影响。

三 研究结果与讨论

（一）动机类型的因子分析

对问卷的分析显示，数据适合进行因子分析（KMO＝0.82；Bartlett球型检定结果显著）。采用主成分分析，正交旋转（Varimax）抽取8个因子，累积解释总变差为63.895%。同时，斜交旋转（Direct Oblimin）的累积解释百分比完全相同。综合来看，7个因子相对于8个因子的概括力更强，而且总变差解释比例达到59.364%，损失的信息也不多。所以，抽取7个因子更为合理。第1题在各因子上的负荷均小于0.4，故删去该题项，得到7因子25个项目的问卷。正交旋转后的各因子及其负荷见各因子所包含的题目及其负荷，见表1-14。

因子1包括6个题项，其中两个题项"父母/学校要我学"和"了解中国的经济、科技发展情况"是外部要求动机。而其余四个题项都是对目的语文化的喜爱而形成的动机，这种动机的形成是内在性的。对学习第二语言的学习者来说，内、外两种动机并存，这与国外的 Munchnick 和 Wolf 的研究相同，他们发现学习者就这两种动机很难区分。Ely 对美国大学学西班牙语的学生调查，发现学生们的两种动机都很强烈。[①] 因此，我们将因子1命名为"内—外混合型动机"。

因子2的内容可以看成是"工具性"动机，包括4个题项，即"获取毕业证书"、"人生的敲门砖"、"寻找更好的受教育和工作机会"、"学好其他专业"，这些内容都与学习者个体的前途和提高社会地位息息相关，故因子2命名为"个人发展动机"。与高一虹等调查的"个人发展动机"、沈亚丽的"成就型动机"相类似。

因子3的内容紧紧围绕着"汉语教师"，共3个题项。当学生信任教师，才会依赖、喜欢教师，而教师的教学理论、教学方法、教学能力又直接决定着教学质量，教学质量又对学生的成绩产生重要的影响。因此，我们将此类因子命名为"教师因素动机"。这是以往调查问卷中所没有的。

---

① 冯小钉《短期留学生学习动机的调查分析》，《云南师范大学学报》（对外汉语教学与研究版）2003年第2期。

表 1-14　转轴后的因素负荷矩阵

	因素 1	因素 2	因素 3	因素 4	因素 5	因素 6	因素 7
17. 喜欢这门语言本身	0.771						
15. 对中国文化感兴趣	0.697						
02. 父母/学校要我学	−0.634						
16. 对学语言有爱好	0.616						
23. 亲身体验中国文化	0.519						
14. 了解中国的经济、科技发展	0.460						
09. 获取毕业证书		0.716					
13. 学好其他专业		0.666					
22. 寻找更好受教育和工作机会		0.660					
25. 人生的敲门砖		0.650					
05. 喜欢汉语老师			0.822				
04. 学习成绩			0.749				
06. 汉语教学质量			0.640				
18. 喜欢中文歌曲和电影				0.610			
20. 很好地服务于社会				0.604			
21. 不辜负家人的期望				0.592			
10. 汉语是有用的交流工具				0.494			
12. 获得周围人的认可				0.450			
19. 有机会出国				0.426			
07. 所用的中文材料					0.907		
08. 汉语班					0.905		
24. 移民到中国						0.791	
26. 教育/修养的象征						0.426	
11. 考试分数							−0.746
03. 通过 HSK4/HSK5							0.684

因子 4 所包括的 6 内容项目，具有较强的内在逻辑性。学习者因为中文电影、歌曲、文学接触到汉语，并喜欢上汉语，萌发

想学习的愿望。加上西方社会倡导学习的较高境界是为社会服务，因此，学习汉语也不例外。读预科的留学生一般年龄较小，多集中在 18～25 岁之间，有的是第一次出远门，而能到中国这个古老、神秘的国度也是件很荣光的事情，在家人、亲戚间也会产生不小的影响，与家人的期望联系在一起也是情理之中的事情。当然，取得周围人的认可来证明自我的价值，这似乎是东方哲学。大多数留学生来自西方，西方哲学里的个人因素较为突出，所以通过学汉语来获得周围人对自我的认可是所有项目因子负荷中较低的一项。参加留学生预科汉语项目，留学生一般都有中国政府所提供的奖学金，并有在中国学习的机会，所以与出国也会紧密相连。综观因子 4 所包括项目，都离不开"社会"这个因素，因此我们将因子 4 命名为"社会因素动机"。

因子 5 的 2 个题项，与教材和教学相关，归为"学习情境动机"。这与 Dörnyei 的动机扩展模式的"学习情境层面"相符。与原一川等调查的"教学因素动机"类似。

因子 6 有 2 个项目，一是"移民到中国"，想了解中国并融入中国社会，在此生活，与出国相关；一是获得抽象、心理上的"投资"——"教育/修养象征"，且前一个题项的因子负荷远高于后一个题项的因子负荷，因此我们将因子 6 命名为"移民动机"。

因子 7 是具有较为直接的"工具性"，与考试密切相关，共 2 个题项，一个是与平时的考试联系多些，如"考试分数"；一个是直接与预科汉语学习的最终目标——"通过 HSK4/HSK5"相关。我们将之命名为"考试动机"。

（二）各动机类型上的组间差异

我们以性别、专业为自变量，汉语学习动机类型（斜交旋转因子分析得出的因子值）得分为因变量（由于18～25岁占到了93.1%，故把年龄因素略去），对不同组别的学习动机类型做回归的方差分析，以考察个人因素对动机类型的影响，结果见表1-15。

通过对数据的处理，其结果显示专业对动机类型有显著主效应（$p<0.05$），性别对动机类型没有影响（$p>0.05$）。

表1-15 各动机类型的专业差异的方差分析

因变量	SS	df	MS	F	p	R^2（R^2_{adj}）
因子1	26.766	2	13.383	17.041	0.000	0.239（0.215）
因子2	14.970	2	7.485	8.394	0.000	0.136（0.108）
因子3	24.717	2	12.359	15.788	0.000	0.241（0.217）
因子4	4.857	2	2.429	2.641	0.075	0.109（0.080）
因子5	0.800	2	0.400	0.400	0.671	0.030（0.001）
因子6	3.452	2	1.726	1.756	0.177	0.047（0.017）
因子7	4.103	2	2.051	2.084	0.129	0.046（0.016）

由表1-15可知，在内—外混合型（因子1）、个人发展（因子2）、教师因素（因子3）动机类型得分上存在着显著的专业差异（$F=17.041$，$p=0.000$；$F=8.394$，$p=0.000$；$F=15.788$，$p=0.000$）。

文科学生在个人发展上对语言的依赖比理科学生对语言的依赖要强。文科学生所学的内容多与人的因素相关，较之理科生，文科学生也多偏感性，因此在汉语学习上，文科学生的学习受汉语教师的影响也较大；理科生所学内容多与数据打交道，其思维也较偏理性，因此在汉语学习上对教师的依赖较之文科生没有那么强，相反，他们对教材的依赖性比文科生要强。

四　结论

（一）主要发现

本次调查研究是自下而上地分析了留学生预科汉语学习的动机类型，主要发现是汉语学习动机带有情境性、工具性、文化性并存的特点。

留学生预科汉语学习的动机包括 7 种类型，即内—外混合型、个人发展、教师因素、社会因素、学习情境、移民和考试。这里，教师因素首次从学习情境动机中独立出来，可见汉语教师在留学生预科汉语教学中的重要性。

个人发展、移民和考试动机可以说是"工具性动机"，考试主要为了通过 HSK4/HSK5，带有"应试"特点。内—外混合型动机和社会因素动机显示留学生的内、外动机并存，两种动机很难区分。在"内—外混合型动机"里，既有对文化感兴趣，为了体验中国文化而激发的"融入性动机"，即指向文化性；又有因父母要求而学的外部要求动机，即凭借语言了解中国的经济、科技的动机，这使学习汉语带上了某种工具性。[①]

从专业对动机的影响来看，文科生的工具性动机大于理科生。因此，文科生受到汉语教师的影响要大于理科生，如何因势利导，让文科生的学习更趋理性，不过分依赖教师，或引导其正确看待教师的作用，将有利于他们整个预科阶段的汉语学习并降低他们学习的焦虑感。但是，以往研究表明，从长远来说，培养留学生

---

① Warden, C. A. & Lin, H. J. Existence of Integrative Motivation in an Asian EFL Setting. *Foreign Language Annals*, 2010 (33).

的内在动机有利于他们的汉语水平，而考试动机若过分强化会导致他们对汉语内在兴趣的减退。汉语学习的动机十分复杂，这次调查仅是一个探索性的研究，目的在于归纳留学生预科汉语学习的动机类型，而对不同动机间的关系并没有深入探讨，对于动机与成绩之间的关系也没过多涉及，这应为今后研究的方向。

（二）对教学的启示

调查结果显示留学生预科汉语学习的动机，情境性动机和工具性动机较为突出，表现在其相关的因子负荷较大，而文化性动机显得不是那么强烈。这与预科汉语学习的要求有紧密的关系，即要通过HSK4/HSK5级才能顺利进入中国的大学进行相关专业的学习。那么，在教学中如何能既保持教学的强度和速度，又能兼顾汉语文化性需求，使学习者能保持对汉语学习的兴趣，顺利地完成预科汉语学习，这就需要注意处理好预科汉语教师与预科生的关系、教学速度与有效教学的关系、教学速度与教学兴趣的关系、教师教学与教材编写的关系。

预科留学生的年龄大多偏低，有90%的学生年龄在18～25岁，他们第一次出远门的新鲜感很快会被生活上的不适和学业上的压力所代替，教师是他们接触最多的人，也是他们了解中国的一个窗口，加上预科汉语学习的强度，很容易产生对教师的依赖，因此，以往研究中未曾设项的"教师动机"显示，教师在预科汉语教学中显得尤为重要。所以，汉语教师不仅仅是教师的身份，还应成为学生的"朋友"，及时疏导他们学业甚至是生活中的不适，以学识素养和人格魅力迅速取得他们的信任，也是每个预科汉语教师应树立的意识。另外，根据文理科学生学习动机的不同，教学上应加强针对性，加强区别对待。

预科留学生汉语教学带有强化性和速成性，因此，对有效教学也有较高的要求。国外学者就曾提出过影响有效教学的5种因素：（1）师生共同参与创造性活动，以促进学习；（2）语言发展——通过课程发展学习者的语言，提高学习者的素质；（3）学习背景化——把教学时学生复杂的思维与学生的真实生活联系起来；（4）挑战性的活动——通过思维挑战发展学生的认知技能；（5）教学对话——通过对话进行教学。第三点在教学中应特别注意，教师应结合教学内容尽量创设真实的语境，将书本的知识转化为学生的应用能力。[①] 同时，教学中还应关注趣味性，以保持学生对汉语持续的学习动力。

本次调查结果显示，学生对预科汉语教材的期望还是很高的，对这一项的因子负荷达到0.907，居所有因子负荷之首。可见，一本好的教材对预科留学生的汉语学习也是非常重要的。不仅要选好教材，教师在教学中也应处理好教材的内容。教材的处理应包括两个方面：一是教师自己对所用教材理念的把握、处理；二是对学生使用教材的指导。教师对教材中"拼音""汉字""词汇"乃至"阅读"等问题的教学处理，将直接影响教学效果和学生的学习效果，教师在实际教学中应不断地进行总结、思考和研究。

---

① 张璐《略论有效教学的标准》，《教育理论与实践》2000年第11期。

第三节 留学生来华前汉语学习动机强度分析[①]

一 引言

（一）研究背景

动机研究是第二语言学习者研究的一个重要因素。自 Gardner 将动机理论引入二语习得领域[②]以来，关于第二语言学习动机的研究出现了各种不同的理论和方法。根据其所依据的理论基础的不同，可以将其分为心理和社会文化两大研究范式和学派[③]及四大模式：社会心理学模式侧重研究学习者个体对第二语言和第二语言社团的态度如何影响他们的学习行为和结果；认知心理模式主要研究学习者内在因素如何影响他们学习第二语言；过程导向模式强调学习者动机发展的动态性与暂时性；后结构主义模式侧重研究社会环境通过语言媒介对学习者个体的影响以及学习者在语言活动中与社会环境之间的互动。[④]这些研究都给予了动机强度充分的重视，如 Gardner 的动机扩展模式中，动机强

[①] 本节作者：丁安琪，原载《华文教学与研究》2014 年第 3 期。
[②] Gardner, R. C. & Lambert, W. E. *Attitudes and Motivation in Second Language Learning*. Newbury House, 1972.
[③] 高一虹、刘璐、修立梅、丁林棚《大学生基础阶段英语学习动机跟踪——综合大学英语专业样本报告》，《天津外国语学院学报》2008 年第 6 期。
[④] Gu, M. Y. *The Discursive Construction of Second Language Learners' Motivation: A Multi-level Perspective*. Peter Lang AG, International Academic Publishers, 2009.

度就是构成"动机行为"的三大要素之一;① 动机"期望—价值"理论的核心内容也是分析决定人们投入任务的努力程度(动机强度)的因素。②

所谓动机强度,指的是学习者在学习第二语言时的努力程度与投入程度。在二语习得中,将学习者的行为与语言学习中的坚持与努力(动机强度)联系起来研究被认为具有更大的现实影响,③ "无论是态度、目标、还是自我效能,都要通过学习者行为层面的投入、努力,才能转化成为学习的结果"。④ 因此对动机强度的研究不仅可以为我们研究学习者的动机打开一个观测窗口,而且有助于我们从不同角度、不同层面构建学习者动机模型。

在我国外语界,对动机强度的研究早已受到学者们的关注,桂诗春、吴一安等、石永珍、秦晓晴等在其有关中国学生外语学习动机的研究中都曾包括了动机强度这一要素,⑤ 高一虹教授主持的国家社科基金项目"大学生英语学习动机与自我认同变化"

---

① Tremblay, P. F. & Gardner, R. C. Expanding the Motivation Construct in Language Learning. *Modern Language Journal*, 1995(4).

② Pekrun, R. Facets of Adolescents' Academic Motivation: A Longitudinal Expectancy-Value Approach. Pintrich, P. & Maehr, M. (eds.), *Advances in Motivation and Achievement*. Greenwich, CT, JAI Press, 1993.

③ Ellis, R. The Study of Second Language Acquisition. Shanghai Foreign Language Education Press, 1999.

④ 高一虹、程英、赵媛、周燕《英语学习动机类型与动机强度的关系——对大学本科生的定量考察》,《外语研究》2003 年第 1 期。

⑤ 桂诗春《我国英语专业学生社会心理分析》,《现代外语》1986 年第 1 期;吴一安、刘润清、Jeffrey, P.《中国英语本科学生素质调查报告》,《外语教学与研究》1993 年第 1 期;石永珍《大学生英语学习动机调查报告》,《国外外语教学》2000 年第 4 期;秦晓晴、文秋芳《非英语专业大学生学习动机的内在结构》,《外语教学与研究》2002 年第 1 期。

则从动机强度与动机类型、自我认同的变化的关系等角度对中国大学生与研究生的动机强度进行了专门的研究，发现动机类型不同，学习者的动机强度也不同；动机强度对学习者的自我认同变化有显著影响。[①]

如果把"目的"也算作动机研究的一部分的话，对外汉语教学界的动机研究则始于高彦德等的调查报告。[②]2000年之后出现了一系列针对汉语学习者的实证研究，从学习者的动机类型、学习动机与相关因素的关系等不同的角度对汉语学习者的动机进行了深入探讨。[③]在近期一些关于汉语学习动机的研究中，逐渐开始有人将动机强度包含其中，但专门针对汉语学习者动机强度的研究尚不多见。

（二）研究问题

本研究是教育部人文社科研究规划基金项目"来华留学生汉语学习动机动态变化研究"的一部分。该研究对580名来华汉语学习者中251人进行了为期半年的跟踪考察，综合运用问卷调查、深度访谈、文本分析、个案研究等方法，对12600余字中英文邮件、831份调查问卷、181篇留学生作文和40小时访谈录音进行了全面而有重点的分析。作为该研究的组成部分，本节是对留学

[①] 高一虹、程英、赵媛、周燕《英语学习动机类型与动机强度的关系——对大学本科生的定量考察》，《外语研究》2003年第1期；高一虹、程英、赵媛、周燕《本科生英语学习动机强度与自我认同变化》，《外语与外语研究》2003年第5期；李淑静、高一虹、钱岷《研究生英语学习动机强度与自我认同变化》，《天津外国语学院学报》2003年第2期。

[②] 高彦德、李国强、郭旭《外国人学习与使用汉语情况调查研究报告》，北京语言学院出版社1993年版。

[③] 丁安琪《汉语作为第二语言学习者研究》，世界图书出版公司2010年版。

生来华前汉语学习动机强度的分析，拟通过对 580 份调查问卷及 40 小时访谈相关内容的分析，为从动机强度变化角度研究留学生动机发展奠定基础。本节试图回答如下问题：

（1）汉语学习者来华前学习动机强度如何？

（2）性别、年龄、母语背景、专业、汉语水平、是否学历生及是否华裔等不同个体因素不同，其学习动机强度是否存在差异？

（3）学习者汉语学习动机类型与来华前学习动机强度之间有什么关系？

二　研究对象和方法

（一）研究对象

本研究选取了北京某大学长期进修生和一、二年级汉语专业本科生进行问卷调查。施测时实际发放问卷为 621 份，回收有效问卷 580 份，问卷有效回收率为 93.4%，剔除缺失值后，受试者的个体差异因素特征分布如表 1-16 所示。

（二）测量工具

本研究采用问卷调查法。工具是自行编制的问卷，采用了从"很不同意"到"很同意"的李克特五级量表形式。问卷主体包括三部分：第一，汉语学习动机类型；第二，来华学习动机类型；第三，动机强度。与本研究相关的为第一部分与第三部分。第一部分问题编制来源于先导性研究。在先导性研究中，笔者从该大学来华新生名单中随机抽取了 100 位同学，通过电子邮件的方式进行了开放式书面访谈，之后用 Nvivo 对邮件文本进行编码，共整理得出 20 个问题，涵盖了 100 位同学所提到的所有汉语学习动机类型。第三部分问题设计参考了高一虹等关于中国大学生英语学习动机强度的研究，[①] 共 8 个问题，分别从课外学习汉语时间、是否积极参与汉语学习各项活动等方面考察学习者在汉语学习时的实际投入程度。

表 1-16 受试者个体差异因素特征分布（单位：人）[②]

年龄				性别		是否华裔		母语背景				
17岁以下	18～22岁	23～29岁	30岁以上	男	女	华裔	非华裔	欧美	日本	韩国	东南亚	其他
3	399	142	33	256	320	43	531	136	119	170	129	20

汉语水平			专业		学习类别		来中国时间			
初级	中级	高级	汉语相关	其他	学历教育	非学历教育	第一学期	第二学期	第三学期	第四学期及以上
172	223	184	426	139	169	411	351	93	77	57

考虑到学习者的实际汉语水平，问卷被翻译成英、日、韩三种语言，因此实际发放的问卷为汉、英、日、韩四种语言版本，根据学习者的母语背景和汉语水平提供不同语言版本的问卷。问

---

① 高一虹、程英、赵媛、周燕《英语学习动机类型与动机强度的关系——对大学本科生的定量考察》，《外语研究》2003 年第 1 期。

② 在 580 份问卷中，有部分受试对个人背景信息填写不完整，如没有填写性别或年龄等，鉴于其后面问卷主体部分填写完整，仍被计为有效问卷。本表格中数据是按照其填写的真实情况汇总，即缺失值不计入统计，因此各项数据相加总和并不都是 580。

卷整体信度（Cronbach α）达到 0.86，第一、三部分的信度分别为 0.78 和 0.84。

本研究数据分析是用 SPSS18.0 软件进行的。

三 结果与分析

（一）动机强度描述性分析

学习者来华前动机强度是学习者来华前实际汉语学习行为的投入程度。对学习者来华前动机强度进行平均分计算，结果显示问卷中 8 个题项的总平均分为 3.21，学习者汉语学习动机强度处于中等水平，也就是说，在来华前，汉语学习者的努力程度并不算高。这一方面可能会影响他们的汉语学习成绩，另一方面，也为他们来华后的学习提供了提升的空间。

对 8 个题项平均分进行排序，我们发现平均分得分最低的三项分别为："学习时间超过每周 10 小时"、"寻找机会参加与汉语相关的活动"以及"寻找机会说汉语"；平均分得分最高的三项分别为："有不明白的问题努力弄明白"、"想办法认识汉字并记住汉字"以及"想办法记住学过的词汇、语法"等。由此看来，留学生在来华留学前，其汉语学习行为主要表现为在词汇语法汉字方面的投入较多，对不明白的问题也会投入一定的精力去弄明白，但是整体来看，汉语学习时间不足，不能主动寻找机会练习汉语。通过访谈，我们了解到，海外汉语学习者的绝大部分专业课都是用母语授课的，即便是很多中文类课程，包括汉语课，如果不是由中国派遣的汉语教师任教，也都是用本国语讲授。在课堂上适度使用学习者母语，可以帮助学生理解教师所讲授的内容，但母语的使用过度会使学生本就不多的汉语学习时间变得更少，不利于学生对汉语的掌握与运用。对于为什么没有寻找机会参加与汉语相关的活动，大部分学生表示在本国相关的活动并不多，只有个别学生提到，自己母校有孔子学院常常组织汉语类活动，自己曾去参与部分活动。由此可见，孔子学院在世界各地组织的中国语言文化活动，已经在激发学习者汉语学习兴趣方面发挥了一定的作用，但仅就激发学习者汉语学习动机、增强其学习动机强度而言，还有很大的发展空间。

（二）动机强度与学习者个体差异因素

我们将学习者个体差异因素分为两组，作为自变量，学习者动机强度作为因变量，进行单因变量方差分析（UNIANOVA），结果显示，不同专业（$F_{(1, 537)}=5.02$，$p=0.026$）和是否学历生（$F_{(1, 537)}=4.75$，$p=0.030$）在学习动机强度上有显著差异。性别、年龄、母语背景及是否华裔等个体差异因素对动机强度没有显著影响；汉语水平对动机强度也没有显著影响。①

1. 不同专业学习者的动机强度差异

我们将学习者根据其是否选择汉语相关专业划分为两组，非汉语专业的学习者动机强度得分显著高于汉语相关专业学习者（$MD=0.300$，$p=0.026$）。也就是说，在来华留学前，其他专业的学习者在汉语学习行动上的投入程度就显著高于汉语专业的学习者。这种现象我们可以解读为学习汉语专业的学习者不如其他专业的努力。这可能是由于对于汉语专业的学习者来说，学习汉

---

① 由于我们检测的是来华前学习动机强度，而学习时间指的是在中国的汉语学习时间，它不可能对来华前动机强度造成影响，因此我们没有对此个体差异因素进行检验。

语及中国文化是他们唯一的学习目标，也是他们的大部分学习生活，因此在学习中可能会产生一种懈怠心理。但学习其他专业的学习者是在业余时间学习汉语的，除了汉语之外，他们还需要把大量的时间花在自己的专业学习上，换句话说，他们需要"挤时间"来学习汉语，这就需要他们加倍努力才能在汉语水平上有所提高。当然，也不排除这种可能，就是在国外汉语专业的学习者通常比非汉语专业，如法律、经济、医学等专业的学习者大学入学要求低，因此整体上素质也有所不同，所以学习努力程度也有差别。

2. 学历/非学历学习者的动机强度差异

我们以是否在中国注册就读本科专业来划分学历生和非学历生，凡是在中国注册就读中国语言文学专业本科的划为学历生，否则划为非学历生。非学历生的动机强度显著高于学历生（$MD=0.256$，$p=0.030$），也就是说，在来华留学前，非学历生在汉语学习行动上的投入程度就显著高于学历生。这种动机强度的差异对其来华后的汉语学习情况也有一定的影响。在样本来源大学，非学历生上课气氛活跃，学生学习兴趣浓厚，而学历生上课气氛沉闷，学生学习兴趣不浓。如何充分利用目的语环境，合理安排教师、教材、课程，找到合适的教法，扭转学历生来华前动机强度不足带来的不利影响，值得我们深入探讨。

（三）动机强度与汉语学习动机类型

对问卷第一部分20个问题进行因子分析，归类得出5个因子：机遇动机（认为学习汉语能为自己带来更好的机遇）、经验动机（曾经有过跟学习汉语相关的愉悦体验）、职业发展动机（自己的工作或专业跟中国或汉语相关）、内在兴趣动机（对中国语言文化等感兴趣）、重要他人影响动机（受父母、朋友等人的影响而学习汉语）。①

1. 动机强度与汉语学习动机类型的相关性分析

动机强度是学习者的汉语学习努力程度，它与学习者的汉语学习动机类型之间是否存在相关性呢？我们控制所有的个体差异因素后，对动机强度与汉语学习动机类型进行偏相关检验（表1-17），结果表明：机遇动机、经验动机、内在兴趣动机与动机强度都有非常显著的相关关系（$p<0.01$），职业发展动机也与动机强度有显著的相关关系（$p<0.05$）。但我们同时也会发现，尽管他们之间具有统计学意义上的显著相关，但他们的相关系数并不高，我们还不能就此断言学习者的机遇动机、经验动机、职业发展动机和内在兴趣动机的水平越高，他们在实际行为中对汉语学习的投入程度也越高，他们的学习努力程度也就越高。

表1-17 动机强度与汉语学习动机类型相关性

动机类型	机遇	经验	职业发展	内在兴趣	重要他人影响
相关系数	0.121	0.161	0.091	0.187	0.003
显著性	0.004	0.000	0.028	0.000	0.944

2. 动机强度与汉语学习动机类型差异分析

上文中我们发现动机强度与4种汉语学习动机类型之间都具有相关关系，但相关性较弱。为了进一步了解这4种汉语学习动机类型对动机强度的不同影响，我们分别对其进行显著性差异分析。结果发现，4种汉语学习动机类型中，机遇动机与职业发展动机水平不同，其动机强度没有显著差异；经验动机（$F=5.77$，$p=0.003$）与内在兴趣动机（$F=6.50$，$p=0.002$）不同，学习者动

---

① 对于动机类型的具体分析，我们已另文论述。本部分将只对动机强度与汉语学习动机类型及其水平之间的关系进行分析。

机强度有显著不同。也就是说，学习者汉语学习的努力程度高低不同，主要受其经验动机与内在兴趣动机的影响。

为了便于分析，我们进一步将经验动机与内在兴趣动机根据其得分的高低划分为高水平组（$M \geq 3.5$）、中水平组（$2.5 \leq M < 3.5$）和低水平组（$M<2.5$）三个组，并对其进行两两比较，结果显示不同水平的经验动机组之间的差异主要表现在高水平组、中水平组与低水平组之间的差异上（高水平组 vs. 低水平组 $MD=0.573$，$p=0.001$；中水平组 vs. 低水平组 $MD=0.344$，$p=0.044$），而中水平组与高水平组之间没有显著差异。不同水平的内在兴趣动机组之间的差异也表现在高水平组和中水平组与低水平组之间的差异上（高水平组 vs. 低水平组 $MD=0.747$，$p=0.000$；中水平组 vs. 低水平组 $MD=0.584$，$p=0.005$），中水平组与高水平组之间没有显著差异。这说明当学习者的经验动机与内在兴趣动机低于其他学习者的时候，其在汉语学习上的努力程度也会显著低于其他学习者。教学实践与前人研究结果都告诉我们，学习者在学习行为上的投入程度越高，其学习成绩就会越好。而要提高学习者在学习行为上的投入程度，则要想办法提高其经验动机水平与内在兴趣动机水平。

问卷中与经验动机相关的题项有三个，分别为"有过跟中国朋友或老师交往的愉快经验"，"有过跟别人用汉语进行交流的成功体验"以及"受中国影视书籍等文化产品的影响"而学习汉语。按上述方法对三个题项分别进行检验，我们发现，尽管三个题项上动机水平不同，学习者的动机强度都有显著差异，但差异最明显的是"受中国影视书籍等文化产品影响而学习汉语"（$F=18.63$，$p=0.000$）。进一步两两比较结果显示，学习者在该题项上的动机水平不同,其动机强度均有显著差异(高水平组 vs. 低水平组 $MD=0.51$,$p=0.000$;中水平组 vs. 低水平组 $MD=0.28$,$p=0.006$;高水平组 vs. 中水平组 $MD=0.23$,$p=0.009$),受中国影视书籍等文化产品影响大的学习者,汉语学习努力程度高;受其影响小的学习者,汉语学习努力程度低。

  影视及书籍可以说是我们日常生活中不可缺少的重要内容,在第二语言教学中,影视作品也常被用于课堂教学,且常能取得比较理想的教学效果。诸多相关研究都显示,在语言学习中运用影视作品等能充分调动学习者的学习积极性,但学习者对影视及书籍等文化产品的热爱程度会影响其汉语学习努力程度在前人的研究中尚未发现。我们的访谈结果证实了这一发现。在访谈中一位日本文学专业的学生就表示自己最初喜欢上学习汉语就是因为日本文学与中国古代文学有很深的渊源,自己一开始就能通过阅读了解中国文学,之后才希望能用汉语的发音来朗读唐诗宋词,随着自己汉语水平的提高,也越来越喜欢汉语;另一位阿根廷语言学专业的学生甚至以一种独特的方式来学习汉语:"锁在房间里,把整本书读完,然后不需要上课";一位俄罗斯学生非常喜欢电视剧《三国演义》,反反复复看了很多遍,来中国留学的目标竟然是"看《三国演义》的书用汉语";还有一位年仅19岁的学习者,在访谈中我们发现他并不喜欢跟中国人交流,甚至连中国朋友也没有,但他却非常喜欢看中国电视,在乌兹别克斯坦时,他拒绝去当地的中国公司跟中国人一起练习汉语,却每天躲在家里看 CCTV4。[①] 这一结果显示了影视产品等在汉语学习中的

---

 ① 文中所引用的为访谈中学生原始语句,对其语言错误未加修正。

重要性。在教学中，我们需要对它们的地位、作用及运用进行新的思考。

问卷中与内在兴趣动机相关的题项也有三个，分别为"对汉字感兴趣""要挑战自己"以及"喜欢中国和中国文化"。同样对三个题项分别进行检验，结果显示，三个题项上动机水平不同，汉语学习者的动机强度也都有显著差异，但差异最明显的是"对汉字感兴趣"（$F=21.84$，$p=0.000$）。进一步两两比较结果显示，学习者在该题项上的动机水平不同，其动机强度有显著差异（高水平组 vs. 低水平组 $MD=0.65$，$p=0.000$；中水平组 vs. 低水平组 $MD=0.31$，$p=0.042$；高水平组 vs. 中水平组 $MD=0.34$，$p=0.000$），学习者对汉字兴趣大，学习努力程度高；对汉字兴趣小，学习努力程度低。这从实证的角度证实了李泉教授关于汉字与汉语学习的关系：汉字是影响学习者汉语学习信心、进程、效率和水平的关键因素，汉语学习的成败很大程度上取决于汉字学习的成败。[①]

四　结论与讨论

（一）结论

本研究主要对学习者来华前动机强度与汉语学习动机类型之间的关系、学习者个体差异因素对动机强度的影响进行了探讨。主要发现如下：

学习者来华前汉语学习动机强度不高，他们学习时间不足，

---

① 李泉、阮畅《"汉字难学"之教学对策》，《汉语学习》2012年第4期。

不能主动参与汉语活动或主动找机会说汉语。

学习者个体差异因素对其来华前汉语学习动机强度的影响各不相同，性别、年龄、母语背景、是否华裔等对其来华前动机强度没有显著影响，影响较大的是他们的专业以及是否来华攻读学位。来华攻读学位的学习者、学习汉语专业的学习者，在来华前的动机强度显著不如来华进修语言的学习者和非汉语专业的学习者。

汉语学习动机各类型与学习者来华前汉语学习动机强度的关系各不相同。重要他人影响动机与动机强度没有显著相关关系；内在兴趣动机与经验动机对动机强度的影响较大，尤其是学习者对汉字的兴趣及中国影视书籍等文化产品对学习者的影响两项对其来华前动机强度的影响最大。

（二）教学应用意义

1. 通过努力程度，了解学习者动机

从前文的分析可以看出，学习者的努力程度跟大部分汉语学习动机类型都显著相关。动机是复杂的、内隐的，我们无法直接观测学习者的动机类型，但动机强度，也就是努力程度，在Gardner的修正动机模式中属于动机行为序列，是可以观测的因素。[1] 因此，老师可以通过对学习者学习努力程度的观测了解学习者的动机。在采取措施满足学习者不同学习需求，增强学习者动机之后，也可以通过对学习者努力程度的变化来感受自己所采取的措施是否有效。

2. 保持学习者对汉字的兴趣，帮助学习者提高动机强度

石定果等的调查显示，不管是否属于汉字文化圈，大部分学

---

[1] 丁安琪《汉语作为第二语言学习者研究》，世界图书出版公司2010年版。

习者都对汉字感兴趣，尤其是对欧美学习者来说，"汉字独特的造型与它象征的东方古老文明""颇具有新奇感和吸引力"。[①]对汉字的热爱是很多学习者汉语学习的初始动机，但毕竟与字母文字相比，汉字是有一定难度的，随着学习的不断深入，有的学习者可能会逐渐丧失对汉字的兴趣。要保持学习者对汉字的兴趣，我们一方面要帮助他们树立正确的汉字学习观，明确汉字既有难学之处，也有易学之处，学汉字对其口语学习也大有裨益；[②]另一方面也要加强对汉字教学的研究，用实际行动化解"汉字难学"的难题，协助学习者开展有效的汉字学习活动。在这方面，学者们已经给出了许多卓有成效的建议，如"语文分开""认写分流、多认少写"、利用拼音辅助汉字与多媒体辅助汉字教学等等。[③]如果能在实际教学中对专家学者提出的汉字教学模式、教学原则等进行实践验证，并在此基础上进一步摸索有效的汉字教学与学习方法，对保持学习者的兴趣、提高其整体汉语学习动机的强度将不无益处。

3. 加快对适用于汉语国际教育的影视书籍等文化产品的开发

影视书籍等文化产品对学习者的吸引力对其汉语学习动机强度也有显著的影响。2003年我国文化体制改革以来，影视等文化产品已经取得了长足的发展，2010年我国影视产品的出口额超过

---

① 石定果、万业馨《关于对外汉字教学的调查报告》，《语言教学与研究》1998年第1期。
② 李泉、阮畅《"汉字难学"之教学对策》，《汉语学习》2012年第4期。
③ 孙德金《对外汉字教学研究》，商务印书馆2006年版；李泉《汉字研究与汉字教学研究综观》，《汉语研究与应用》，中国社会科学出版社2004年版；李泉、阮畅《"汉字难学"之教学对策》，《汉语学习》2012年第4期；赵金铭《汉语作为第二语言教学：理念与模式》，《世界汉语教学》2008年第1期。

40亿元，图书出口也超过了2亿元。① 但我们必须同时看到，我国文化产品在国际上所占的份额仍然很少，影响力也不足。目前这些文化产品的主要观众或读者群仍然是海外华人。要改变现状，需要政府给予政策与资金的支持，也需要相关专业人士对内容的选择及推广手段等进行探讨。但在国际汉语教育领域，我们可以加紧对已有产品的深度开发，如从不同的影视作品中剪辑出具有代表性、语言适合教学的片段，编成教材或者直接选用现成的影视作品进行加工等，以满足学习者的学习需求。② 同时，我们可以充分发挥世界各国业已建立的孔子学院的作用，将适合海外汉语学习者乃至普通大众的影视作品及书籍等推广到全球。美国的好莱坞大片、日本的动漫产品，吸引了大批的海外观众或读者，既激发了学习者的学习兴趣，为他们提供了鲜活的学习素材，又推广了本国的文化及价值观，这些都值得我们国际汉语教学与推广来借鉴与学习。

4. 加强对留学生学历教育的研究

汉语相关专业学习者、学历生来华前动机强度显著不如非汉语专业学习者、非学历生，这不能不引起我们的思考。汉语专业学习者和学历生是我们培养高级汉语人才的重要生源。但现状是他们的动机类型和强度都不容乐观，这说明我们目前的汉语专业和学历教育学生基础比较弱。我们要在内在动机弱、动机强度不

---

① 李怀亮、万兴伟《中国影视文化产品"走出去"的问题与对策》，《现代传播》2011年第11期；康存辉、周莉《我国图书出口面临的问题与对策探讨》，《对外经贸实务》2013年第8期。

② 王飙《中国大陆对外汉语视听教材评述与展望》，《世界汉语教学》2009年第2期。

高的学习者中培养出知华、友华的高级汉语人才，任务相当艰巨。这就需要从事学历教育，培养汉语专业人才的老师们付出更多的努力，采取更有效的措施，激发他们的学习兴趣与动机，提高他们的动机强度。只有如此，才有可能达到我们的培养目标。

第四节 来华留学生汉语学习效能感与学习倦怠关系研究[①]

情绪心理状态是影响学习者第二语言学习效果的重要因素。学习效能感和学习倦怠是学习者情绪心理状态的两个重要指标。学习效能感是建立在 Bandura 所提出的"自我效能"（self-efficacy）上的一个概念，指学生个体对自身成功完成学业任务所具备能力的认识和判断。[②] 学习效能感的高低，往往影响学生付出努力的多少，以及是否具有自信心，尤其是在面对难度较大的学习任务时。国内外有关学习效能感的研究，既有理论探讨，[③] 也有实证

[①] 本节作者：郭睿，原载《华文教学与研究》2016 年第 2 期。

[②] Bandura, A. Self-efficacy: Toward a Unifying Theory of Behavioral Change. *Psychological Review*, 1977 (87).

[③] 周文霞、郭桂萍《自我效能感：概念、理论和应用》，《中国人民大学学报》2006 年第 1 期；郑彩国、刘金虎《学生自我效能感的现状及培养路径》，《上海教育科研》2008 年第 6 期。

研究,而且后者占主流。实证研究的调查对象主要是普通大学生,[①]也有中学生[②]和具体某个专业(如英语)的学生[③]。研究内容主要是调查学生的自我效能感情况,并探讨其与归因方式、学习成绩、成就目标等方面的关系。[④]

学习倦怠是一种消极的学习心理状态,即学习者由于学习压力大或缺乏学习兴趣而对学习持负面态度、同时感到厌倦的消极态度和行为,表现为对学习失去热情、对同学冷漠疏远、较少体验到成就感。[⑤]受职业倦怠研究的影响,国外一些学者于 20 世纪 80 年代初开始用职业倦怠问卷(即 Maslach Burnout Inventory,简称 MBI)来调查大学生在学习上的倦怠情况,分析其原因并在此基础上提出

---

① 梁宇颂《大学生成就目标、归因方式与学业自我效能感的研究》,华中师范大学 2000 年硕士学位论文;马勇《大学生学习倦怠与学习自我效能感关系研究》,《现代教育科学》2010 年第 1 期;廖红《大学生学习倦怠与一般自我效能感的关系研究》,《继续教育研究》2010 年第 11 期;李雪平《大学生的一般自我效能感与学习动机的相关研究》,《教育研究与实验》2012 年第 5 期;王小新、苗晶磊《大学生学业自我效能感、自尊与学习倦怠关系研究》,《东北师大学报》(哲学社会科学版)2012 年第 1 期。

② 王凯荣、辛涛、李琼《中学生自我效能感、归因与学习成绩关系的研究》,《心理发展与教育》1999 年第 4 期。

③ 张日昇、袁莉敏《大学生外语焦虑、自我效能感与外语成绩关系的研究》,《心理发展与教育》2004 年第 3 期;潘华凌、陈志杰《英语专业学生自我效能感调查分析》,《外语学刊》2007 年第 4 期;张淑芬、余文都《大学新生英语学习自我效能感的调研分析》,《教育研究与实验》2010 年第 5 期。

④ 梁宇颂《大学生成就目标、归因方式与学业自我效能感的研究》,华中师范大学 2000 年硕士学位论文;马勇《大学生学习倦怠与学习自我效能感关系研究》,《现代教育科学》2010 年第 1 期。

⑤ Pines, A. & Kafry, D. *Tedium in College*. Paper presented at the 60th Annual Meeting of the Western Psychological Association, 1980; Meier, S. T. & Schmeck, R. R. The Burned-out College Student: A Descriptive Profile. *Journal of College Student Personnel*, 1985(26);连榕、杨丽娴、吴兰花《大学生的专业承诺、学习倦怠的关系与量表编制》,《心理学报》2005 年第 5 期。

相应的对策。① 进入 21 世纪后学界也有针对学习倦怠与其他变量（如投入、自我形象、焦虑、性格、社会支持、负担等）关系的研究，② 以及对外语学习倦怠现象的探讨。③ 国内于 20 世纪 80 年代底开始研究学习倦怠，大部分使用 MBI 测量其倦怠程度，其中连榕等在 MBI 基础上设计了学习倦怠量表。④ 之后，国内学界主要使用该量表对大学生、中学生进行调查研究，⑤ 其中也包括对外语学习倦怠情况及其与学习动机关系进行的调查研究。⑥

---

① Pines, A. & Kafry, D. *Tedium in college*. Paper presented at the 60th Annual Meeting of the Western Psychological Association, 1980; Meier, S. T. & Schmeck, R. R. The Burned-out College Student: A Descriptive Profile. *Journal of College Student Personnel*, 1985(26).

② Slivar, B. The Syndrome of Burnout, Self-image, and Anxiety with Grammar School Student, *Horizons of Psychology*, 2001 (10); Jacobs, S. R. & Dodd, D. K. Student Burnout as a Function of Personality, Social Support, and Workload. *Journal of College Student Development*, 2003(44).

③ Leaver, B. L. & Ehrman, M. & Shekhtman, B. *Achieving Success in Second Language Acquisition*. Cambridge University Press, 2005.

④ 连榕、杨丽娴、吴兰花《大学生的专业承诺、学习倦怠的关系与量表编制》，《心理学报》2005 年第 5 期。

⑤ 杨丽娴、连榕、张锦坤《中学生学习倦怠与人格关系》，《心理科学》2007 年第 6 期；张传月、黄宗海、莫华善《高师学生学习倦怠现状的调查研究》，《社会心理科学》2007 年第 1 期；朱小麟《高职大学生学习倦怠的现状及其归因分析》，《中国成人教育》2009 年第 24 期；廖红《大学生学习倦怠与一般自我效能感的关系研究》，《继续教育研究》2010 年第 11 期；李晓军、周宗奎、范翠英、游志麒《师范类大学生学习倦怠与应对方式关系研究》，《教育研究与实验》2011 年第 3 期；王小新、苗晶磊《大学生学业自我效能感、自尊与学习倦怠关系研究》，《东北师大学报》（哲学社会科学版）2012 年第 1 期。

⑥ 张日昇、袁莉敏《大学生外语焦虑、自我效能感与外语成绩关系的研究》，《心理发展与教育》2004 年第 3 期；曾勇《互联网辅助英语教学中学生学习倦怠的应对策略》，《现代教育科学》2007 年第 3 期；杨涛《外语学习倦怠与动机关系研究》，西南大学 2010 年博士学位论文；高歌《非英语专业学习者的学习倦怠特征分析》，《外语学刊》2012 第 6 期。

随着汉语国际教育事业的发展,来中国学习汉语的留学生逐渐增多,但对其汉语学习的情绪心理状态却一直缺乏相应的调查研究。前文综述的文献主要是普通教育界以及针对英语作为第二语言或外语教学界的研究成果。基于此,本节拟采用问卷量表和开放式问题两种方式对来华留学生汉语学习效能感和学习倦怠的情况进行调查,并探讨二者之间的关系。研究结果有利于机构管理者和汉语教师了解留学生汉语学习的情绪心理状态,进而采取针对性措施来加以改善和提高。

一 研究设计

(一)被试

本研究采取分层随机整群抽样的方法,对北京语言大学三个留学生学院初级、中级和高级共 283 名留学生进行问卷调查。[①]其中,女被试 151 人(53.7%),男被试 123 人(43.5%);第一语言为印欧语系被试 96 人(33.9%),汉藏语系被试 20 人(7.1%),阿尔泰语系被试 14 人(4.9%),韩日语言被试 83 人(29.3%),南岛语系被试 46 人(16.3%),闪含语系 6 人(2.1%),其他语系 2 人(0.7%);初级汉语阶段被试 135 人(47.7%),中级阶段被试 106 人(37.5%),高级阶段被试 42 人(14.8%);汉语成绩(在本班同学中)属于前三分之一的被试 73 人(25.8%),属于中间三分之一的被试 169 人(59.7%),属于后三分之一的

---

① 分层随机整群抽样,即在初级、中级和高级三种汉语水平层次上以班级为单位进行随机抽样。

被试 28 人（9.9%）。①

（二）方法与工具

本研究使用调查法，具体又分问卷量表和开放式问题两部分。问卷部分的具体测量工具有两个：梁宇颂设计的《大学生学业自我效能感问卷》②和连榕等编制的《大学生学习倦怠调查量表》③。

《大学生学业自我效能感问卷》共有 22 个题目，包括学习能力效能感（11 个题目）和学习行为效能感（11 个题目）两个维度。学习能力效能感是指个体对自己能否具有顺利完成学业、取得良好学业成绩和避免学业失败的学习能力的判断和自信；学习行为效能感是指个体对自己能否采取一定的学习方法达到学习目标的判断和自信。量表采取 5 点计分，从"完全不符合"到"完全符合"分别记 1～5 分。部分题目采取反向计分。各维度得分为本维度所有题目的平均分。得分越高表示效能感越强。本次测量中，学习能力效能感和学习行为效能感两个维度的内部一致性 α 系数

---

① 在 283 份问卷中，有很多被试在某个人口学统计变量上填写不完整（比如"性别"一项漏答），但其问卷主体部分填写很完整，故被视为有效问卷进行统计分析。各个维度的被试总数严格按照真实填写情况统计，缺失值不统计，因此其总数可能达不到被试的总数。比如男女合计 274，没有达到总数 283，因为有 9 份问卷在"性别"一栏没有填写。韩语和日语这两种语言的亲属关系学界至今还未弄清楚（见叶蜚声、徐通锵《语言学纲要》（修订版），北京大学出版社 2010 年版），但同时这两种母语背景的留学生又占有很大比例，故本节将其单列出来，暂称之为"韩日语言"。汉语成绩水平的认定以学生自我判断和本学期期中期末两次考试成绩为基本标准，同时请综合课教师（班主任）检查、对比和确认。

② 梁宇颂《大学生成就目标、归因方式与学业自我效能感的研究》，华中师范大学 2000 年硕士学位论文。

③ 连榕、杨丽娴、吴兰花《大学生的专业承诺、学习倦怠的关系与量表编制》，《心理学报》2005 年第 5 期。

分别为 0.805 和 0.683。

《大学生学习倦怠调查量表》共有20个题目，包括情绪低落（8个题目）、行为不当（6个题目）和成就感低（6个题目）三个维度。情绪低落主要反映学习者由于不能很好地处理学习中的问题与要求所表现出的厌倦、沮丧、缺乏兴趣等情绪特征；行为不当主要反映学习者由于厌倦学习而表现出的逃课、不听课、迟到、早退、不交作业等行为特征；成就感低主要反映学习者在学习过程中很少或无法体验到成就感，或指完成学习任务时所产生的学习能力上的低成就感。量表采取5点计分，从"完全不符合"到"完全符合"分别记1～5分。部分题目采取反向计分。各维度得分为本维度所有题目的平均分。得分越高表示学习倦怠程度越高。本次测量中，情绪低落、行为不当和成就感低三个维度的内部一致性α系数分别为0.779、0.640和0.600。

开放式问题调查即在问卷最后附上两个开放式问题作为调查的一部分，随问卷一起发放。两个开放式问题分别是：如果您喜欢学习汉语，请说出3～5个最主要的理由；如果您不喜欢学习汉语，请说出3～5个最主要的理由。

（三）数据收集与分析

把两个问卷量表和开放式问题组合成一份总的调查问卷进行调查。调查时间为2014年1～5月，三个留学生学院共发放问卷450份，各个学院集体测试，统一回收，共回收422份，有效问卷283份。整理编号后，所有数据都录入到SPSS18.0进行各种描述性和推断性统计分析。在开放式问题调查部分，共有204名留学生明确表明了态度，并填写了理由，占总人数的72.1%。对留学生的答案采用内容分析法进行梳理分析。

表 1-18 被试学习效能感和学习倦怠的描述性统计

	学习效能感		学习倦怠		
	学习能力效能感	学习行为效能感	情绪低落	行为不当	成就感低
均值 M	3.5358	3.1899	2.6312	2.7258	2.6761
标准差 SD	0.5408	0.5126	0.7622	0.6094	0.5579

二 统计结果

（一）被试学习效能感和学习倦怠的总体情况

由表 1-18 可知，被试学习能力效能感和学习行为效能感两个维度的均值和标准差分别为 3.5358±0.5408、3.1899±0.5126。被试情绪低落、行为不当和成就感低的均值和标准差分别为 2.6312±0.7622、2.7258±0.6094、2.6761±0.5579。

（二）被试学习效能感在人口统计学变量上的情况

以学习效能感两个维度为因变量，以"性别"为自变量进行独立样本 t 检验，同时分别以"第一语言""汉语学习阶段""汉语成绩水平"为自变量进行单因素方差分析（见表 1-19）。

表 1-19 被试学习效能感在人口统计学变量上显著性差异分析结果

		学习能力效能感 $M\pm SD$	学习行为效能感 $M\pm SD$
性别	女（151）	3.4720±0.5295	3.1945±0.4215
	男（123）	3.6112±0.5420	3.1781±0.6014
	t 值	−2.142*	0.255
第一语言	印欧语系（96）	3.5866±0.6102	3.1330±0.5781
	汉藏语系（20）	3.6864±0.4621	3.3545±0.5242
	阿尔泰语系（14）	3.8182±0.4279	3.5065±0.5249
	韩日语言（83）	3.4666±0.5007	3.2212±0.4344
	南岛语系（46）	3.5217±0.5027	3.1186±0.4829

第四节 来华留学生汉语学习效能感与学习倦怠关系研究

（续表）

		学习能力效能感 $M\pm SD$	学习行为效能感 $M\pm SD$
第一语言	闪含语系（6）	3.3788±0.4280	3.0758±0.4893
	F 值	1.955	1.721
汉语学习阶段	初级（135）	3.5737±0.5979	3.2209±0.5777
	中级（106）	3.4768±0.4644	3.1492±0.4791
	高级（41）	3.5632±0.5255	3.1929±0.3427
	F 值	1.015	0.579
汉语成绩水平	前三分之一（73）	3.7161±0.5588	3.1270±0.4608
	中间三分之一（169）	3.5081±0.4962	3.2213±0.5457
	后三分之一（28）	3.1234±0.3819	3.0877±0.3861
	F 值	14.238**	1.405

注：$*p<0.05$，$**p<0.01$，下同。

经分析可知，性别对学习能力效能感有显著性影响（$p=0.033<0.05$），具体表现为男被试学习能力效能感更强；性别对学习行为效能感影响不显著（$p=0.799>0.05$）。

第一语言背景对被试学习效能感的两个维度影响都不显著（p 值分别为 0.073 和 0.116，都大于 0.05）。

不同汉语学习阶段的被试在学习效能感两个维度上均值差异都不显著（p 值分别为 0.364 和 0.561，都大于 0.05）。

不同汉语成绩水平的被试在学习能力效能感上均值有极其显著差异（$p=0.000<0.01$），在学习行为效能感上均值差异不显著（$p=0.247>0.05$）。经多重比较（Bonferroni 检验）后发现，汉语成绩为前三分之一被试的学习能力效能感显著强于汉语成绩为中间三分之一的被试（$p=0.011<0.05$），也极其显著强于汉语成绩为后三分之一的被试（$p=0.000<0.01$）；汉语成绩为中间三分之一被试的学习能力效能感极其显著强于汉语成绩为后三分

之一的被试（$p=0.001<0.01$）。

（三）被试学习倦怠在人口统计学变量上的情况

以学习倦怠的三个维度为因变量，以被试"性别"为自变量进行独立样本 t 检验，同时分别以被试"第一语言""汉语学习阶段""汉语成绩水平"为自变量进行单因素方差分析（见表1-20）。

表 1-20 被试学习倦怠在人口统计学变量上显著性差异分析结果

		情绪低落 $M\pm SD$	行为不当 $M\pm SD$	成就感低 $M\pm SD$
性别	女（151）	2.6159±0.7824	2.7130±0.6010	2.6943±0.5390
	男（123）	2.6169±0.7219	2.7195±0.6241	2.6599±0.5720
	t 值	-0.011	-0.087	0.511
第一语言	印欧语系（95）	2.4829±0.7761	2.5719±0.6134	2.6596±0.5814
	汉藏语系（20）	2.9188±1.0060	2.9750±0.6931	2.3917±0.6336
	阿尔泰语系（14）	2.8036±0.4618	2.7500±0.5095	2.4762±0.6299
	韩日语言（83）	2.7395±0.7101	2.8012±0.6293	2.7731±0.5344
	南岛语系（46）	2.5625±0.7522	2.8080±0.5115	2.6630±0.4506
	闪含语系（6）	2.6042±0.3104	2.4722±0.7025	2.6111±0.5235
	F 值	1.583	2.140	2.014
汉语学习阶段	初级（135）	2.5269±0.8298	2.7062±0.6170	2.6025±0.6016
	中级（106）	2.6745±0.6791	2.7123±0.5983	2.7642±0.4730
	高级（42）	2.8628±0.6834	2.8252±0.6180	2.6911±0.5899
	F 值	3.386*	0.640	2.538
汉语成绩水平	前三分之一（73）	2.3647±0.7273	2.5023±0.5716	2.5548±0.5847
	中间三分之一（168）	2.7098±0.7149	2.7778±0.5999	2.6538±0.5194
	后三分之一（28）	2.8438±0.8219	2.9464±0.6400	3.1548±0.3820
	F 值	7.028**	7.665**	13.679**

第四节　来华留学生汉语学习效能感与学习倦怠关系研究

经分析可知，性别对学习倦怠的三个维度都没有显著性影响（p 值分别为 0.992、0.930 和 0.610，都大于 0.05）。

第一语言背景对学习倦怠三个维度的影响都不显著（p 值分别为 0.152、0.050 和 0.064，都大于或等于 0.05）。

不同汉语学习阶段的被试在情绪低落上均值有显著性差异（$p=0.035<0.05$），在行为不当和成就感低上均值差异都不显著（p 值分别为 0.528 和 0.081，都大于 0.05）；经多重比较（Bonferroni 检验）后发现，初级阶段被试在情绪低落上倦怠程度显著低于高级阶段被试（$p=0.040<0.05$），而与中级阶段被试没有显著性差异（$p=0.400>0.05$），中级阶段被试和高级阶段被试在情绪低落上均值无显著性差异（$p=0.530>0.05$）。

汉语成绩水平对学习倦怠的三个维度都有极其显著的影响（p 值分别为 0.001、0.001 和 0.000，都小于 0.01）。经多重比较（Bonferroni 检验）后发现，在情绪低落上，汉语成绩为前三分之一的被试倦怠程度极其显著轻于汉语成绩为中间三分之一的被试（$p=0.003<0.01$），也显著轻于汉语成绩为后三分之一的被试（$p=0.010<0.05$），而后两者之间没有显著性差异（$p=1.000>0.05$）；在行为不当上，汉语成绩为前三分之一的被试倦怠程度极其显著轻于汉语成绩为中间三分之一的被试（$p=0.003<0.01$），也极其显著轻于汉语成绩为后三分之一的被试（$p=0.003<0.01$），而后两者之间没有显著性差异（$p=0.502>0.05$）；在成就感低上，汉语成绩为后三分之一的被试倦怠程度极其显著高于汉语成绩为前三分之一的被试（$p=0.000<0.01$），也极其显著高于汉语成绩为中间三分之一的被试（$p=0.000<0.01$），而后两者之间没有显著性差异（$p=0.542>0.05$）。

(四)被试学习效能感与学习倦怠的关系

被试学习效能感所包含的学习能力效能感和学习行为效能感两个维度与学习倦怠所包含的情绪低落、行为不当和成就感低三个维度之间的相关系数见表1-21。

表1-21 被试学习效能感两个维度与学习倦怠三个维度之间的相关系数表

	学习能力效能感	学习行为效能感
情绪低落	−0.126*	−0.247**
行为不当	−0.240**	0.022
成就感低	−0.621**	−0.257**

经分析可知,学习能力效能感与情绪低落呈显著负相关($p=0.034<0.05$),与行为不当和成就感低都呈极其显著负相关(p值都是0.000,都小于0.01);学习行为效能感与情绪低落呈极其显著负相关($p=0.000<0.01$),与成就感低呈极其显著的负相关($p=0.000<0.01$)。

为更具体了解留学生学习效能感和学习倦怠各个维度之间的关系,以学习倦怠个维度为因变量,以性别、专业设立时间、年级、家庭所在地、学习能力效能感、学习行为效能感为自变量,进行逐步回归分析。回归分析结果见表1-22。

由表1-26可知,汉语成绩、学习行为效能感、学习能力效能感和汉语水平四个自变量与因变量"情绪低落"的多元相关系数(R)为0.435,决定系数(R^2)为0.189,最后模型整体性检验F值为14.178($p=0.000<0.01$)。学习能力效能感和汉语成绩两个自变量和因变量"行为不当"的多元相关系数(R)为0.333,决定系数(R^2)为0.111,最后模型整体性检验F值为15.258($p=0.000<0.01$)。学习能力效能感和因变量"成就感低"的

多元相关系数（R）为 0.593，决定系数（R^2）为 0.351，最后模型整体性检验 F 值为 133.131（$p=0.000<0.01$）。

三 分析与讨论

（一）留学生学习效能感和学习倦怠的总体状况

留学生学习效能感总体较强（两个维度的均值都超过了中数3），尤其是学习能力效能感，远超过中间水平。原因可能是：第一，调查对象主要是成年学习者，在汉语之外的其他学科或领域几乎都有成功经历，这些背景往往会使他们对自己的学习能力和行为习惯充满信心；第二，调查对象中初级汉语学习阶段的留学生有135人，占总数的47.70%，接近一半；初级阶段的留学生由于起点比较低，容易取得较为明显的进步。这也会使其觉得自己的学习能力和行为习惯比较有效。

表 1-22 被试学习倦怠各维度影响因素的回归分析结果

因变量	自变量	R	R^2	ΔR^2	F 值	ΔF	B	Beta
情绪低落	汉语成绩	0.206	0.042	0.042	10.869**	10.869**	0.138	0.108
	学习行为效能感	0.285	0.081	0.039	10.827**	10.371**	-0.475	-0.329
	学习能力效能感	0.393	0.154	0.073	14.821**	21.039**	-0.433	-0.312
行为不当	汉语水平	0.435	0.189	0.035	14.178**	10.514**	0.290	0.291
	学习能力效能感	0.292	0.085	0.085	22.856**	22.856**	-0.287	-0.247
成就感低	汉语成绩	0.333	0.111	0.026	15.258**	7.095**	0.178	0.167
	学习能力效能感	0.593	0.351	0.351	133.131**	133.131**	-0.617	-0.593

留学生学习倦怠程度不太高（三个维度的均值都低于中数3），

属于轻度倦怠,即便是倦怠程度最高的行为不当,也离中度倦怠较远。这个结果与开放式问题调查结果基本一致。开放式问题结果表明,明确表示喜欢学习汉语的留学生有144人,占样本总数的50.88%,明确表示不喜欢学习汉语的留学生只有8人,仅占2.83%。[①]汉语作为第二语言教学属于外语培训,除了很少一部分通过交换生和政府奖学金的方式参加学习外,大部分留学生都是自费来中国学习。在留学生提到的喜欢原因中,"汉语有意思""中国文化有意思""汉字有意思""感兴趣"等内在纯粹性喜欢的理由被提到184次,居第二位;占第一位的是"汉语对我很有用""我想用汉语做生意""学了汉语好找工作"等外在功利性理由,被提到244次。在这种情况下,留学生学习倦怠程度当然不会太高。

(二)留学生学习效能感和学习倦怠在"性别"上的情况

来华留学生中男生学习能力效能感高于女生,但性别对学习行为效能感和学习倦怠的三个维度都没有显著性影响。这说明在"能否学好汉语"这一问题上,男生比女生更自信。原因可能与男、女不同的心理特征有关:由于长期以来的社会传统和"偏见",男生往往自我评价相对较高(比如自认为智商更高),学习能力更强,从而也更喜欢接受挑战,对抗性强;而女生自我评价往往相对较低,倾向于稳定,包容性更强。[②]这一点也可与开放式问题调查结果相互印证。在喜欢学习汉语的理由中,男生谈到最多

[①] 有的留学生既填写了喜欢的理由,也填写了不喜欢的理由。这部分我们不计算在内,但对理由本身会进行分析。

[②] 万明钢、沈晖《文化视野中的性别角色与性别行为研究述论》,《妇女研究论丛》2000年第5期;潘建《英汉传统文化中的性别歧视与女权运动》,《湖南大学学报》(社会科学版)2001年第4期。

的是"汉语、中国文化有意思""喜欢汉字""汉语很好听""对我的智商是挑战"等内在原因,共 86 次,占 48.04%;而女生谈到该类内在原因只占到 42.11%。同时,在不喜欢学习汉语的理由中,"汉语较难""汉字难""声调太难"等是留学生谈到的最主要原因,男生谈到 25 次,而女生谈到 47 次。

学习行为效能感是对自己学习方法和学习习惯的判断和自信,是后天培养和形成的,与性别关系不大。所以,学习行为效能感在性别上没有显著性差异。学习倦怠是学习者所感受到的一种身心疲惫的心理状态,跟学习任务的难度和繁重程度有很大关系。汉语的难度是客观的,对所有人都是一样的、公平的,跟性别关系不大;虽然在开放式问题调查中女生提到汉语偏难的次数多一些,但因为"汉语有意思",且"能对未来的职业有帮助",并没有在总体感受的调查中体现出来。

(三)留学生学习效能感和学习倦怠在"第一语言"上的情况

第一语言对留学生学习效能感和学习倦怠三个维度都没有显著性影响。这说明留学生的学习效能感和学习倦怠程度没有因为其第一语言的不同(比如是否跟汉语同属一个语系)而呈现出显著性差异。这个结论与我们以前的经验性认识有出入。我们曾经认为,如果目的语与学习者的第一语言属于同一个语系,其学习起来会比较容易。按照这个观点,来自泰国、缅甸、老挝等国家,第一语言属于汉藏语系的留学生应该感觉汉语比较容易,学习效能感更强,学习倦怠程度更低;而第一语言属于印欧语系、阿尔泰语系、南岛语系的留学生应该感觉汉语相对更难一些,学习效能感更弱一些,学习倦怠更高一些。但调查结果并不支持这种推测,原因可能是:第一,虽然同属于汉藏语系,缅甸语或泰语跟汉语的差别同样很大,并不像法语和西班牙语那样相近;第二,因同属汉藏语系,母语和目的语的一些相似特征更容易发生负迁移,进而使学习者混淆,比如泰国学习者学习汉语声调时往往直接套用泰语的声调,即分别用泰语的一声中平调、五声低升调、二声中降调和三声高降调来发汉语的一二三四声,以致声调总是不到位。而有些第一语言为印欧语系的学习者一旦建立了声调的概念,其发声往往相对比较标准,甚至更地道。与此相印证,开放式问题调查中,第一语言属于汉藏语系的留学生在谈到其"不喜欢学习汉语的理由"时也多次提到"汉字太难""越来越难""声调难"等原因,并没有比第一语言属于其他语系的留学生觉得汉语更容易。

(四)留学生学习效能感和学习倦怠在"汉语学习阶段"上的情况

汉语学习阶段对留学生学习效能感和学习倦怠中的行为不当和成就感低都没有显著性影响。原因可能是,留学生都是成年人,其学习能力效能感和学习行为效能感已有稳定的基础,而且初、中、高三个汉语学习阶段各有其难点,很难说某个阶段的难度远高过其他阶段。同时,由于教学机构在安排教学活动时适当考虑到了留学生的学习行为习惯等(比如有的学院上午8点半上课),在很大程度上避免了有可能发生的"迟到"等不当行为。

汉语学习阶段对留学生学习倦怠中的情绪低落有显著性影响,具体表现为初级阶段留学生的情绪低落程度显著低于高级阶段的留学生,而与中级阶段的留学生没有显著性差异;同时中级和高级阶段的留学生在情绪低落程度上没有显著性差异。原因可能是:第一,初级阶段学习的是包括基本词汇和语法项目在内的基本内容，这些内容很容易在现实日常生活中用到，这会让留学生有成就感；第二，倦怠是由于实际情况与个体期待存在差异造成的，①或者说，期待与现实不符比较容易引起倦怠。就汉语学习来说，初级阶段的留学生起点较低，大部分都是零起点，很容易感觉到自己的进步，有成就感，情绪上自然就不容易低落；而高级阶段留学生的汉语达到了一定水平，进步相对较慢一些，即进入了"高原期"，付出努力很多，但收获却感觉很小。期待和现实不符，情绪上肯定会受到一些影响。中级阶段留学生的情况介于其中，虽然也分别与初级和高级阶段的留学生有所差异，但都没有达到显著性差异的程度。在开放式问题调查中，这一点也有反映，谈到不喜欢学习汉语的原因时，"（汉语）越来越难""中国人说话太快，怎么练也不像，追不了""达到一定程度，汉语水平不能再提高""形容词多死了，记不住"等理由被高级阶段的留学生提及多达 21 次；相反，初级阶段的留学生没有谈到类似的"不喜欢学习汉语"的理由。

（五）留学生学习效能感和学习倦怠在"汉语成绩"上的情况

汉语成绩水平对留学生学习能力效能感有极其显著的影响。具体表现为，汉语成绩水平越高，留学生学习能力效能感就越强，而且任意两种汉语成绩水平之间都有极其显著的差异；汉语成绩水平对学习倦怠的三个维度也都有极其显著的影响。具体表现为汉语成绩为前三分之一的留学生在情绪低落、行为不当和成就感低三个维度上的倦怠程度要显著轻于汉语成绩为中间三分之一和

---

① Meier（1983）、Pines（1993），转引自杨涛《汉语学习倦怠与动机关系研究》，西南大学 2010 年博士学位论文。

后三分之一的留学生，后两种汉语成绩水平的留学生之间没有显著性差异。原因可能是，汉语成绩水平较高的留学生对汉语的理解和把握更好，对自己的学习能力更自信，当然在情绪上就不会低落，也愿意服从教学安排和课堂纪律，出现行为不当的概率也不高，也更有成就感；反过来，这种成就感又会强化其学好汉语的能力和信心，即提升自己的学习能力效能感。相反，如果汉语成绩水平不高，留学生学习起来就会缺乏信心，怀疑自己，情绪上低落，也不愿意遵守课堂纪律，容易出现不当行为，当然也很少体验到成就感，进而影响到自己的学习能力效能感。开放式问题调查中，汉语成绩水平较高的留学生在回答"为什么喜欢学习汉语"时更多谈到的是内在性原因，比如"汉语有意思""喜欢汉字"等；而汉语成绩水平较低的留学生更多谈到的是外在性原因，比如"我想在中国做生意""有助于我找工作""汉语很重要"等。从心理学角度来说，内在性驱动引起的学习效率更高，动机也更持久，当然学习成绩就好一些。

不同汉语成绩水平留学生的学习行为效能感没有显著性差别。原因可能是，留学生在来中国学习汉语之前都形成了较为有效、相对稳定的学习方法和行为习惯，虽然汉语成绩水平有差异，但基本不会对自己的学习方法和行为习惯产生怀疑。

（六）留学生学习效能感和学习倦怠的关系情况

留学生在情绪低落、行为不当和成就感低三个维度上的倦怠程度随其学习能力效能感的增强而降低；留学生在情绪低落和成就感低两个维度上的倦怠程度随其学习行为效能感的增强而降低。这一结果很容易理解。学习能力效能感是留学生对自己汉语学习能力的判断和自信。如果对自己汉语学习能力有一个较高的判断，留学生在汉语学习过程中就能体验到较高的成就感，情绪也会很高，不当行为产生的可能性也会大大降低。同样，留学生学习行为效能感的增强也会导致其在情绪低落和成就感低两个维度上倦怠程度的降低。

进一步的回归分析表明，"情绪低落"依次受到"汉语成绩水平""学习行为效能感""学习能力效能感"和"汉语学习阶段"四个变量的影响。这四个变量可以有效解释"情绪低落"18.9%的变异量，是其有效预测变量。"行为不当"依次受到"汉语能力效能感"和"汉语成绩水平"两个变量的影响，这两个变量可以有效解释"行为不当"11.1%的变异量，是其有效预测变量。"成就感低"受到"学习能力效能感"的影响，"学习能力效能感"可以有效解释"成就感低"35.1%的变异量，是其有效预测变量。

四 结论

目前来华留学生学习效能感总体较强，尤其是学习能力效能感，超过中间水平；其学习倦怠程度总体上也不高，属于轻度倦怠。

来华留学生中男生学习能力效能感高于女生，但性别对留学生学习行为效能感和学习倦怠的三个维度都没有显著性影响。

第一语言对留学生学习效能感的两个维度和学习倦怠的三个维度都没有显著性影响。

汉语学习阶段对留学生学习倦怠中的情绪低落有显著性影响，具体表现为初级汉语学习阶段留学生情绪低落的倦怠程度显著低于高级阶段的留学生，而与中级阶段的留学生没有显著性差异；中级和高级阶段的留学生在情绪低落维度上没有显著性差异。

汉语学习阶段对留学生学习效能感和学习倦怠中的行为不当和成就感低都没有显著性影响。

汉语成绩水平对学习能力效能感有极其显著的影响。具体表现为，汉语成绩水平越高，留学生学习能力效能感就越强，而且任意两种汉语成绩水平之间都有极其显著的差异；汉语成绩水平对学习行为效能感没有显著的影响；汉语成绩水平对学习倦怠三个维度都有极其显著的影响。具体表现为汉语成绩为前三分之一的留学生在情绪低落、行为不当和成就感低三个维度上的倦怠程度要显著轻于汉语成绩为中间三分之一和后三分之一的留学生，后两种汉语成绩水平的留学生之间没有显著性差异。

留学生在情绪低落、行为不当和成就感低三个维度上的倦怠程度随其学习能力效能感的增强而降低。留学生在情绪低落和成就感低两个维度上的倦怠程度随其学习行为效能感的增强而降低。学习能力效能感是留学生学习倦怠三个维度的有效预测变量。

客观来讲，留学生学习汉语的情绪心理状态基本上是令人满意的，当然仍有值得我们努力改善的地方。比如女生学习能力效能感较低，高级汉语学习阶段的留学生情绪不高等。基于此，我们应尽量做到：第一，在教学过程中尽量采取针对性的教学措施，让女生体会到成就感，进而增强其学习效能感；第二，加强对高级阶段汉语教学的研究，对其内容进行适当拆分，适当降低难度，最好做到让留学生觉得不是太难，或者有进步的成就感；第三，注意体现汉语知识技能的文化性和故事性，发挥"汉语有意思"这一优势，激发留学生学习的积极性；第四，应大力改善教学方式方法和教材质量。在开放式问题调查部分明确表示喜欢学习汉语的留学生有144人，但汉语教师、教学和教材作为喜欢学习的原因仅被提到 12 次；相反，明确表示不喜欢学习汉语的留学生只有 8 人，但汉语教师、教学和教材作为不喜欢学习的原因却被提到 17 次。比如"教师说得太快，我们没时间记""有些课无聊""汉语教材太老""早上上课太早"等。如果这些方面都能得到改善，来华留学生学习汉语时的情绪心理状态会更好一些。

第二章

二语学习者个体差异一般因素研究

第一节 初级阶段留学生个体背景因素与口语测验表现的关系①

口语测验在编制和使用过程中必然要涉及的因素有口语能力、被试个人特性和测验任务特点。其中口语能力是我们要测量的特质,被试个人特性属于学习者影响因素,而测验任务特点则是测验编制者可以调控的测验内部影响因素。学习者个人背景特点是相对复杂的因素,但却是测验时应该关注的问题。Bachman & Palmer 认为,在第二语言测验中应该考虑 6 类个人背景因素:年龄、性别、国籍(民族)、社会地位、母语背景和受教育程度。②在汉语作为第二语言的初学者口语测验中,除了上述 6 类因素之外,还包括学习目的、华裔家庭背景等共 8 类个体背景因素。我们将分别探讨这 8 类因素与口语测验表现的关系。

---

① 本节作者:王佶旻,原载《汉语学习》2007 年第 5 期。
② Bachman, L. F. & Palmer, A. S. *Language Testing in Practice*. Oxford University Press, 1996.

一 研究过程

(一) 研究样本

根据《汉语水平等级标准与语法等级大纲》中汉语水平等级标准和对外汉语教学年级的关系对照表，我们把初级阶段留学生定义为接受正规现代汉语教育半年至一年的留学生，并把这一目标团体作为具体的研究对象。据此选取北京语言大学汉语进修学院一年级上和一年级下的留学生共 223 人为研究样本。一年级上和一年级下分别指从零起点开始接受了一个学期（320 课时）和一年（640 课时）的正规现代汉语教学的留学生。样本的具体情况如下：

表 2-1 样本的具体情况

	人数	男	女	平均年龄	国家或地区
一年级上	117	65	52	21.29	印尼 16，日本 13，韩国 10，美国 9，加拿大 5，哈萨克斯坦 5，法国 5，菲律宾 4，泰国 4，蒙古 4，斯里兰卡 4，英国 3，尼泊尔 3，俄罗斯 3，萨尔瓦多、西班牙、阿塞拜疆、智利、瑞士、瑞典、哥伦比亚、厄瓜多尔各 2，乌兹别克斯坦、乌拉圭、尼日利亚、克罗地亚、印度、利比里亚、叙利亚、赞比亚、秘鲁、墨西哥、吉尔吉斯斯坦、中国台湾、巴拿马各 1
一年级下	106	59	47	21.59	印尼 16，日本 14，韩国 14，美国 6，泰国 5，菲律宾 4，朝鲜 4，德国 4，南非 3，西班牙 3，澳大利亚、法国、比利时、墨西哥、哈萨克斯坦、荷兰、意大利各 2，爱尔兰、巴西、厄瓜多尔、秘鲁、瑞典、白俄罗斯、乌克兰、匈牙利、俄罗斯、吉尔吉斯斯坦、新西兰、中国台湾、加拿大、巴拿马、加蓬、苏丹、越南、希腊、以色列各 1
总计	223	124	99	21.44	共 53 个国家（地区）

(二)研究工具

1. 口语测验

我们把二语口语能力定义为学习者在口头渠道运用语言的能力,同时操作性地定义为学习者在听说模式下的口语表达能力和在独白模式下的口语表达能力,具体表示为:

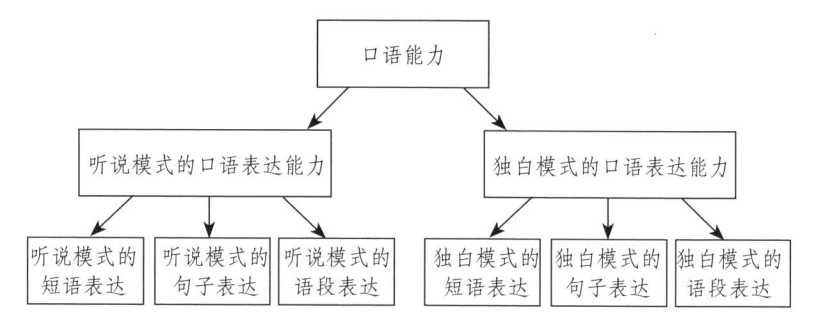

```
                         口语能力
                        /        \
         听说模式的口语表达能力    独白模式的口语表达能力
          /      |      \          /      |      \
    听说模式的 听说模式的 听说模式的  独白模式的 独白模式的 独白模式的
    短语表达  句子表达  语段表达   短语表达  句子表达  语段表达
```

该模型中,听说模式和独白模式是口语表达发生的两种具体环境,而短语、句子和语段是口语表达的三种形式。我们根据该模型编制汉语初学者口语测验,该测验为半直接式口语测验。为了避免汉字的干扰,测验中不出现任何读的内容。测验的结构框架如下表:

表 2-2 汉语初学者口语能力测验结构框架

题型	部分	分测验	准备时间	答题时间	题目数	刺激方式	反应方式
快速问答	第一部分	分测验一	2 秒	5~8 秒	10	听问句	口头回答问题
	第二部分	分测验二		10~15 秒	10		
图片比较	第一部分	分测验三	8 秒	10 秒	10	看图	说出两幅图的不同点
	第二部分	分测验四		15 秒	10		
听后重复	第一部分	分测验五	30 秒	90 秒	1	听一段话语	把听到的内容重复说出来
	第二部分		30 秒	90 秒	1		

第一节 初级阶段留学生个体背景因素与口语测验表现的关系

（续表）

题型	部分	分测验	准备时间	答题时间	题目数	刺激方式	反应方式
看图说话	第一部分	分测验六	120秒	90秒	1	看一组图片	根据一组图片说一段话
	第二部分		60秒	60秒	1		

2. 学生个体背景调查问卷

学生调查问卷主要调查学生的背景资料，包括性别、年龄、国籍、母语背景、职业、学习目的、教育程度和是否为华裔背景等8项内容。

（三）方法、过程与结果

1. 性别与口语测验表现的关系

采用独立样本t检验分析男生和女生在口语测验上的表现是否有显著差异，以进一步了解性别与口语能力的关系，结果如表2-3：

表2-3 男、女生测验得分差异比较

变量名	男			女			t值	显著性N
	N	M	SD	N	M	SD		
分测验一	124	6.10	2.65	99	6.29	2.93	-0.502	0.616
分测验二	124	5.85	2.60	99	5.75	2.54	-0.309	0.758
分测验三	124	5.29	2.95	99	4.87	3.14	1.023	0.307
分测验四	124	4.76	2.93	99	4.65	2.98	0.275	0.784
分测验五	124	5.65	4.12	99	6.86	4.60	-2.076*	0.039
分测验六	124	8.10	3.77	99	7.79	3.88	0.603	0.547
总测验	124	35.46	16.32	99	36.54	17.65	-0.472	0.637

由表2-3可知，男生和女生只在分测验五（听后复述）有显著差异，女生的成绩要明显好于男生，在其他各分测验及总测验

的表现上没有显著差异。

2. 年龄与口语测验表现的关系

本研究针对的是成年人,不涉及儿童汉语学习者。根据来华留学生年龄分布的特点(以30岁以下的青年学习者居多)和本次测验被试的年龄范围(18～56岁,其中50岁以上的仅2人),我们将被试分为两个年龄组,即30岁以下的青年组和30岁以上的中年组。采用独立样本t检验分析两个年龄组被试在口语测验上是否有显著差异,结果如下:

表2-4 不同年龄组测验得分差异比较

变量名	青年组			中年组			t值
	N	M	SD	N	M	SD	
分测验一	178	7.18	2.08	45	5.55	2.61	4.435**
分测验二	178	6.75	1.93	45	4.93	2.55	5.254**
分测验三	178	6.38	2.39	45	4.04	2.77	5.664**
分测验四	178	5.98	2.41	45	3.06	2.48	7.208**
分测验五	178	7.64	3.88	45	4.40	3.98	4.978**
分测验六	178	9.51	2.26	45	5.82	4.59	7.677**
总测验	178	43.45	11.61	45	27.82	15.75	7.465**

结果表明,青年组和中年组在各分测验上的表现均有显著差异,青年组的表现明显好于中年组,说明年龄对口语能力有显著影响。

3. 学习目的与口语测验表现的关系

第二语言/外语学习动机的研究在国外已有四五十年的历史,其主要理论依据是社会心理学和主流动机心理学,其中最具影响力的是Gardner和Lambert提出的融合型动机(integrative motivation)和工具型动机(instrumental motivation)。① 所谓融合型动机是指为了跟目的语社团直接进行交际,与目的语文化有更多的接触,甚至想进一步融合到第二语言社团中,成为其中的一员。工具型动机是指把第二语言看成工具的实际目的,如查阅资料、寻找工作、通过考试、改善社会地位等。② 本研究也将从这两种动机类型出发来调查学习动机类型对口语能力的影响。

在学生背景因素的问卷调查中,我们让学生回答具体的学习目的。问卷所列的学习目的有:在中国上学,找工作,升职,喜欢汉语,喜欢中国文化,长期在中国生活。根据融合型动机和工具型动机的定义,在问卷整理时,我们把前三项归为工具型动机,而把后三项归为融合型动机。由于部分被试未回答或未按要求回答此项内容,最后有效回答此项的被试为198人。结果如下:

表2-5 不同学习动机组测验得分差异比较

变量名	工具型动机			融合型动机			t值	显著性
	N	M	SD	N	M	SD		
分测验一	100	6.49	2.39	98	6.24	2.69	0.678	0.499
分测验二	100	6.04	2.35	98	5.94	2.40	0.269	0.788
分测验三	100	5.33	2.89	98	5.48	2.97	−0.383	0.702
分测验四	100	4.84	2.98	98	5.26	2.83	−0.535	0.594
分测验五	100	6.75	3.78	98	5.89	4.43	1.455	0.147
分测验六	100	7.91	3.79	98	8.11	3.93	−0.368	0.713
总测验	100	37.36	15.57	98	36.75	15.94	−0.270	0.787

从上表可知,持工具型动机的学生在口语测验上的表现与持

---

① Gardner, R. C. & Lambert, W. E. *Attitude and Motivation in Second Language Learning*. Newbury House, 1972.

② 刘珣《对外汉语教育学引论》,北京语言文化大学出版社2000年版。

融合型动机的学生无显著差异,说明学习目的类型并不能对口语能力产生显著影响。

4.国别与口语测验表现的关系

根据国别不同我们把留学生分为东亚及东南亚国家、欧美国家(包括大洋洲)和其他国家3类,分别记为:东亚及东南亚组、欧美组和其他组。使用单向方差分析检验不同组别的学生在口语测验上的表现有无显著差异。结果如下:

表2-6 不同国别组测验得分差异比较

变量名	东亚及东南亚组			欧美组			其他组			F 值	事后比较
	N	M	SD	N	M	SD	N	M	SD		
分测验一	106	6.77	2.29	58	7.28	2.08	59	5.31	2.79	9.802**	1>3,2>3
分测验二	106	6.17	2.13	58	6.38	1.94	59	5.49	2.83	4.378*	2>3
分测验三	106	5.93	2.58	58	6.59	2.47	59	3.52	2.85	20.310**	1>3,2>3
分测验四	106	5.38	2.75	58	6.12	2.51	59	3.17	2.61	17.466**	1>3,2>3
分测验五	106	6.38	4.30	58	7.87	4.32	59	5.66	3.69	3.711*	2>3
分测验六	106	8.24	3.43	58	9.67	3.15	59	6.35	4.43	10.608**	2>1,2>3,1>3
总测验	106	38.89	14.75	58	44.38	12.46	59	29.53	16.67	13.217**	2>1,2>3,1>3

结果显示,不同国别的学生在口语测验上的表现有显著差异,其中欧美组学生在所有分测验上的表现都要优于其他组,在分测验六上的表现以及在测验的总体表现上也要好于东亚及东南亚组。而东亚及东南亚组在分测验一、三、四、六上的表现要好于其他组。这说明不同国别背景的学生口语能力有显著差异。

5. 母语背景与口语测验表现的关系

在第二语言习得研究中,学生的母语背景一直被看成一个重要因素。母语背景与国别并不是完全对应的,南美国家学生的母语可能是葡萄牙语或西班牙语,而非洲国家学生的母语可能是英语或法语。在学生问卷调查中,我们按照语言的谱系将学生的母语背景分为印欧语系、日语与朝鲜语以及其他语系3类。由于少数考生没有填写这项内容,关于母语背景的有效问卷共217份。结果如下:

表2-7 不同母语背景组测验得分差异比较

变量名	印欧语系			日语与朝鲜语			其他语系			F值	显著性
	N	M	SD	N	M	SD	N	M	SD		
分测验一	105	6.54	2.58	75	6.40	2.18	37	6.73	2.82	0.222	0.801
分测验二	105	6.29	2.33	75	5.64	2.33	37	6.54	2.34	2.484	0.086
分测验三	105	5.80	2.89	75	5.52	2.59	37	5.16	3.01	0.743	0.477
分测验四	105	5.16	2.80	75	4.91	2.62	37	5.22	3.41	0.224	0.800
分测验五	105	7.16	4.16	75	5.73	4.24	37	6.46	4.38	2.512	0.083
分测验六	105	8.85	3.44	75	7.80	3.67	37	7.43	4.15	2.944	0.055
总测验	105	39.82	15.20	75	36.00	14.76	37	37.54	17.54	1.362	0.258

结果表明,不同母语背景的学生在口语测验的6个分测验和总测验上的得分均没有显著差异,这一结果与普遍认为的国别与口语测验表现的关系并不一致。

6. 教育背景与口语测验表现的关系

223 名被试中有 210 名回答了这项内容，被试中没有高中以下学历的，因而我们将教育背景归为高中、大学和研究生 3 类，并使用单向方差分析研究 3 类不同教育背景的学生在口语测验表现上的差异。结果如下：

2-8 不同教育背景组测验得分差异比较

变量名	高中组			大学组			研究生组			F 值	显著性
	N	M	SD	N	M	SD	N	M	SD		
分测验一	41	6.53	3.37	148	6.52	2.62	21	6.42	1.91	0.013	0.987
分测验二	41	5.92	3.39	148	6.10	2.34	21	6.00	2.38	0.086	0.918
分测验三	41	5.73	2.95	148	5.79	3.04	21	5.09	2.42	0.504	0.605
分测验四	41	4.97	3.07	148	5.33	2.96	21	4.90	2.64	0.364	0.695
分测验五	41	6.46	5.12	148	6.81	4.43	21	5.52	4.34	0.757	0.470
分测验六	41	7.92	3.83	148	8.49	3.73	21	7.61	3.65	0.747	0.475
总测验	41	37.56	19.23	148	8.49	3.73	21	35.57	13.43	0.461	0.631

结果表明，不同教育背景的学生在口语测验上的表现并没有显著差异，这或许与被试总体受教育程度较高有关。

7. 职业背景与口语测验表现的关系

由于被试来自 53 个国家和地区，定义他们的社会地位比较困难，因而我们以职业背景代替其社会地位。我们将职业分为 5 类，即学生、教师、在政府部门工作、在公司工作和其他，共有 188 人回答了这个项目。结果如下：

表 2-9　不同职业背景组学生测验得分差异比较

变量名	学生组 N=110		教师组 N=15		政府组 N=14		公司组 N=31		其他组 N=18		F值	显著性
	M	SD	M	SD	M	SD	M	SD	M	SD		
分测验一	5.45	3.08	5.86	2.64	4.78	3.28	5.87	2.90	5.88	2.42	0.448	0.773
分测验二	5.54	2.95	5.46	2.38	4.64	2.79	5.35	2.13	5.72	2.29	0.394	0.813
分测验三	4.68	3.22	3.80	3.74	3.71	3.95	5.00	2.82	4.44	3.23	0.623	0.647
分测验四	4.26	3.07	4.13	3.48	4.28	4.10	4.19	2.52	4.77	3.17	0.129	0.972
分测验五	5.60	4.62	4.93	3.10	5.57	5.07	5.48	3.65	4.00	3.80	0.635	0.638
分测验六	7.93	3.89	6.53	4.83	5.57	5.07	7.74	3.47	7.66	4.51	1.329	0.261
总测验	33.48	18.44	30.73	17.16	27.78	22.34	33.64	14.59	32.50	17.82	0.377	0.825

从上表的结果可见,不同职业背景的学生在口语测验的6个分测验及总测验上的表现没有显著差异,说明职业背景对口语测验表现没有显著影响。

8. 华裔家庭背景与口语测验表现的关系

在汉语作为第二语言的教学和习得研究中,华裔学生是大家非常关心的问题之一。在本次研究样本中,华裔学生有42名,占18.8%;非华裔181名,占81.2%,华裔学生和非华裔学生在口语测验上表现的差异如下表:

表 2-10　华裔组与非华裔组测验得分差异比较

变量名	华裔组			非华裔组			t值
	N	M	SD	N	M	SD	
分测验一	42	7.88	1.61	181	6.15	2.55	5.521**
分测验二	42	7.83	1.84	181	5.69	2.27	6.464**
分测验三	42	7.19	1.82	181	5.08	2.94	5.910**

(续表)

变量名	华裔组			非华裔组			t 值
	N	M	SD	N	M	SD	
分测验四	42	6.85	2.30	181	4.56	2.81	4.919**
分测验五	42	8.28	4.42	181	6.07	4.09	3.101**
分测验六	42	9.50	2.53	181	7.74	3.99	3.588**
总测验	42	47.54	10.87	181	35.31	15.72	5.983**

研究结果表明，华裔学生在口语测验的各个分测验上的表现要明显优于非华裔学生，说明华裔这一特殊家庭背景对其口语能力的发展有显著影响。

二 讨论

研究表明，学生的个人背景因素中有的对口语测验有显著影响，有的则没有显著影响。在我们所研究的8项背景因素中，年龄、国别和华裔家庭背景等3项对口语测验表现有显著影响，而性别、学习动机类型、受教育程度和母语背景等5项对口语测验表现无显著影响。以下我们将逐项对这一研究结果予以分析讨论。

（一）关于性别

性别是否会影响学习者的口语能力，各家的观点不太一致。有的认为女性的口语表达能力好于男性。如 Halpern 在研究第一语言口语能力的基础上推测，女性的第二语言运用和口头交际能力优于男性。[①] 肖德法、向平对2003年3月PETS口试成绩的性别差异进行的统计分析也显示，总体上女性的成绩明显高于男性，差异极

---

① Halpern, D. F. *Sex Differences in Cognitive Abilities*. Erlbaum, 1986.

其显著。① 但有些研究却不支持这样的说法。Hyde & Linn 的研究显示，性别对口语能力几乎没有差异。② 曹贤文、吴淮南对 51 名来华留学生进行的调查研究也表明性别与学习成绩没有直接关系。③

本研究的结果表明，女生在听后复述部分的得分明显高于男生，在其他分测验及测验总分上男女生没有显著差异，说明性别差异对口语能力的影响不大。但我们也发现，在分测验一、二、五中，即听说模式的口语能力方面女生的得分高于男生，而在分测验三、四、六中，即独白模式的口语能力方面男生的得分高于女生。听说模式的口语能力是课堂和口头交际中常见模式，女生在这一方面表现出的优势使教师形成了女生口语好于男生的印象。本研究的结果与 Lumley & O'Sullivan 在一项半直接式口语测验中的研究结果十分相似，他们也发现性别对口语能力的影响不大，但在某些题型上男女的表现各有特点。④ 另外 O'Loughlin 在研究雅思面试考试中也发现男、女生的表现并无显著差异。这些结论使我们不得不对传统的看法，即女生语言水平尤其是口语水平好于男生做出新的思考。⑤

---

① 肖德法、向平《性别与 PETS 口试成绩研究》，《山东外语教学》2005 年第 1 期。

② Hyde, J. S. & Linn, M. C. Gender Difference in Verbal Ability: A Meta-analysis. *Psychological Bulletin*, 1988.

③ 曹贤文、吴淮南《留学生的几项个体差异变量与学习成就的相关分析》，《暨南大学华文学院学报》2002 年第 3 期。

④ Lumley, T. & O'Sullivan, B. The Effect of Test-taker Gender, Audience and Topic on Task Performance in Tape-mediated Assessment of Speaking. *Language Testing*, 2005 (4).

⑤ O'Loughlin, K. The Impact of Gender in Oral Proficiency Testing. *Language Testing*, 2002 (2).

（二）关于年龄

第二语言习得领域普遍认为年龄是影响口语习得的重要因素，但多数研究是将儿童与成人的口语习得进行比较[1]，结果表明儿童比成人更容易获得成功。

本研究的所有被试都是成人，因此并不涉及儿童与成人的对比，但结果仍然表明年龄对口语习得产生了显著影响。青年组在口语测验的各个分测验以及测验总分上的表现均好于中年组，说明年龄对第二语言口语能力有显著影响。其原因可能有两方面：一是青年学习者比起年龄较大的学习者来说更加乐于交际，因而口语表达能力提高得更快；二是年龄较大的学习者一般听力较弱，这也在一定程度上影响了口语交际。

（三）关于学习动机类型

Gardner & Mac Intyre 在研究中发现，有融合性取向的学生要比工具性取向的学生在学习中更加主动，成就更大，因此融合性取向要优于工具性取向。[2] 曹贤文、吴淮南对 51 名来华留学生进行的调查研究也表明，持融合型动机的学生的学习成绩要明显好于持工具型动机的学生。[3] 金泉元等在大学英语四级考试通过者口语能力及相关因素的调查研究中也发现，持工具型动机的学习

---

[1] Long, M. H. Maturational Constraints on Language Development. *Studies in Second Language Acquisition*, 1990 (12); Singleton, D. Language Acquistion: The Age Factor. *Multilingual Matters*, 1989.

[2] Gardner & Mac Intyre. A Student's Contributions to Second-language Learning. *Language Teaching*, 1993(26).

[3] 曹贤文、吴淮南《留学生的几项个体差异变量与学习成就的相关分析》，《暨南大学华文学院学报》2002 年第 3 期。

者口语能力低于持融合型动机者。① 而冯小钉在对 73 名短期来华留学生进行学习动机的调查研究中发现，留学生的学习动机中工具型动机所占的比重大于融合型动机，而具有工具型动机的学生的语言水平也要高于融合型动机。② 汤闻励在动机因素影响英语口语学习者的调查与分析研究中亦得到了工具型动机在口语学习中所起的作用远远大于融合型动机的相同结论。③

在本研究的调查中，持融合型动机的学习者和持工具型动机的学习者人数相当，统计分析的结果表明，持融合型动机的学习者和持工具型动机的学习者在口语测验上的表现无显著差异，说明学习动机类型对口语能力的影响不大。从事后与学生的谈话中了解到，在长期学习汉语的学习者当中，很少有完全持单纯的工具型或融合型动机的，多数学生往往是兼而有之。而我们在问卷中要求学生只选最重要的一项，因此两种动机兼而有之的情况无法体现出来。因此，在来华汉语学习者中，特别是在长期生当中，学习动机往往是复杂的，不能机械地划分为工具型或者融合型，应该有针对性地做更加深入的调查研究。另外，由于本研究关心的只是动机类型而非动机的大小或强弱程度，对于在同一动机类型中，动机程度强的学生是否比动机程度弱的学生口语水平高也应当专门进行研究。

（四）关于国别与母语背景

国别与母语背景是既有联系又有区别的两个因素。由于历史

---

① 金泉元等《CET-4 通过者口语能力及相关因素调查研究》，《国外外语教学》2004 年第 2 期。

② 冯小钉《短期留学生学习动机的调查分析》，《云南师范大学学报》（对外汉语教学与研究版）2003 年第 2 期。

③ 汤闻励《动机因素影响英语口语学习的调查与分析》，《外语教学》2005 年第 2 期。

和政治的原因，有时国别与母语背景是一致的，有时并不一致。这里我们将两者放在一起讨论。

在汉字或语法习得研究中，研究者们往往会把学习者的母语背景当作一个非常重要的因素来考虑。[①] 汉字文化圈的存在使得日、韩等国学生在汉字习得上占有优势，而不同的母语语法对学生习得第二语言语法也有一定的影响。但我们的研究表明，母语背景并没有对学生的口语能力产生显著影响，倒是不同国家的学生所表现出来的口语能力有着显著的差异。这一结果是令人深思的，母语对口语发音有一定的迁移作用，但口语能力是一种综合能力，发音只是口语表达的载体，真正要提高口语能力需要多交流多练习，这点欧美学生做得更好，因此他们的口语水平较高一些。

（五）关于教育背景

在对高中、大学及研究生三组不同教育背景的学生在口语测验中的表现进行分析后，我们没有发现不同教育程度的被试在口语测验上的表现有显著不同。这一结果与教师的判断基本一致，与我们的预想也基本符合。本研究的被试最低教育背景为高中，因此被试之间受教育程度的差别不大，对语言学习不会产生显著影响。

（六）关于职业背景

在对五组不同职业背景的被试在口语测验上的表现进行研究后发现，5组被试在6个分测验及总测验中的得分均没有显著差异，说明职业背景对初学者的口语习得没有显著影响。

[①] 江新《不同母语背景的外国学生汉字知音和知义之间关系的研究》，《语言教学与研究》2003年第6期；孙德金《外国留学生汉语"得"字补语句习得情况考察》，《语言教学与研究》2002年第6期；余文青《留学生使用"把"字句的调查报告》，《汉语学习》2000年第5期。

（七）关于华裔家庭背景

华裔是汉语作为第二语言学习者中的一类特殊人群，在对外汉语教学的各项研究中，对华裔群体的研究都显得十分重要。通过对教师的访谈和问卷调查，我们发现在日常的口语教学中，教师并没有感觉华裔学生的口语能力明显高于其他非华裔学生。但我们的本次调查却表明，华裔学生无论在听说模式的口语表达中还是在独白模式的口语表达中都明显好于非华裔学生。据了解，这些华裔学生都是在国外出生的，有相当一部分在家中并不说汉语。华裔学生口语能力之所以进步比较快，可能源于他们更容易融入中国社会，更易于同中国人打交道，因而交流的机会也就更多。

三 结论及对教学的启示

调查显示，年龄、国别和华裔家庭背景对口语能力有显著影响，而性别、职业、母语背景、受教育程度和学习动机类型等因素对口语能力没有显著影响。其中，青年初学者的口语能力好于中年初学者；欧美国家初学者口语水平相对较高，东亚和东南亚国家次之，其他国家的初学者口语水平相对较弱；华裔初学者口语水平显著好于非华裔初学者。

研究结果表明，不同年龄、国别和家庭背景的学生在口语学习中组成了不同的亚群体，因此在对不同的亚群体进行口语教学时也要注意区别对待。比如，年纪大的学生在口语课堂上常常会感到跟不上其他同学的节拍，长期下去会影响学生的自信心，因此在开展口语训练时，可以根据不同年龄分组，使教学计划和进度更加符合学生的年龄特点。欧美学生比较善于交际，在课堂上往往喜欢主动表现，有时会不自觉地占据了其他同学的表达时间，如果在口语训练时按照国别分类，就会迫使其他不爱交际的同学也不得不开口说话。

第二节 汉语作为第二语言习得的关键期假设研究[①]

关于学习者年龄因素与第二语言习得速度、习得机制和最终成效之间关系的研究一直是国内外第二语言习得理论研究和外语教学研究的重要组成部分。[②] 以关键期假设（Critical Period Hypothesis，CPH）[③]、多元关键期假设（Multiple Critical Period Hypothesis，MCPH）[④] 和多元敏感期假设（Multiple Sensitive

---

① 本节作者：柴省三，原载《外语教学与研究》2013 年第 5 期。
② Chomsky, N. Of Minds and Language. *Biolinguistics*, 2007(1)；桂诗春《"外语要从小学起"质疑》，《外语教学与研究》1992 年第 4 期；文秋芳《二语习得重点问题研究》，外语教学与研究出版社 2010 年版。
③ Penfield, W. & Roberts, L. *Speech and Brain Mechanisms*. Princeton University Press, 1959; Lenneberg, E. H. *Biological Foundations of Language*. John Wiley and Sons, 1967; Abello-Contesse, C. Age and the Critical Period Hypothesis. *English Language Teaching Journal*, 2009(2).
④ Scovel, T. *A Time to Speak: A Psycholinguistic Inquiry into the Critical Period for Human Speech*. Newburry House Publishers, 1988; Schouten, A. The Critical Period Hypothesis: Support, Challenge, and Reconceptualization. *Working Papers in TESOL & Applied Linguistics*, 2009(1); DeKeyser, R. & Alfishabtay, I. & Ravid, D. Cross-linguistic Evidence for the Nature of Age Effects in Second Language Acquisition. *Applied Psycholinguistics*, 2010(31).

Period Hypothesis，MSPH）①为切入点，就年龄变量对不同语言模块的习得速度、习得模式和习得规律进行深入考察，不仅对第二语言习得研究体系的完善具有重要理论意义，而且对于语言政策规划、教学形式组织、教学内容设计、教学顺序编排以及教学方法的选择等都具有重要应用价值。

尽管国外针对年龄因素（包括 CPH、MCPH 和 MSPH）对第二语言习得速度影响的理论探讨和实证研究已有近 50 年历史，但国内就此对汉语作为第二语言习得的研究还是一个空白，已有的文献主要是对国外英语作为二语习得的研究理论和成果进行归纳和综述。②因此，我国在汉语作为第二语言习得的理论研究和教学实践中，在很大程度上仍是以国外针对英语作为外语或第二语言习得的研究成果为依据。然而，汉语和英语毕竟属于两种不同的语言体系，英语是一种形合（hypotaxis）属性明显强于意合（parataxis）属性的表音语言系统，而汉语则是一种意合属性强于形合属性的表义语言文字系统，汉字习得是汉语习得中特有的一个语言模块，因此，英语作为第二语言习得的研究结论和证据未必完全符合汉语作为第二语言习得的事实。另外，考虑到年龄因素和关键期假设理论在二语习得研究和教学实践中所处的核心

---

① Long, M. H. Maturational Constraints on Language Development. *Studies in Second Language Acquisition*, 1990(12); Long, M. H. Problems with Supposed Counter-evidence to the Critical Period Hypothesis. *International Review of Applied Linguistics in Language Teaching*, 2005(43); Moyer, A. *Age, Accent and Experience in Second Language Acquisition*. Multilingual Matters, 2004.

② 刘振前《第二语言习得关键期假说研究述评》，《当代语言学》2003 年第 5 期；刘颂浩《第二语言习得导论——对外汉语教学视角》，世界图书出版公司 2007 年版；王建勤主编《第二语言习得研究》，商务印书馆 2009 年版；文秋芳《二语习得重点问题研究》，外语教学与研究出版社 2010 年版。

地位，本节将以大规模语言习得问卷调查为基础，以中国汉语水平考试（HSK）作为受试汉语习得水平的测量工具，专门就习得起始年龄（age of onset，AO）因素对留学生汉语习得速度的影响模式进行实证研究，通过考察汉语作为第二语言习得者的起始年龄与语音、语法、词汇和汉字习得速度之间的关系，对 CPH、MCPH 和 MSPH 在汉语习得中的解释效度进行验证。

一 多元敏感期假设（MSPH）的提出

MSPH 是在 CPH 和 MCPH 的基础上提出的一个用来解释学习者年龄因素对二语习得影响特征的概念。CPH 最初是由 Lenneberg[1] 在语言行为观察以及 Penfield & Roberts[2] 神经生理证据的基础上提出的一个与儿童母语习得有关的概念，此后，很多语言学家认为 CPH 也适用于解释二语习得现象。CPH 认为，语言习得的最佳年龄是青春期开始（大约在 12～13 岁左右）前（prepuberty）的儿童时代，学习者一旦错过了这个关键阶段，其语言习得的先天性生理优势或心智倾向（predisposition）就会随着大脑功能侧化（lateralization）的完成和神经弹性的衰退而丧

---

[1] Lenneberg, E. H. *Biological Foundations of Language.* John Wiley and Sons, 1967.
[2] Penfield, W. & Roberts, L. *Speech and Brain Mechanisms.* Princeton University Press, 1959.

失,学习者将不再具备自然而高效地习得第二语言的能力优势,[①]即第二语言习得的效率或速度在青春期年龄开始以后就会明显降低,并且难以达到与母语者相当的语言水平。

上述强式 CPH 认为第二语言习得过程的实质是关键期内学习者语言习惯的养成过程,因此它特别强调第二语言习得机会窗口(windows of opportunity)的开启价值[②],并认为 CPH 存在一个泾渭分明的起始点和终止点。年龄因素对各个语言模块的习得速度和最终成效的影响都是脉冲式的,时间机会窗口的隐现是一个不可回避的突发性过程,而不是一个连续发挥作用的线性过程。由于强式 CPH 过分绝对,而且无法对大量实证研究证据和语言习得事实(比如 Joseph Conrad 效应等)做出合理解释,因此,Hyltenstam & Abrahamsson、Long、DeKeyser 在实验研究的基础上又提出了 MCPH 和 MSPH。[③] CPH、MCPH 和 MSPH 的关系见图 2-1。

[①] Hyltenstam, K. & Abrahamsson, N. Maturational Constraints in SLA. Doughty, C. & Long, M. (eds.) *The Handbook of Second Language Acquisition*. Blackwell, 2003; Birdsong, D. Age and Second Language Acquisition and Processing: A Selective Overview. *Language Learning*, 2006(56); Chiswick, B. R. & Miller, P. W. The Critical Period Hypothesis for Language Learning: What the 2000 US Census Says. *IZA Discussion Paper* No. 2575, Institue zur Zukunft der Arbeit. Bonn, Germany, 2007; 胡明扬《外语学习和教学往事谈》,《外国语》2002 年第 5 期。

[②] Birdsong, D. Age and Second Language Acquisition and Processing: A Selective Overview. *Language Learning*, 2006(56)。

[③] Hyltenstam, K. & Abrahamsson, N. Maturational Constraints in SLA. Doughty, C. & Long, M. (eds.) *The Handbook of Second Language Acquisition*. Blackwell, 2003; Long, M. H. Problems with Supposed Counter-evidence to the Critical Period Hypothesis. *International Review of Applied Linguistics in Language Teaching*, 2005(43); DeKeyser, R. & Alfishabtay, I. & Ravid, D. Cross-linguistic Evidence for the Nature of Age Effects in Second Language Acquisition. *Applied Psycholinguistics*, 2010(31).

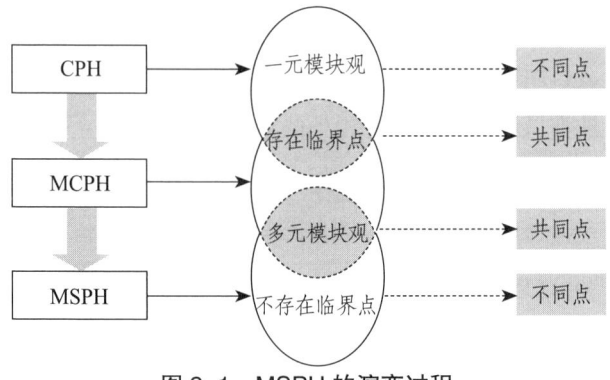

```
CPH  →  一元模块观  ----→  不同点
 ↓         存在临界点  ----→  共同点
MCPH →   
 ↓         多元模块观  ----→  共同点
MSPH →   不存在临界点 ----→  不同点
```

图 2-1 MSPH 的演变过程

MCPH 在继承第二语言习得存在唯一脉冲式"临界点"的同时，又对 CPH 做了拓展。MCPH 认为二语习得中的最佳年龄阶段不是唯一的，不同的语言模块具有不同的关键期，即第二语言学习者在语音、词汇和句法等不同语言模块上的最佳习得年龄并非完全重合，并强调起始年龄因素对不同语言模块的习得具有非对称性影响。MCPH 比一元强式 CPH 具有了更高的兼容性，因而对语言习得微观属性的解释效度更高。然而，大量实证研究显示，CPH 和 MCPH 将关键期视做一个非此即彼、没有任何过渡阶段和渐进过程的绝对临界期并不恰当。[①] 因此，Lee & Schachter、Long 以及 Rothman 等建议用 MSPH 解释起始年龄与第二语言习得速度和最终成效之间的关系。[②]MSPH 更强调二语

---

① Oyama, S. A Sensitive Period for the Acquisition of a Non-Native Phonological System. *Journal of Psycholinguistics Research*, 1976(3); Lee, D. & Schachter, J. Sensitive Period Effects in Binding Theory. *Language Acquisition*, 1997(4).

② Lee, D. & Schachter, J. Sensitive Period Effects in Binding Theory. *Language Acquisition*, 1997(4); Long, M. H. Problems with Supposed Counter-evidence to the Critical Period Hypothesis. *International Review of Applied Linguistics in Language Teaching*, 2005(43); Rothman, J. Why All Counter-evidence to the Critical Period Hypothesis in Second Language Acquisition Is Not Equal or Problematic. *Language & Linguistics Compass*, 2010(2).

习得速度的渐退特质，而不是 CPH 和 MCPH 中的"临界"转折性，认为语言习得中的年龄优势并不是在某一个固定时间点上突然开启或关闭，而是随着年龄的增长而逐渐退化的过程。错过了青春期前的最佳习得年龄以后，尽管学习者的语言官能效率会逐渐降低，对边缘语言输入的加工效果和习得速度也会越来越低，①但这种影响趋势不是脉冲式隐现和发挥作用的，而且不同语言模块的敏感期也不完全相同。

MSPH 的提出，提高了研究命题的针对性，推动了二语习得研究的深度和广度，对于探索儿童和成人不同语言模块的习得模式提供了共同的基点，但围绕 CPH、MCPH 和 MSPH 的理论争议和研究结果之间的分歧仍然较大。

二 年龄因素在二语习得中影响的理论争议与研究分歧

关键期假设概念一经提出，就在第二语言习得研究领域引起了诸多理论质疑和实验证据的反驳。理论争议主要集中在普遍语法（Universal Grammar，UG）在二语习得中是否可及的问题。普遍语法的不可及观认为：UG 只能对儿童的母语习得和二语习得产生影响，而对青春期后的青少年和成人的二语习得则不再发挥作用。因此，在青春期之前的正常儿童依靠 UG 不仅可以成功

---

① Hyltenstam, K. & Abrahamsson, N. Maturational Constraints in SLA. Doughty, C. & Long, M. (eds.) *The Handbook of Second Language Acquisition*. Blackwell, 2003.

地习得其母语而且还可以成功地习得第二语言。① 学习者一旦错过了青春期之前的最佳学习机会，UG 将不再发挥作用，大多数成年二语习得者与儿童二语习得者相比在习得速度和最终成效（ultimate attainment，UA）等方面也存在较大差距。

关于起始年龄效应的研究结论之间产生分歧的原因主要包括以下几个方面：第一，受试的选择缺乏代表性，有些研究仅以部分移民为研究对象，而且研究样本较少，受试数量很少达到 100 人以上；第二，测量工具缺乏信度和效度，不少研究仅以语法敏感性判断测验成绩或移民受试的自我语言评价结果作为习得水平的测量指标，因而研究结果缺乏说服力；第三，对诸如习得语境、习得方式和习得时长等相关变量的控制不一致，研究结果之间缺乏可比性；第四，研究结论存在过分泛化的现象，将针对语法或语音实验室研究的结论人为推广到其他语言模块的自然习得中，从而导致研究结论之间的相互矛盾。②

---

① Urponen, N. *Ultimate Attainment in Post Puberty Second Language Acquisition*. Boston University Press, 2004; Chomsky, N. Of Minds and Language. *Biolinguistics*, 2007(1).

② Johnson, J. S. & Newport, E. L. Critical Period Effects in Second Language Learning: The Influence of Maturational State on the Acquisition of English as a Second Language. *Cognitive Psychology*, 1989(2); Flynn, S. A Parameter-setting Approach to Second Language Acquisition. Ritchie, W. C. & Bhatia, T. K. (eds.) *Handbook of Second Language Acquisition*. Academic Press, 1996; Marinova-Todd, S. H. & Marshall, D. B. & Snow, C. E. Three Misconceptions About Age and L2 Learning. *TESOL Quarterly*, 2000(34); Stowe, L. A. & Sabourin, L. Imaging the Processing of a Second Language: Effects of Maturation and Proficiency on the Neural Processes Involved. *International Review of Applied Linguistics*, 2005(43); Rothman, J. Why All Counter-evidence to the Critical Period Hypothesis in Second Language Acquisition Is Not Equal or Problematic. *Language & Linguistics Compass*, 2008(6).

为克服上述研究之不足，本节将在大样本调查的基础上，严格控制其他习得变量，专门针对留学生习得起始年龄因素对汉语语音、语法、词汇和汉字习得水平的影响模式进行实证研究。研究的具体目标包括四个方面：第一，对青春期前、后两组受试的汉语习得速度进行对比；第二，年龄优势对青春期前、后受试汉语习得速度的敏感性研究，考察起始年龄对不同汉语模块习得的影响趋势；第三，对起始年龄与习得速度的线性/非线性影响模式进行检验，从而对 CPH、MCPH 和 MSPH 的效度进行验证；第四，就起始年龄变量对青春期前、后两组受试的汉语习得水平能否达到 NLP 的影响效应进行对比。

三 实验设计与研究方法

（一）实验设计

本节采用问卷调查和标准化语言习得测试工具相结合的方法进行实证研究。在英语作为二语习得的 CPH 研究中，由于不存在"汉字"习得问题，因而研究对象主要以语音、语法或词汇为主，但是考虑到汉字书写水平是汉语习得中一个特有的语言模块，而且汉字和词汇是汉语语法习得的基础，因此，本研究除了选择语音、语法和词汇习得作为研究对象外，还将受试的汉字习得水平纳入研究体系中，以便全面考察起始年龄与汉语习得速度的关系。研究的基本思路是：首先采集与留学生汉语习得相关的各种背景信息，然后在严格控制无关变量的前提下，将汉语习得起始年龄作为自变量，以汉语语法、词汇识别、汉字书写和语音听辨水平作为因变量，采用相关分析法和语言习得量变曲线法（language acquisition profiles，LAP），分别考察起始年龄因素对青春期前、后两组不同受试汉语习得速度的影响特征和模块化差异，并据此验证CPH的解释效度。

(二) 变量控制

在针对年龄因素和关键期假设展开的第二语言习得研究中，为了保证研究具有较高的实验效度，必须首先对起始年龄、习得时长（duration of acquisition，DA）、习得方式（mode of acquisition，MA）和习得环境（environment of acquisition）等变量进行严格限定，[①]否则，研究结果就缺乏说服力，不同研究结果之间也没有可比性。

为了确保研究结论的概化价值，本研究首先对与起始年龄因素存在交互效应的若干习得变量进行逻辑分析和严格地界定（见表2-17），并以此为依据选择最终的研究样本。习得起始年龄是指留学生初次来华并开始在中国大陆各高等院校或中、小学接受正规汉语教学的初始年龄，而且受试在来华以前从未以任何方式（包括在家庭中）接触或学习过汉语；习得时长则是指留学生在华连续学习和习得汉语的时间长度，本研究的习得时长为31.5个月（从2009年9月1日至2011年4月17日）；习得速度则主要是指留学生在上述习得时长内所取得的语言成效。另外，由于习得方式也是影响习得速度的关键变量之一，因此，本节将所有受试的汉语习得方式严格限定为正规汉语课堂教学与自然习得方

---

① Moyer, A. *Age, Accent and Experience in Second Language Acquisition*. Multilingual Matters, 2004; Lightbown, P. E. & Spada, N. *How Languages Are Learned* (3rd ed.). Oxford University Press, 2008；刘振前《第二语言习得关键期假说研究述评》，《当代语言学》2003年第5期。

式相结合的形式。这种习得方式的核心特征是：所有受试不仅可以通过分析型课堂教学环境以显性学习的方式获得陈述性语言知识，而且还可以通过体验型、交际性习得机会以隐性学习的方式习得丰富的程序性语言知识；受试获得、利用汉语输入密度以及强度的机会和自由度完全平等，而且全部是在汉语主导型环境（中国大陆）中进行的汉语习得。

表 2-11　实验变量描述

变量名称	变量界定	备注
起始年龄	受试来华并开始学习汉语的最初年龄	受试中不包括任何华侨学生
习得时长	31.5 个月（2009 年 9 月 1 日至 2011 年 4 月 17 日）	
习得速度	在相同习得时长和初始水平下的语言习得成绩	
习得方式	课堂教学方式与自由习得方式相结合	
习得环境	汉语目的语环境（中国大陆）	
NLP 水平	汉语习得时间超过 6 年且接近母语者的汉语水平	
语言模块	汉语语音、语法、词汇和汉字	

（三）受试

本研究在国内 26 个 HSK 考点共计发放 3689 份调查问卷，调查对象涉及 18 个城市的 42 所高等院校以及 8 所小学和中学（含初中和高中），实际收回问卷 2638 份。为了排除无关的因素干扰，确保受试全部满足上述习得变量的要求，本研究将所有华侨背景学生以及家庭成员中具有汉语学习经历的学生全部作为无效受试进行处理。在排除信息不完整和习得变量不符合实验要求的无效问卷以后，最终获得由 209 名受试组成的研究样本。受试的习得起始年龄介于 6 岁和 52 岁之间，应试年龄在 10 岁和 58 岁之间，平均应试年龄为 18.99 岁。由于不同受试青春期开始的具体生理年龄之间存在较大的性别、人种等个体差异，为避免受试分组产生的歧义性，提高实验设计的科学性,同时也为尽可能保持样本结构的平衡性,在综合考虑国外实证研究成果的基础上,本研究以 14 岁作为对受试进行关键期前后分组的标志年龄。分组以后,习得起始年龄处在关键期内的学生共有 28 名,关键期后的学生共计 181 名。为了对年龄因素和青春期现象进行纵向剖面分析,我们将所有受试按照起始年龄由小到大分为 7 个组别(A 至 G 组)(见表 2-12)。

表 2-12　习得起始年龄分布

组别	A 组	B 组	C 组	D 组	E 组	F 组	G 组
CPH 分界	关键期内(28 人)		关键期后(年龄在 14 岁以上,181 人)				
起始年龄	≤ 10	11～13	14～16	17～19	20～22	23～25	≥ 26
平均年龄	7.50	12.36	15.06	18.05	20.47	24.38	32.56
人数	13	15	18	80	49	16	18

受试分别来自亚洲、欧洲、美洲、非洲和大洋洲的 24 个国家(见表 2-13),他们中既有来自汉字文化圈的东亚学生,也有来自欧美及其他国家学生。受试的母语背景具有较强的异质性,包括英语、日语、韩语、法语和西班牙语等 16 种不同语言。其中,男性受试96 人,女性受试 113 人,样本的性别和母语结构具有足够的代表性。

表 2-13　受试国籍分布情况

国家	日本	韩国	蒙古	越南	巴西	俄罗斯	土耳其	哈萨克斯坦
人数	41	59	32	18	2	8	5	11
国家	美国	加拿大	法国	德国	约旦	西班牙	菲律宾	毛里求斯
人数	5	2	3	3	1	2	2	2
国家	智利	利比亚	贝宁	印度	英国	意大利	新西兰	阿塞拜疆
人数	1	1	2	3	1	2	2	1

(四)测量工具

要考察起始年龄与习得速度的相关关系,除了对上述若干习得变量进行严格控制外,还需设计或选择信度和效度较高的语言习得水平测量工具,以便准确测量受试在特定习得时长内实际所达到的语言水平。本研究拟采用汉语水平考试(HSK)作为汉语习得水平的测量工具。

选择 HSK 作为留学生汉语习得水平测量工具的理论依据是:与以往研究中刻意编制的语法敏感性判断测试和语音实验室测试方法不同,HSK 是为测量母语非汉语者的汉语水平而设计的标准化考试,其测验内容不以任何特定的对外汉语教材、教学方法以及习得环境和教学模式为根据,测验分数具有较高的信度(分测验的信度系数均在 0.80 以上)和效度,所以测量结果能够比较准确地反映学生的汉语中介语习得水平(测量工具的信度与构念见表 2-14)。在 HSK 的原始试卷中,词汇和汉字部分的设计构想是以测量受试的词汇掌握深度与广度以及在语境约束条件下汉字书写的准确程度为主要目标,因此,本研究将分别以受试在 HSK 中的语法、词汇和汉字书写考试成绩作为留学生语法、词汇和汉字习得水平的测量指标是完全合理的,同时考虑到由于 HSK(初、中等)听力理解测验中的第一部分题目(单句理解)主要以测量考生的汉语语音听辨能力为主要构念,因而本研究将以 HSK 听力考试第一部分的测验成绩作为语音听辨能力和语音习得水平的测量指标,探讨起始年龄对语音习得速度的影响模式。

表 2-14 测量工具的信度与构念

语言模块	语法	词汇	听力	汉字	合计
题目数量	30	20	15	16	81
信度系数	0.866	0.862	0.812	0.848	0.948
测试构念	语法习得水平	词汇习得水平	语音听辨水平	汉字习得水平	
技能性质	接受型			表达型	

四 研究过程与结果

（一）青春期前后受试汉语习得速度的对比研究

为了有效地考察起始年龄因素对青春期前、后两组受试在不同语言模块习得速度方面产生的差异，本节首先对受试在语音、语法、词汇和汉字部分获得的原始测验分数分别进行标准化处理，以确保不同模块之间的测试成绩具有横向可比性，然后考察青春期前、后两组受试在语音、语法、词汇和汉字模块上的习得速度差异。

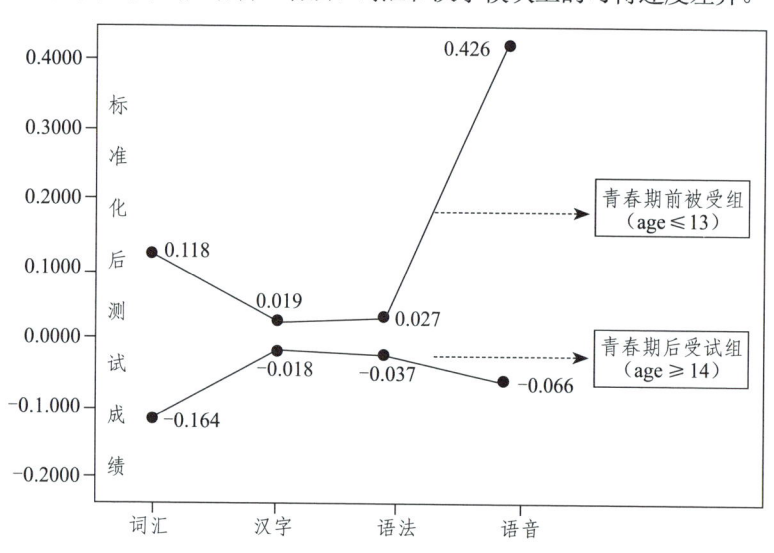

图 2-2 青春期前后两组受试的标准化测试分数

通过对两组受试在相同习得条件下的汉语习得成绩进行对比分析（见图 2-2），我们发现：第一，对于起始年龄在青春期开始以前的受试组而言，其在语音模块上的习得成绩最高（0.426），在词汇模块上的习得成绩次之（0.118），而语法和汉字习得的成绩相对较低，分别为 0.027 和 0.019，即该组受试在语音和词汇模块上的习得速度高于语法和汉字习得的速度,而且语法和汉字习得速度之间的差异不明显;第二,对于起始年龄在青春期后的受试组而言,其在语音和词汇模块上的习得成绩较低(分别为-0.066和-0.164),在语法和汉字方面的习得成绩(分别为-0.037和-0.018)高于语音和词汇模块的习得成绩,或者说该组受试在语法和汉字模块上的习得速度比语音和词汇模块的习得速度要高,但四个模块之间的差异并未达到显著水平;第三,从习得成绩的组间对比来看,青春期前的受试组在语音、语法、词汇和汉字四个模块上的习得成绩全部高于青春期后的受试在相应模块上的习得成绩,尤其是在汉语语音习得速度方面的差异达到了显著水平($p<0.05$)。另外,两组受试在词汇习得成绩方面的差异也较大,但在语法和汉字习得速度方面,青春期前的受试与青春期后的受试相比优势并不明显。

(二)习得速度对年龄因素变化的敏感性研究

第二语言习得速度对起始年龄因素变化的敏感性通常以起始年龄与受试在相同习得时长内的测试成绩之间的相关程度来反映,两者之间的负相关表示二语习得服从"年龄越小越好"的学习规律,两者之间的正相关则意味着二语习得服从"年龄越大越占优势"的学习规律。[①] 在实证研究中,如果起始年龄与测试成绩之间的负相关系数值越大,表明起始年龄因素的变化对语言习得速度的影响越敏感,而负相关系数值越小,则表明起始年龄优

---

① Long, M. H. Maturational Constraints on Language Development. *Studies in Second Language Acquisition*, 1990(12); Urponen, N. *Ultimate Attainment in Post Puberty Second Language Acquisition.* Boston University Press, 2004; Rothman, J. Why All Counter-evidence to the Critical Period Hypothesis in Second Language Acquisition Is Not Equal or Problematic. *Language & Linguistics Compass*, 2008(6).

势对语言习得速度的影响敏感性越不明显；相反，起始年龄与测试成绩之间的正相关系数值越大，那么说明在第二语言习得中，受试的年龄越大，习得的速度和成效就越好。

为了比较起始年龄对青春期前、后两组受试在不同语言模块上的敏感性差异，我们首先将两组不同受试的起始年龄与语音、语法、词汇和汉字测试成绩分别进行相关分析，然后将起始年龄变量与四个不同语言模块之间的相关系数绘制成二维分布图（见图 2-3），从而对起始年龄优势在语音、语法、词汇和汉字习得速度方面的影响规律进行对比研究。

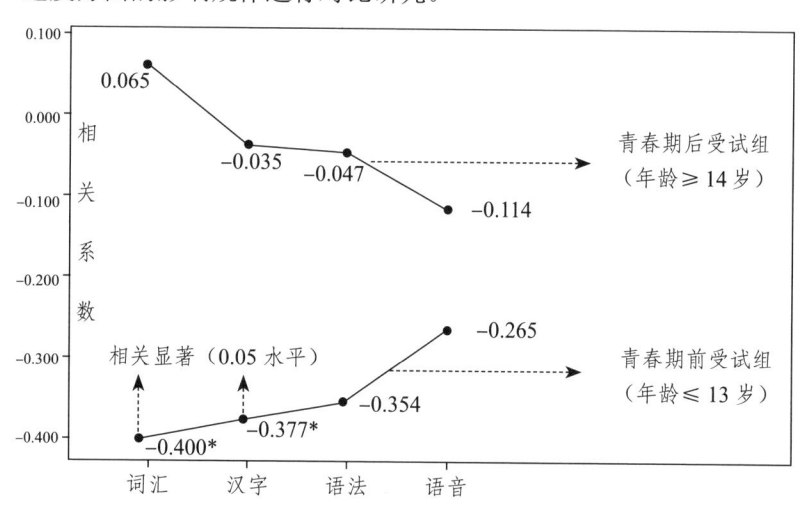

图 2-3 起始年龄与测试成绩的相关分析图

从相关分析的结果来看，留学生汉语习得中的年龄优势对青春期前、后两组受试的影响敏感性具有明显不同的特点：首先，对于青春期前的受试组而言，起始年龄变量与语音、语法、词汇和汉字习得成绩之间全部存在负相关关系（$R<0.000$），起始年龄与词汇、汉字、语法和语音习得成绩之间的相关系数分别

为 –0.400、–0.377、–0.354 和 –0.265，并且在词汇和汉字两个模块上的相关性达到了显著水平（$p<0.05$）。同时，相关系数绝对值按照词汇、汉字、语法和语音顺序依次递减。其次，对于青春期后的受试组来说，起始年龄变量与词汇、汉字、语法和语音测验成绩之间的相关系数分别为 0.065、–0.035、–0.047 和 –0.114，起始年龄与四个汉语模块之间不仅相关程度不同，而且相关的性质也不一样，起始年龄与汉字、语法和语音之间存在负相关关系，与词汇之间则存在正相关关系，但起始年龄与四个模块之间的相关系数均未达到显著相关的水平，而且起始年龄变量与语音测试成绩之间的负相关关系明显高于与汉字和语法之间的相关程度。最后，从组间关系对比来看，起始年龄与语音习得的相关系数之间差异最小，而起始年龄与词汇习得成绩的相关系数之间的差异最大。

（三）起始年龄因素对汉语习得影响的模式研究

在第二语言习得研究中，CPH、MCPH 和 MSPH 之间的分歧主要反映在两个方面：一是语言习得的速度在起始年龄维度上是否存在明显的"临界"转折点问题，即起始年龄对语言习得速度的影响究竟属于脉冲式影响模式，还是属于单调递减或递增的线性影响模式，抑或其他模式；二是年龄因素对不同语言模块的影响模式是否一致的问题。[①]

---

① Birdsong, D. Ultimate Attainment in Second Language Acquisition. *Language*, 1992(68); Ojima, S. & Nakata, H. & Kakigi, R. An ERP Study of Second Language Learning After Childhood: Effects of Proficiency. *Journal of Cognitive Neuroscience*, 2005(17); Singleton, D. The Critical Period Hypothesis: A Coat of Many Colors. *International Review of Applied Linguistics*, 2005(43); 杨连瑞《第二语言习得的临界期及最佳年龄研究》，《外语学刊》2004 年第 5 期。

为了研究留学生的起始年龄因素对不同汉语模块习得的影响规律,我们采用语言习得量变曲线分析法[①],以3岁作为分组间距,将所有学生按照汉语习得的起始年龄分为7个组别(见上表2-12),然后将各组受试在语音、语法、词汇和汉字四个部分的标准化平均测验成绩绘制成语言习得量变剖面图(见图2-4)。

通过对语言习得量变曲线的剖面分析,我们可以发现:起始年龄变量对留学生汉语习得速度的影响体现出明显的模块化差异特征,即起始年龄对语音习得速度的影响模式与对语法、词汇和汉字三个模块的影响模式完全不同。首先,起始年龄对语音习得速度的影响在7个年龄组之间具有较高的一致性,除了从F组(23～25岁)到G组(26岁以上)之间略有"翘尾"现象以外,受试的语音测试成绩基本上按照习得起始年龄分组(由A组到G组)依次降低,在青春期年龄开始前后(C组)也不存在突然隐现的趋势性"拐点",习得速度遵循按起始年龄变量连续递减的基本规律;其次,受试在语法、词汇和汉字三个模块上的习得速度并不遵循语音习得的历时发展模式,同时,在青春期年龄开始前后也没有出现一个泾渭分明的转折点。在相同的习得条件下,语法、词汇和汉字模块的习得速度既不是按照起始年龄由小到大单调递减或递增线性变化,也不是在青春期开始后进入一个显著的、脉冲式下降通道,而是沿着起始年龄维度(由小到大)呈现出近似于"W"形曲线或波浪形曲线的显著特征。

---

① Hurford, J. R. & Kirby, S. Co-evolution of Language Size and the Critical Period. Birdsong, D. (ed.) *Second Language Acquisition and the Critical Period Hypothesis*. Lawrence Erlbaum Associates, 1999.

第二节　汉语作为第二语言习得的关键期假设研究　95

为了进一步考察起始年龄优势在不同年龄组内对不同语言模块的影响敏感性特征，我们对 7 组受试的起始年龄变量与四个模块的测验成绩分别进行相关分析，并将相关系数绘制成历时剖面分布图（见图 2-5）。从相关系数分布图可见：年龄优势对不同受试组的影响在语音、语法、词汇和汉字任何一个模块上的习得效率方面，既不存在单向的"临界"转折点，也不存在共同的线性递减直线。这说明汉语习得起始年龄变量对语音、语法、词汇和汉字习得速度的影响敏感度并不相同，在二语习得的 CPH、MCPH 和 MSPH 之争中，汉语习得实证研究的证据更倾向于支持 MSPH 的解释效度。

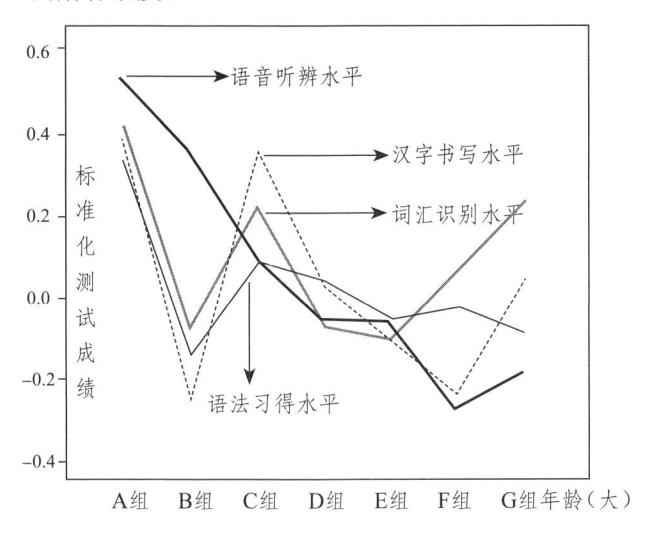

图 2-4　汉语习得速度剖面分析图

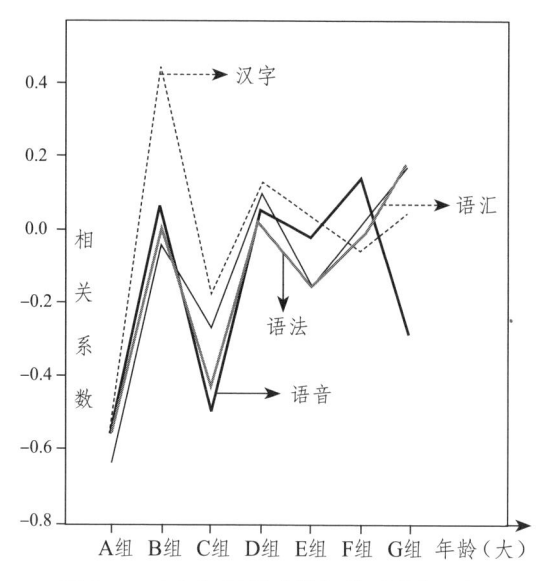

图 2-5 AO 与习得成绩相关系数剖面图

（四）起始年龄与汉语习得最终成效的关系研究

在第二语言习得研究中，对年龄因素和青春期现象的考察不仅涉及习得速度问题，而且还涉及最终成效以及准母语者水平（NLP）的可及性差异等方面。所谓准母语者水平就是指第二语言学习者在经过某一段习得时长以后，其语言水平所达到的一种与母语者水平相接近的稳定状态，因而 NLP 也是最终成效的一种特例。为了研究汉语习得起始年龄对青春期前、后两组受试在能否达到母语者汉语水平方面的影响程度，本节将受试在汉语水平考试（HSK）上获得 165 分（满分 170 分）以上受试的汉语水平定义为准母语者水平的操作标准，并将习得时长变量控制在 67.5 个月（5 年半左右），从 2638 名受试中选择符合实验要求的 453 名受试组成研究样本，然后，在其他习得变量完全相同的前提下，对青春期前、后两组受试中的 NLP 人数和非 NLP 人数分别进行统计（见表 2-15），最后对分类结果进行卡方检验。

表 2-15　准母语者水平人数分布

组别	起始年龄范围	习得时长	准 NLP 人数	非 NLP 人数	合计
青春期前	13 岁（含）以内	67.5 个月	8	76	84
青春期后	14 岁（含）以上	67.5 个月	6	363	369
合计			14	439	453

对上述频数列联表进行卡方检验的结果显示，卡方值为 14.250（X^2=14.250），由于 X^2=14.250＞6.63=$X^2_{(1)0.01}$，所以 $p<0.01$，根据卡方检验的决断规则，在 0.01 显著水平上应拒绝零假设，从而接受备择假设。即：在 67.5 个月的相同习得时长内，汉语习得起始年龄因素对青春期前、后两组留学生在汉语习得水平能否达到 NLP 的人数比例方面存在着显著的影响，或者说汉语习得的起始年龄越早，留学生的汉语水平最终达到 NLP 的可能性就越大。

（六）研究的基本结论

本节针对留学生汉语作为第二语言习得的起始年龄变量对汉语习得速度、影响模式和 NLP 差异性进行了实证研究，研究的基本结论是：

首先，起始年龄变量对四个语言模块习得速度的影响均不存在泾渭分明、突然隐现的"时间机会窗口"，即年龄因素对汉语习得速度的影响，不应该以青春期生理年龄为标志对受试的汉语习得速度进行"临界"性限定，而应该用"敏感性"属性进行解释，即：二语习得起始年龄或关键期假设对二语习得的影响模式属于一般意义上的统计描述或趋势性判断，而不是严格的因果限定和绝对的预测法则。实验证据表明多元敏感性假设对汉语习得的解释效度比 CPH 和 MCPH 的解释效度更高。

其次，年龄因素对留学生汉语习得的影响具有明显的模块化差异特征，即年龄变量对语音习得速度的影响明显不同于对语法、词汇和汉字习得速度的影响，年龄变量对语音习得速度的影响遵循年龄优势边际效应递减的法则（marginal diminishing principle）。无论是对青春期前的受试来说，还是对青春期后的受试而言，习得起始年龄越小，汉语语音习得的速度就越快。不过，起始年龄优势对青春期前、后两组受试的影响具有非对称性，即：对于青春期后的受试而言，汉语习得的起始年龄越小，语音习得的优势越明显，而对于青春期前的受试组而言，汉语习得的起始年龄越小，受试在汉语词汇习得方面的优势则越明显。由于受试在语音习得过程中，语音模仿和表达的准确性、语音听辨水平的高低在很大程度上是以学生的生理发音器官和听觉系统为基础的相对独立和相对被动的学习过程的结果，所以受试的语音习得速度和习得过程对于先天性神经官能和生理系统的依赖程度更高。与语法、词汇和汉字等语言模块的习得过程相比，学生的认知技巧、学习策略、学习方法甚至教学手段等对语音习得速度和习得过程的协同作用更小，因而，语音习得中的年龄优势比语法、词汇和汉字习得中的年龄优势更加明显。

再次，起始年龄因素不仅影响学习者的汉语习得速度，而且还对学习者所达到的最终成效和准母语者水平具有显著的影响。从留学生的汉语习得总体水平来看，在 67.5 个月的连续习得时长内，起始年龄变量对青春期前、后两组不同受试在能否达到准母语者水平方面具有显著性影响。

最后，汉字作为汉语习得中一个特有的语言模块，其习得速度受起始年龄影响的模式，并没有体现出有别于汉语语法和词汇习得的特殊规律，无论是对青春期前的受试组而言，还是对青春期后的受试组来说，汉字习得的速度都介于语法和词汇习得速度之间，并且年龄优势对汉字习得速度的影响趋势也不存在脉冲式下降通道。

（七）余论

针对年龄因素和第二语言习得关键期问题的研究目前在国内外学术界还没有达成完全一致的结论，因此，基于起始年龄的关键期假设研究在未来一个相当长的时间内仍将是二语习得研究中的热点问题。本节首次针对汉语作为第二语言习得的关键期假设问题进行了实证研究，由于国内可资借鉴的研究成果不多，加之受年龄因素与二语习得关系的复杂性、历时性限制，因此，本实验研究中还存在以下缺憾，同时也是未来研究中尚需进一步完善的地方：

（1）考虑到样本数量的统计学要求，本研究没有严格控制受试的母语变量。由于不同母语背景的受试在汉语习得中可能存在不同性质的迁移效应（transfer effects），未来的研究应考虑将受试按照其母语进行分类，然后探讨习得起始年龄与习得速度之间的关系。

（2）由于受实验条件的限制，本节以受试的语音听辨水平作为语音习得水平的测量指标可能有失偏颇。因为反映语音习得水平高低的最直接指标应该是受试在汉语交际或表达中的语音、语调准确性，虽然语音听辨能力是语言表达能力的基础，语音听辨水平与表达准确性之间存在很高的相关性，但未来的实证研究应该尝试直接以语音表达水平的准确性作为汉语中介语习得水平的测量指标，探索 AO 与语音习得速度之间的关系。

（3）本研究尽管对受试的习得方式变量进行了明确的界定，

但是，本节并没有对受试的课堂学习时间和课外习得时长变量所占的比重进行控制和调查。

（4）第二语言习得是一个涉及生理、心理和环境等因素的极其复杂的认知过程，年龄因素虽然是影响习得速度和习得效果的重要变量之一，但除此以外，学习者的习得动机、学习目标、学习策略以及性格和认知方式等对二语习得速度和习得成效方面的影响也不容忽视。[1] 为了深入、系统地研究留学生的汉语习得规律，理想的实验研究应考虑将上述各类因素全部纳入研究体系中，以确保研究结果具有足够全面的推广和使用价值。

---

[1] Burgo, C. Maturational Constraints in Adult SLA. *Language Learning*, 2006(1); Snyder, W. *Child Language: The Parametric Approach.* Oxford University Press, 2007; 戴曼纯《浅谈第二语言习得的年龄差异》，《外语界》1994年第2期。

第三章

二语学习者学习策略研究

第一节 韩国学生中文阅读学习策略调查研究①

阅读学习策略是指在阅读过程中"根据不同的课文类型、内容和阅读目的有选择地灵活使用一定的阅读方法"。②

对于阅读学习策略的研究,其研究对象大多是英语作为外语或者第二语言的学习者,也有学者把研究的重点放在同一群体对不同语言的学习策略的差异上。关于汉语作为外语或者第二语言的阅读学习策略的研究很少,目前我们所见到的文献只有三篇:其一是 Everson 关于汉语作为母语和外语阅读时策略对断字影响的研究;③ 其二是 Everson 和 Ke 关于母语为英语的中高级汉语学习者阅读学习策略的研究;④ 其三是 Lee 对汉语作为外语的美国学习者在讲述和争议文本时阅读策略使用的研究。⑤ 但是由于研

---

① 本节作者:钱玉莲,原载《世界汉语教学》2006 年第 4 期。
② Wallace, C. *Reading.* Oxford University Press, 2002.
③ Everson, M. E. The Effect of Word-unit Spacing upon the Reading Strategies of Native and Non-native Readers of Chinese: An Eye-tracking Study. *Dissertation Abstracts International: The Humanities and Social Sciences*, 1986.
④ 江新《汉语作为第二语言学习策略初探》,《语言教学与研究》2000 年第 1 期。
⑤ Lee, L.-C. C. The Application of Reading Strategies by American Learners of Chinese as a Foreign Language When Processing Narrative and Argumentative. *Dissertation Abstracts International: The Humanities and Social Sciences*, 1999.

究的角度和出发点不相同,因此结论也可能很不相同。中文阅读学习策略的研究尚有很大的空间。

我们感兴趣的问题是外国人学习中文,有没有一些共同发挥作用的语言处理策略,比如中文阅读有没有什么比较见效的策略。本研究的目的是建构一个有一定信度和效度的阅读学习策略量表,并通过对中高级阶段韩国留学生的调查,试图回答以下几个问题:第一,韩国学生阅读汉语时常用什么策略,不常用什么策略?第二,韩国学生阅读学习策略是否存在性别、年级的差异?第三,韩国学生阅读学习策略与其学习成绩有着怎样的关系?第四,对于把汉语作为第二语言的学习者来说,中文阅读比较有效的策略是什么?

一 中文阅读学习策略量表的编制

到目前为止,研究者用来研究语言学习策略的流行量表是Oxford的SILL[1]。这个量表是用来测量表音文字的第二语言学习者整体的语言学习策略的,并且不针对某种具体的语言学习任务。[2] 阅读学习策略是一种言语技能学习策略,是针对某种具体的语言学习任务并隶属于微观策略体系的。[3] 再说汉语的文字符号系统是汉字,汉字是表意文字,这就决定了中文阅读学习策略不能用拼音文字的语言学习策略量表来测量,而应该从掌握阅

---

[1] Oxford, R. *Language Learning Strategies: What Every Teachert Should Know*. Newburry House, 1990.
[2] 江新、赵果《初级阶段外国留学生汉字学习策略的调查研究》,《语言教学与研究》2001年第4期。
[3] 钱玉莲《第二语言学习策略的分类及相关问题》,《汉语学习》2005年第6期。

读理解能力的本身出发制作量表，以便更好地设计教学和因材施教。[①]

（一）确定原始量表的项目并通过预测完善量表

中文阅读学习策略调查问卷预试卷属于定序量表，共85个条目，我们以信度和效度作为评判指标。用分半信度和内部一致性来测量调查表的信度；用专家内容判别效度和结构效度来测量调查表的效度。我们根据各项目在公因子上的负荷值和共同度的大小，来判断各项目区分度的高低，并以此为标准对原始量表的项目进行筛选，保留负荷值和共同度较大的项目，剔除负荷值和共同度较小的项目。筛选后量表共保留68个项目，形成正式的量表。

（二）问卷调查

1. 调查对象

我们选择南京大学韩国学生相对集中的中高级2个授课班和南京师范大学国际文化教育学院韩国学生相对集中的中高级4个授课班的学生作为施测对象。施测对象绝大部分是来自韩国的汉语学习者，施测时他们在中国学习汉语的时间均在一年以上。共118人参加了调查，共回收问卷117份，其中非韩国留学生问卷23份，因不在我们调查研究之列，作废卷处理；韩国学生问卷94份，92份为有效问卷，男生32人，女生60人。

2. 调查内容

调查分为3个部分：第一，个人基本情况；第二，对阅读的看

---

① 钱玉莲《第二语言学习策略研究的现状与前瞻》，《暨南大学华文学院学报》2004年第3期。

法；第三，阅读学习方法（正式调查时我们把阅读管理策略和阅读学习策略两个分量表合并在一起）。个人基本情况部分涉及性别、年龄、年级、成绩（以 HSK 中阅读理解的成绩为准）、国籍、学习汉语时间等。对阅读的看法共有 10 个项目，阅读学习方法共有 58 个项目，试测时用 Likert 量表要求学生根据自己的实际情况对量表上的每个项目做出 5 个等级评价。

我们采用因子分析法中的主成分分析法和最大方差旋转法，对阅读观念、阅读管理策略和阅读学习策略三个分量表的 68 个项目进行分析。

从碎石图检验和公因子的直观意义上看，阅读学习观念量表以抽取 2 个因子为宜，我们尝试把这 2 个因子分别命名为：第一，文本观念，即阅读理解主要基于对文本的熟悉程度以及与文本的互动情况；第二，超文本观念，即阅读者的语言能力、阅读者所用的方法以及阅读者对文本相关的背景知识的了解，这些超越文本的因素决定了对文本的理解程度。

阅读管理策略量表以抽取 2 个因子为宜，我们尝试将这 2 个公因子分别命名为：选材策略，又细分主动选材和被动选材两小类；监控策略，即根据阅读的不同目的和不同的阅读材料等调整阅读学习的方法、确定阅读学习要达到的目标以及对阅读学习的结果进行自我评价等。

同理，阅读学习策略量表以抽取 7 个因子为宜，我们尝试把它们分别命名为：第一，语境策略，即利用上下文提供的线索、词语的结构线索以及文章结构线索等语境解决阅读中遇到的生词、难句，从而达到理解文章目的的策略。第二，母语策略，是指在阅读外语时借助母语达到理解文章目的的策略。第三，预览策略,是指在阅读前对书名、书目、书中插图等进行预先阅读,从中猜测文章的内容,然后决定是否阅读这样一种策略。第四,略读策略,指以浏览的方式阅读,以尽可能快的速度阅读,跳过某些细节,迅速获取文章大意或中心思想。第五,互动策略,指在理解文本大意的基础上,概括文章的主题,体会文章的思想感情,进行反思,写出自己感想的阅读学习策略,是一种与文本互动的策略。互动策略包括两个方面:一是感知文本策略,二是领会文本策略。第六,推测策略,是指在文本已知内容以及相关背景知识的基础上,对未知内容或者结论进行推断,达到正确把握文意这一目的的阅读学习策略。第七,标记策略,是指对阅读中遇到的障碍先做标记,跨越障碍继续阅读,留待以后解决问题的策略。

对 68 项指标的评分进行因子分析,分别产生 2、2、7 个公共因子,它们分别能解释总体方差的 57.92%、74.83% 和 59.09%,而且各项目在相应因子上的因子载荷均 ≥ 0.4,可以认为该量表有较好的结构效度。

二 韩国学生中文阅读学习策略使用的结果

我们先计算每个学生在每个公因子(即分策略)上的平均分或者总分,以及在阅读学习观念、管理策略和阅读学习策略三项上的平均分或者总分,然后分别考察阅读学习观念、阅读管理策略和学习策略的使用是否存在性别、年级等差异。

（一）韩国学生中文阅读学习策略概貌

表 3-1　韩国学生阅读学习观念平均分、标准差

阅读观念	平均分	标准差
文本	3.67	0.588
超文本	3.73	0.657

表 3-2　韩国学生阅读管理策略平均分、标准差

管理策略	平均分	标准差
选材	3.29	0.553
监控	3.04	0.639

表 3-3　韩国学生阅读学习策略平均分、标准差

阅读策略	语境	母语	预览	略读	互动	推测	标记
平均分	3.36	2.91	3.22	3.23	2.84	3.38	3.24
标准差	0.560	0.935	0.553	0.465	0.567	0.568	0.722

从表 3-1 可见，在阅读学习的两种观念上，韩国学生都持肯定的态度，且持超文本观念者较多，但内部差异也较大。

表 3-2 显示韩国学生较多使用选材策略而较少使用监控策略，在管理策略的监控方面韩国学生的内部差异也比较大。

表 3-3 表明，韩国学生最常用的阅读学习策略是推测和语境策略，其次是标记、略读和预览策略，最不常用的是母语策略和互动策略。

（二）性别和年级对阅读学习策略选择的影响[①]

我们调查的对象都是中高级班的韩国学生。"中高级班"的

[①] 本研究之所以把年级作为一个变量，是因为各个年级所阅读的文本的难度不同，我们想据此了解不同年级的留学生在阅读不同难度文本时所使用的阅读学习策略是否也有差异。

范围包括二年级、三年级和四年级。[①]

对不同性别和年级韩国学生在阅读观念、阅读管理策略和阅读学习策略上的得分进行方差分析，结果表明韩国学生男生和女生在阅读观念、阅读管理策略和阅读学习策略上都不存在显著性差异。

对不同年级韩国学生在阅读观念、阅读管理策略和阅读学习策略上的得分差异分别进行显著性检验，结果显示：不同年级韩国学生在阅读学习观念之一——超文本观念上差异显著（$F_{(2,89)}=3.632, p<0.05$），在选材策略上差异显著（$F_{(2,89)}=3.438, p<0.05$），在互动策略和预览策略上差异显著，互动 $F_{(2,89)}=7.974, p<0.01$，预览 $F_{(2,89)}=4.023, p<0.05$，其他几种阅读学习策略上的差异都不显著。

（三）学习策略和学习成绩的相关分析

作为学习过程的一个重要环节，学习策略的选择和使用对语言学习效果产生直接影响。为了探明阅读策略的使用与学习成绩的关系，我们对有关数据做了 Spearman 等级相关分析，结果见表3-4、表3-5。

表3-4 韩国学生管理策略、阅读学习策略和学习成绩的相关结果

	语境	母语	预览	略读	互动	推测	标记	选材	监控
相关系数	0.322**	-0.191	0.364**	0.139	-0.197	0.269**	0.221**	0.001	0.115
显著性	0.002	0.069	0.000	0.187	0.060	0.009	0.035	0.996	0.276

注：$N=92$，$*p<0.05$，$**p<0.01$，双侧。

[①] 在分班时，我们有一个不成文的规定，即主要按学生的语言水平，再参考他们学习时间的长短分班。一般来说进入二年级学习的学生已经掌握2500个左右的词汇，基本达到了 HSK 三级水平；进入三年级学习的学生已经掌握约5000个词汇，基本达到了 HSK 六级水平；进入四年级学习的学生已经掌握约8000个词汇，基本达到了 HSK 八级水平。

表 3-5　韩国学生阅读观念和成绩相关结果

	文本	超文本
相关系数	-0.187	0.118
显著性	0.075	0.261

注：$N=92$，$*p<0.05$，双侧。

从表 3-4 可知，韩国学生的语境策略、预览策略、推测策略、标记策略与 HSK（汉语水平考试）成绩的相关系数都达到了统计上的显著性。韩国学生语境策略和推测策略使用最多，预览策略和标记策略用得也不少，相关分析进一步证明所用策略也和成绩呈正相关。

从表 3-5 可知，阅读学习观念与其成绩均没有显著相关，相关系数非常小，甚至出现了负相关。

（四）阅读学习策略与学习成绩的回归分析

为了进一步了解阅读学习策略与成绩的关系，我们采用逐步进入法（stepwise）对数据进行了多元回归分析，分析结果见表 3-6。

表 3-6　韩国学生阅读学习策略与其阅读学习成绩的回归结果

	R	调整 R^2	估计标准误	R^2	F 变化	B	Beta	t 值	显著性
预览	0.366[a]	0.124	1.201	0.134	13.923	0.146	0.440	4.639	0.000
互动	0.453[b]	0.187	1.157	0.205	11.478	-0.062	0.245	-2.626	0.010
文本	0.501[c]	0.226	1.129	0.251	9.850	-0.081	0.222	-2.334	0.022

表 3-6 表明，韩国学生预览策略、互动策略和文本观念进入回归方程，预览策略作为第一个变量进入方程后，有 13.4% 的学习成绩变异得到解释。从调整 R^2 可见三个模型变异数的改变情况，从上到下，随着新变量的引入，模型可解释的变异占总变异的比例越来越大。互动策略作为第二个变量进入回归方程，又有 7.1%

的学习成绩变异得到解释，偏回归系数 B 值为 -0.062，标准回归系数 $Beta$ 值为 -0.245，可见互动策略对学习成绩具有轻微的负预测力。同理，文本观念作为第三个变量进入回归方程，又有 4.6% 的学习成绩变异得到解释，偏回归系数 B 值为 -0.081，标准回归系数 $Beta$ 值为 -0.222，可见文本观念对学习成绩也具有轻微的负预测力。

表 3-6 列出了回归模型数据以及三个模型的 t 检验结果，从表 3-6 中显著性一栏的数据可见，p 值均小于 0.05，这就说明以上三个回归模型中所有的系数都有统计学意义。

三 讨论

（一）关于总体情况

韩国学生最常用的阅读学习策略是推测和语境策略，其次是标记、略读和预览策略，最不常用的是母语策略和互动策略。这个特点跟我们调查样本的语言水平及其本身特点、策略的类别以及对外汉语教材内容的特征有很大的关系。

首先，韩国学生处于汉语学习中高级阶段，对于阅读中遇到的生词和难句，已经没必要都查词典，语境策略对他们来说并不陌生，利用语境猜测字、词、句义的策略就很自然地从母语中迁移过来了。与之相应的是，韩国学生已经没必要在阅读时把中文逐字逐句翻译成母语或者用母语来记忆和概括文章大意，所以母语策略自然就用得少了。其次，本节所调查的韩国学生都是大学生，根据课文的已知内容来推断未知内容，猜测作者的用意，这应该说已经具备了智力上的条件，再加上外语阅读毕竟不同于母语阅读，连蒙带猜是迅速理解文章大意的重要手段，因此韩国学生也常用推测策略。

互动策略用得较少的原因，很可能跟我们现行的对外汉语教材的内容有关。对外汉语教材其思想内容的导向性比较强，而普遍缺乏趣味性和争议性，学生所用策略都停留在感知文本阶段，不太容易进入到领会文本阶段。

（二）阅读学习观念与年级、性别和语言水平的关系

对不同年级韩国学生在阅读观念上的得分差异分别进行显著性检验，结果显示不同年级韩国学生在超文本观念上差异显著，三年级学生比四年级学生更多持超文本观念。三年级学生所用汉语教材一般将生词注释定在甲、乙、丙级词以外，即把5000常用词以外的词作为生词进行注释，因此从某种程度上说，三年级学生由于词汇量有限也许阅读时遇到的生词更多，反而可能不得不跳跃障碍阅读，因而从阅读中得到的收获更多。

方差分析的结果表明，男生和女生在阅读观念上不存在显著差异。文本观念和超文本观念反映了两种比较主要的阅读理论。文本观念反映了"自下而上"理论，超文本观念则反映了"自上而下"理论。也就是说，韩国男生和女生对这两种阅读模型或者阅读理解的认可程度相当。

两种观念与其学习成绩的相关都不显著，但回归分析的结果表明，文本观念对其学习成绩具有轻微的负预测力。关于这一点，我们可以从母语阅读和外语阅读的困难度比较来解释。关于中文阅读困难的差异，我们曾经做过一个调查，调查中有一题是"对你来说，阅读中文最大困难是什么？从下列选项中找出三个困难，然后按照难度进行先后排序"。选项分别是：词汇少、句子结构

看不懂、文化差异、内容不熟悉、缺少文化背景知识以及其他。参加调查的中国中学生有 100 人，其中有 28% 认为最困难的是缺少文化背景知识，另有 28% 认为第二困难的还是缺少文化背景知识；而参加调查的 92 个韩国留学生中有 68% 认为最困难的是词汇少。这一调查结果与前人[①]的研究结论一致，即第二语言阅读难在语言。

正因为韩国学生觉得词汇很难，所以持文本观念的学生就很可能会死抠字眼，但是阅读学的理论和实践告诉我们，过分地重视字、词可能会分散读者的注意力，从而影响读者对文章大意的整体把握。阅读理解首先是整体理解，重要的是抓住读物的中心思想、论点、论据、结构等整体的东西，太注意词汇，太注意语言的外壳，就会影响对实质内容的理解。[②] 这可能就是文本观念对韩国学生成绩具有轻微负预测力的原因。

（三）中文阅读学习策略与性别的关系

方差分析结果表明，男生和女生在阅读管理策略和阅读学习策略上不存在显著差异。由此可见，性别对中文阅读学习策略的使用没有明显的影响。本项研究的结果与江新[③]和江新、赵果[④]的研究结果基本相同。江新认为这可能跟被试的动机有关，我们认为这样的解释很有道理。本研究的被试都是在目的语国家学习

---

① 刘颂浩《阅读课上的词汇训练》，《世界汉语教学》1999 年第 4 期。
② 陈贤纯《论初级阅读》，《中国对外汉语教学学会第三次学术讨论会论文选》，北京语言学院出版社 1990 年版。
③ 江新《汉语作为第二语言学习策略初探》，《语言教学与研究》2000 年第 1 期。
④ 江新、赵果《初级阶段外国留学生汉字学习策略的调查研究》，《语言教学与研究》2001 年第 4 期。

的韩国学生，无论男生还是女生，学习汉语的目的性很强，学习动机很明确，因此能选择更加有效的策略，积极努力地完成学习任务。

但是本研究结果与江新等人的研究也有不一致的地方，即我们发现不同性别学生在各种具体的阅读策略上的差异不一样，其中在语境策略、母语策略、预览策略、略读策略和互动策略的使用上差异都不显著，而在推测策略和标记策略的使用上差异显著，女生比男生更多使用推测策略和标记策略。推测策略是一种思维策略，女生比男生更多使用这一策略。我们认为在无法解读文本的情况下，女生很可能比较多地依赖其感性和直觉对文本的含义做出推测，而这种推测并不像逻辑推理和概括判断一样更多依赖于本文中的每个细节。标记策略实质上是一种语言处理策略，它包括加下划线、标出重点或者生词等，因此它不是一种思维策略。上述结果表明，女生比男生更注重语言处理策略的使用。

（四）中文阅读学习策略与年级的关系

调查结果显示不同年级韩国学生在超文本观念、选材策略、预览策略和互动策略的使用上差异显著。三年级学生比四年级学生更多持超文本观念。从某种程度上说，三年级学生也许阅读时遇到的生词太多（二年级学生无法阅读原著，而四年级学生差不多可以阅读原著了），反而可能不得不跳跃障碍阅读，因而从阅读中得到的收获更多。可能由于同样的原因，三年级学生比四年级学生更多使用预览策略，而预览策略与其学习成绩呈高相关。四年级学生比其他两个年级的学生更多使用选材策略和互动策略，选材策略与学生的学习成绩不相关，互动策略与学生的学习成绩呈负相关。选材策略的使用主要是由学生的语言水平决定的，语言水平越高,选材的自由度也越大。同理,阅读材料内容的复杂度越高,在阅读时也越可能需要使用互动策略。根据钱玉莲对213名韩国学生HSK成绩样本的分析研究表明,韩国学生阅读技能在初中级阶段得到了快速发展,并随着汉语总体水平的提高而加强;而到了高级阶段,阅读技能则成了弱项。① 从中我们得到启示,策略的选择不能完全根据语言水平,应该根据学习目的和学习任务。

(五)中文阅读学习策略与语言水平的关系

语境、略读、标记策略与学生成绩相关都达到显著性水平,但对成绩却没有预测力。

语境策略实际上是一种猜测策略。学生的语言水平越高,他们从上下文中获益的可能性越大。韩国学生尽管汉语水平到了中高级阶段,但还缺少对汉语构词法、文章结构法等专门的语言学知识以及特殊背景知识的了解,因此这一在母语阅读中比较常用的策略到了第二语言阅读中所起的作用却有限。

利用语境猜测词义这样一些语境策略,尽管与韩国学生的学习成绩呈现高相关,但对其学习成绩却没有预测力。也就是说,研究结果不否认这一策略与其阅读理解水平具有一定程度的相关性,但是频繁使用该策略不一定取得好成绩。正如刘颂浩所说:"从语境中猜测生词的意义是理解所读文章的一种帮助手段,是初步理解的基础。我们认为,应该鼓励学生利用语境来理解词汇,但是不同意夸大猜测的作用。"②

---

① 钱玉莲《韩国学生汉语学习策略研究》,南京大学2005年博士学位论文。
② 刘颂浩《阅读课上的词汇训练》,《世界汉语教学》1999年第4期。

略读是一种快速阅读的策略,它既是一种语言处理策略,也是一种思维策略。汉语由于其符号系统汉字的特殊性,给快速阅读提供了条件。汉字是以象形文字为基础发展起来的表意文字,其突出的特点是字形与字义的联接比字形与字音的联接要紧密得多。据测算,阅读中碰到不认识的形声字,先看声旁,再结合形旁去确定字义,成功率在30%左右。汉字的表义性以及汉字这一语素文字构词能力强的特点为提高阅读速度提供了天然有利的条件。[①]但是要达到快速阅读的目标,除了应该掌握大量的表义性强的形声字以及构词能力很强的语素以外,还得具备概括等思维能力,才能找出段落或者文章的中心句,达到略读的效果。然而对韩国学生来说,汉语毕竟是一门外语,再加上传统的外语阅读教学通常采用单一的"自下而上"模式,这种模式是以语言知识的传授作为出发点和归宿点的,也就是说,多年形成的单一化的精读课教学模式仍占统治地位,快速阅读能力特别是跳跃障碍阅读能力、查寻主要信息等能力的培养,还未受到足够的重视。[②]因此,这一在母语阅读中比较常用的策略到了第二语言阅读中所起的作用很有限。

标记策略,其实几乎完全是一种语言处理策略。如前所述,从汉语水平考试大纲对阅读理解目标的要求来看,我们比较注重考察读者在阅读过程中的思维活动,如根据所读材料进行引申和推断、领会作者的态度和情绪等等,较少涉及考察读者对语言的

---

① 鲁宝元《对外汉语教学中的快速阅读训练》,《世界汉语教学》1990年第1期。

② 刘英林《汉语水平考试与对外汉语教学》,《汉语水平考试研究》(续集),现代出版社1994年版。

处理，这样纯语言处理策略与学习成绩呈现正相关却没有预测力也就不难解释了。

互动策略对韩国学生的学习成绩具有轻微的负预测力，关于这一点，我们可以在输入理论中找到依据。美国学者 Susan 阐明了语言输入在不同阶段转变为语言输出的过程，从输入到输出要经过输入、感知输入、领会输入、摄入以及输出这五个不同的阶段。① 互动策略其实是感知输入和领会输入阶段采用的学习方法，但是由于留学生所用教材的内容比较浅显，因此互动策略只是停留在感知输入的阶段，也就是说文本的内容没什么需要领会输入的，因而频繁地使用该策略也许不能提高学生的阅读理解水平。如果在教学中，这样的策略用得多了，可能还会招致学生的反感。

（六）中文作为第二语言阅读比较有效的策略

韩国学生在阅读中文时最常用的是推测和语境策略，这两种策略与其阅读成绩也呈现正相关的关系。我们由此认为，中文作为第二语言阅读比较有效的策略可能是语境策略和推测策略。一方面，汉语文化强调含蓄、含而不露、意在言外等等，文本中的"言外之意"有时往往是文本作者所要传达的真实意图。对文本中所传达的这种意图的理解并不依靠分析句子结构和理解词的意思获得，而是要根据语境，依靠联想，在与该句子相关的一系列事件中去猜测、推断、感悟，最终获得。② 另一方面"意合"在汉语中占有重要的地位，短语的组织结构与句子的结构基本一致，

---

① Gass, S. M. *Input, Interaction and the Second Language Learner*. Lawrence Erlbaum Associates Publishers, 1997.

② 钱玉莲《"言外之意"与汉民族文化心理》，《中国对外汉语教学学会成立十周年纪念论文选》，北京语言学院出版社 1996 年版。

因此，或许也可以这样说，阅读中文可能比其他语言要更多地使用语境、推测等思维策略，中文作为第二语言阅读比较有效的策略可能是语境策略和推测策略。

四 本研究对中文作为第二语言阅读教学的启示

（一）关于阅读选材的问题

外国学生由于受语言水平和阅读量所限，在选材方面很可能是心有余而力不足，更需要得到老师的指点和帮助。

有鉴于留学生较少使用互动策略，而互动策略对其成绩具有轻微的负预测力，再结合本调查结果，我们认为在选材上要注意降低语言难度，提高内容的丰富性、复杂性，尽量给中高级班的留学生提供可争议的文本。由此可见，在汉语作为第二语言教学的阅读教材编写和选材上，如何处理语言形式和内容之间的矛盾问题的确是个值得研究的课题。

（二）关于阅读观念的问题

在对外汉语阅读教学中，教师要帮助学生克服不懂生词就不懂文本这样的障碍，在阅读教学中避免把书面符号看成是一系列互不相关的单位组成的，避免对每个单位进行独立的分析，孤立地讲解词语，而应该充分地利用语境，鼓励学生利用已有的知识，利用文本内外的一切有关信息积极地阅读文本、理解文本。有意识地培养留学生的超文本阅读观念。

（三）关于阅读学习策略的培训问题

有鉴于中文阅读比较有效的策略是推测策略和语境策略，对于把汉语作为第二语言的学习者，特别是异族文化界的学习者来说，我们还应该加强推测策略和语境策略的培训。

关于推测策略，包括运用背景知识推断、根据已知内容推断和理解作者言外之意等方面，其实都是利用文本内外的一切有关信息积极地阅读文本、理解文本、推断文本的意思。阅读理解练习题中应该包含这样内容的训练，并在学生做这类练习时指导学生如何根据有关信息合理地推断文本的意思。这里的"合理"告诉我们"推断"也有个"度"的问题，"推断"所得出的结论，既要有根有据，又不能太离谱。

关于语境策略，包括根据词语结构线索、上下文线索和文章结构线索等几个方面。我们在进行策略培训时应该及时吸收相关研究的最新成果，教给学生真正切合实际的具有汉语特色的策略，并且所培训的策略应具有可操作性和可教性。

第二节　意大利学生汉语口语学习策略使用的个案研究①

在对外国留学生汉语学习策略使用的总体趋势进行大规模定量研究的基础上，② 我们又专门针对意大利学生汉语学习策略的使用情况进行了定性的个案研究。目的是深入了解并探索汉语学习者学习策略的使用特点和规律，尤其是在目的语环境下（汉

---

① 本节作者：吴勇毅，原载《世界汉语教学》2008 年第 4 期。
② 吴勇毅《不同环境下的外国人汉语学习策略研究》，上海师范大学 2007 年博士学位论文。

语作为第二语言：CSL）和非目的语环境下（汉语作为外语：CFL）学习策略使用的异同。"个案研究的长处是集中、深入地调查一个或几个个体对象：可以是一个人，也可以是一个班、一个学校等。"[①] 通过个案研究，我们不仅可以找出或者确认学习者使用的学习策略及其使用的原因，而且可以通过学习者自己的描述，深入探究他们学习和习得汉语的过程以及语言能力的发展轨迹。

一 研究设计

（一）研究对象的确定

首先我们从进入大样本研究的535名学生中选出意大利学生，共52人，接着把研究对象"聚焦"在意大利某大学中文系和翻译系的学生（共46人）身上。之所以选择他们，一是因为他们都是国外大学中文专业或翻译专业三年级的学生（来中国时均为大三上学期），具有中级汉语水平（已经可以用目的语——汉语进行访谈），是比较整齐的学习群体；二是因为他们都同时具有在非目的语环境（汉语作为外语）和目的语环境（汉语作为第二语言）下学习汉语的经历和经验。这些学生是在典型的非目的语环境下从零起点开始学习汉语的，大学三年级时学校要求他们必须要去目的语国（中国）进修三个月以上，这样他们就具有了两种不同的学习经历和经验，而且在目的语国进修也不是仅仅几周的所谓"短期体验"。他们的这种经历和经验为我们的研究提供

---

① 刘润清《外语教学中的科研方法》，外语教学与研究出版社1999年版。

了非常有利的条件,使我们可以对比他们在两种不同的学习环境下的学习行为。最后我们把目标"锁定"在四位学生身上。他们是 XC、ML、HL 和 XY,三男一女,学习汉语的时间为两年半左右,分属大学中文系和翻译系,年龄在 20 至 21 岁之间,家中无华裔背景,也无他人学习汉语。他们都是班上学习努力且学习成绩比较优秀的学生,具有学习其他外语(比如英语)的经验。

(二)材料收集和研究方法

材料收集的方法和手段主要是访谈,以及问卷调查和课堂观察,还包括作业、考试卷等。我们在进行了大样本的问卷调查和分析之后,又对一部分意大利学生就他们的学习方法和策略进行了开放式访谈,访谈者对访谈内容有选择地做了笔记,整理后形成核心问题和假设;在此基础上再对这四位学生进行半开放式访谈。对每位学生的访谈都单独进行,时间约一个小时到一个半小时。整个过程都进行了录音。访谈者根据事先准备好的核心问题(根据文献阅读、开放式访谈和访谈者的研究重点所做的准备)跟学生敞开交谈,学生主要采用内省和追溯/回忆的方式口头陈述。"交谈这种形式的最大优点是对学习策略丰富细致的描述,学生的交谈动机较强,因为他人对他们学习过程有兴趣,这会使学生非常高兴。"[1]

为增加调查分析信度,每次访谈都有两位访谈者参加,一位跟学生交谈,另一位主要是观察、倾听和记录。访谈结束后,我们把所有的录音转写成文字材料。转写工作量是巨大的,通常认

---

[1] 林立《国外英语学习策略研究》,《首都师范大学学报》(社会科学版)1999 年第 6 期。

为一个小时的录音需要近 5～7 小时转写,[①] 我们的工作更复杂一些,因为学生的汉语水平不是很高,有的话语显得支离破碎,给转写带来了许多困难。

与我们国内英语教学界调查中国学生的英语学习策略相比,我们对外国学生汉语学习策略的研究显得更加困难一些。比如英语教学界进行访谈时,大都采用的是学生和访谈者共同的母语(汉语),而非目的语(英语),学生跟访谈者之间的交流毫无障碍。而我们的访谈,无法用学生的母语——意大利语进行,只能用学生的目的语——汉语。即使是中级水平的学生也还不能用汉语完全自如地理解和表达,有时我们要从不连贯甚至是支离破碎的语言中把学生的思维连贯起来,这并非是件易事。这不仅要求访谈者对学生有比较深入的了解,能对访谈中出现的不清楚的地方进行仔细地有技巧地追问,还要能对转写出来的文字材料做出切合学生实际的分析,并做出符合逻辑的猜测和推理等,这对访谈者就提出了更高的要求。尽管存在许多困难,但访谈仍然被国内外许多研究者视为第二语言习得研究中非常有用的手段。[②]

在材料描写和分析时,我们主要采用对比的方法,看学习者在不同的社会环境和语言环境下学习策略使用的异同,同时也跟中国学生学习英语的方式进行一些比较。本节是整个个案研究的一部分。

[①] 刘润清《外语教学中的科研方法》,外语教学与研究出版社 1999 年版。
[②] Seliger, H. & Shohamy, E. *Second Language Research Methods*. Oxford University Press, 1989.

二 汉语作为外语与汉语作为二语的学习环境

（一）汉语作为外语（CFL）的学习环境

首先从社会/课外环境看。就汉语学习的大环境，或者指课外环境来说，在意大利，乃至绝大部分其他国家，除了在中国饭店或华人开的商店偶尔可以说一下汉语以外，几乎没有任何可以在社会上使用汉语的机会。我们的访谈对象HL和XY是这样描述的："一般来说，我们可以在我们，在中国饭店可以用汉语说，但是别的机会我觉得没有了。""有中国人的饭店，也有商店，我们去那儿练习我们的汉语，但是他们在工作，所以他们不，不愿意跟我们说话。"XC的情况略有不同，他住在波伦尼亚附近的一个叫作萨维亚奴的"非常非常小的城市"，据他描述，这个城市有很多中国人，主要是福建人，但会说普通话，因此他可以跟他们接触。可事实上，XC平时主要在外地学习，只有周末和假期才回去。

当问及在意大利有没有机会看中国电影或电视时，学生的回答基本上都是有机会看中国电影，但都是翻译成意大利语的，"没有字幕，尤其是中国的电影，因为有很多人不会说"（ML）。至于电视，有的说"意大利没有中文的电视"（XY），有的知道或听说过有中文台，但没看过（笔者在意大利的中国饭馆，看到过CCTV4的节目，但是是有线电视，需付钱安装租看），只有XC，有时候去中国饭馆看："我去……中国，中国饭馆的时候，嗯……，如果有别的意大利人，他们在……电视里有意大利的，意大利的，但是，如果，我，所以我去，比如说，很，很晚，没有意大利人，让，嗯……，中国，中国人，放那个中国电视。"

汉语作为第二语言（CSL）和汉语作为外语（CFL）的学习环境的巨大差异在国外教过汉语的老师都会有所感受。笔者在法国执教多年，对此深有体会。一二十年以前的巴黎，除了"中国城"（唐人街）和中国人的会馆，很少能听到有人说汉语。改革开放以来，随着中国经济的发展，去国外学习、经商、旅游甚至移民的中国人越来越多，在法国有了许多中文导游，许多商店、甚至著名的大商场也有了中文导购，同时也有越来越多的法国人学习汉语，但使用语言的社会环境从本质上说并没有发生多少变化。

在汉语作为外语的环境下，汉语教师，尤其是汉语作为本族语的教师，不仅是语言知识和语言技能的传授者，更是教学的资源，是信息的咨询者和汉语的操练者，他们是教师，但同时也是学生潜在的交际对象。可事实上，教师课后一般很少跟学生接触。尽管有所谓规定的"办公时间"（office hours），每个星期一两个小时，教师守在办公室，学生有问题可以找老师问，但实际上学生由于各种原因，比如课程时间冲突等，并不常去找老师。XY就明确表示不常去，有问题在课上问。HL则说，没有太多机会跟中国老师谈话，只是有时候有。有什么不明白的，他喜欢下课的时候就问老师。

在课外的学习材料方面，学生除了一盘老师给的课文录音磁带以外，没有任何听力材料。当问到除了课本以外有没有机会看中文的报纸、杂志等东西时，ML说，"在火车站很容易得到这个报纸（放在火车站随便拿的免费的中文小报之类的东西——作者注），但是我觉得太难。"XC可以说是接触中文报纸最多的，他每周会看两三次中文日报，也知道有《人民日报》，但他承认看报纸非常难，需要很长时间，要几个小时才能看一页，所以只能是有的时候看一下。而课本则是每天都看的。

从学生的描述中，我们基本上可以得出这样的结论：在汉语作为外语的学习环境下，学生基本上没有使用汉语的社会环境，可能的地方只有在中国饭馆等。看的中国电影是翻译的，电视基本看不到。课后跟汉语老师接触的机会也不多；课本和一盘录有课文的磁带（当然还有词典等）几乎就是学生全部的学习资料。与中国学生在中国学习英语（英语作为外语，EFL）相比，学生在意大利学习汉语的社会环境可以说非常差，非常"恶劣"。

其次从课堂环境看。在访谈中我们了解到，在大学教授汉语的老师分为两类，一类是以汉语为母语的中国人／华人（普通话程度不一），另一类是汉语为非母语的意大利人。有些课程是中国人／华人上的，例如口语（听力通常不单开课，含在口语课里）、阅读等，而另一些课则是意大利人上的，例如汉语语法课（从一开始就是一门单列的课）、古汉语、翻译课（笔头汉译意）等，这些课几乎都是用意大利语上的，也就是说课堂用语是意大利语。除此以外，所有关于中国的课程，如历史、文学、哲学等也都是用学生的母语（意大利语）教授的。即使是中国人／华人上的课，老师也常常说意大利语，尤其是用汉语"讲不清楚"的时候，而学生遇到难的问题也用意大利语提问。更有甚者，据 XY 描述，如果他们有语法问题，不问中国老师，而"应该问我们的意大利老师"。问为何如此，XY 的回答是，老师说"他／她不知道，最好你问意大利老师"。在这样一种课堂环境下，学生的汉语输入，特别是有效的、可懂的汉语输入非常有限。而同学之间使用目的语的互动更是少得可怜。

（二）汉语作为二语（CSL）的学习环境

在汉语作为外语的环境下，学生主要是通过课堂学习汉语；在汉语作为第二语言的环境下，学习者有两种选择，一种是在自然的环境中习得汉语，不进课堂。我们常说有的外国人说的是"马路汉语"，指的就是这种情况。这类学生若后来进了课堂，有的教师会觉得这种"夹生饭"很难再"煮熟"。另一种是学习者进课堂学习汉语，但下课后可以沉浸在汉语的社会环境里，可以在生活、学习和工作中直接并大量地跟中国人交际，学了就用，或边用边学。[①]

在课堂教学中，教师都是以汉语为母语的人，课堂教学语言均为目的语——汉语，非到万不得已，教师通常不会使用学生的母语进行教学（多国学生的混合班客观上也不允许如此）。这样一来，课堂教学的汉语输入量就非常大，尽管课堂的语域有限，但学习者还是"泡"在目的语环境中，课堂环境与社会环境形成了互补和互动。

三 *口语练习策略*

（一）语音练习

我们的研究对象都是在非目的语环境下开始学习汉语的，也就是把汉语作为外语来学习。通常认为汉字是西方学生学习汉语的难点，我们的调查对象对此虽予以肯定，但他们认为，发音、

---

① 吴勇毅《论汉语作为第二语言教学（TCSL）与汉语作为外语教学（TCFL）》，《汉语教学学刊》（第2辑），北京大学出版社2006年版。

尤其是声调才是开始学习汉语时最难的："汉字，对对，有点难，但是开始的时候，最难的是发音。你（要）听懂（别人）怎么说（说什么），我就解释（解决）这个困难，克服这个困难。"（ML）"第一门（节）课我觉得很难，因为有很多的词都读一样的，还有一样的发音，不一样的词，很难很难。"（XY）

从学生的描述中，我们大致可以看出他们学习和练习语音的"轨迹"和方法。首先是重视发音，一开始就学得非常认真："我注意，我很注意每个生词的发音。比如怎么说，exaggerate（夸张），所以我觉得这是一个好办法。很容易忘记你该怎么说，但是我一开始学习就学得很认真。"（ML）

课后由于无法从更多的中国人那里直接获得帮助（这跟在中国国内学习很不相同），他们主要依靠听磁带或其他辅助工具（如"文林"学习软件）来模仿和练习发音："我们的口语老师给我们一盒磁带，我们可以用这个磁带学习大课的课文，所以我觉得可以练习发音。（我）经常听磁带啊。（访谈者问听磁带怎么知道自己读得对不对）一般来说我第一次听磁带，听录音，第二次我看课文，第三次我一边听录音，一边看课文，所以我可以知道有什么错误。"（HL）

其次，他们有很强的"自我监控"意识，采用元认知策略。在练习过程中能发现自己的错误，自我矫正语音（以老师的发音、磁带、"文林"等设立比照的标准）。有的模仿和练习时，能够主动运用"夸张"的方式"矫枉过正"地练习发音；有的能把看（课文）、听（磁带）和（自己）念结合起来，用磁带为标准监控自己的发音。他们都喜欢采用大声念课文的方式练习语音："我听'文林'的发音，然后我读课文，我 aloud（大声地念）"（XY），认为"大声念课文很有用"(HL)。从认知心理学的角度看，大声念课文的实质是进行"自我监听"，让耳朵听到的自己的"发音"与大脑的"心理印记"进行比照，它不仅可以改进自己的发音，也可以增加对"外来"语音的敏感性。发音的练习即使在语音阶段结束后也还要持续下去。

来中国学习后，在目的语环境下，学生不再采用听磁带练习发音的方法了。当问及在中国学习跟在意大利学习有什么不一样时，HL说："有一个区别，是我不可以（不需要/没有必要）用磁带练习我的发音。"

全汉语的课堂环境加之课后可以在真实的环境中跟中国人直接接触，可能是学生认为不需要或者没有必要再跟着"无人"的磁带模拟练习发音、训练听力的原因之一。以"实战"代替模拟。这似乎也可以解释为什么在中国学习汉语（CSL）的外国留学生对磁带和语音实验室的要求（除了为了准备类似HSK那样的考试以外）并不如在自己国内学习汉语（CFL）的学生那么强烈的原因。

在实际的教学过程和跟外国人的交往中，我们不时会发现有的西方人汉语的发音特别"漂亮"（ML就是其中的一个），而他们之前却从未到过目的语国家和地区学习；相反，在目的语国家和地区从零起点开始学习汉语的众多学生中，发音很好的却并不多见。这一方面是因为语音教学"近年来因诸多原因，重视不够，有滑坡现象，最明显的是语音教学阶段被缩短，以至于不复存在"；[①] 另一方面，通过访谈我们也了解到，学习者之所以改

---

① 赵金铭《从对外汉语教学到汉语国际推广》，《汉语研究与应用》（第4辑），中国社会科学出版社2006年版。

变学习策略,学习环境起了重要的作用。在非目的语环境下,由于学生无法在社会环境里从汉语为母语者那里直接获得帮助和检验(自己的发音中国人听得懂听不懂),因此他们会更多地依靠录音磁带等反复地孤立地模仿练习语音,若能持之以恒,效果自然显现。而在目的语环境下,学习者能够在社会环境中接触到大量的中国人,生存、学习和工作的需要又使得他们必须用汉语去完成交际任务,从某种程度上说,由于中国人大都能听懂不标准的"外国口音"(国人自己也存在带方言音的普通话),且对这种"外国口音"持宽容的态度,加上学习者又满足于"中国人能听懂就可以了"的状况,使得他们不太讲究并刻意追求"标准语音",有的甚至还会故意模仿方言普通话的某些特征。

(二)汉语作为外语环境下的口语练习

在汉语作为外语(CFL)的环境下,学习者不可能像在汉语作为二语(CSL)的环境里那样,"沉浸"在目的语的"海洋"中,出门就能碰到中国人,就能用汉语跟他们交际。由于没有多少机会跟以汉语为母语者进行接触,这就使得汉语口语练习或训练成为绝大多数学习者的一道难题,就如同中国人在国内学习英语所遇到的问题一样,甚至更难。作为比较优秀的汉语学习者,我们的访谈对象是如何解决这个难题,跨越这道坎的呢?

首先是充分利用有限的课堂环境开口说话。"我觉得最重要的事情就是上课,我不上课的时候我有很多的问题,我有问题的时候我在课的时候(问)。""我跟(在)我上课的时候练习(口语)。……我,常常举手。因为有机会的话,我就用那个机会。"(XY)ML还抱怨上课的时候老师说得太多,"大多的时间"是老师说,"我们没有机会进行汉语会话"。上课积极开口说话是大多数成功的学习者所采取的策略，但也有例外，比如 HL。他性格比较内向，自认为最喜欢写和读，最喜欢笔译，不太喜欢说。在课堂上，他不常提问，"有什么不明白的，我下课的时候就问老师。"对老师的提问，他认为可以回答，但不喜欢回答。来中国学习后，据笔者的课堂观察，HL 从某种程度上可以说是一个"积极的静默者"。别的同学在回答老师的问题时，他的嘴唇也一直在动，这说明他在积极主动地默默地自我回答。尽管 HL 在课堂上不常发言，但是，他对口语练习有着清楚的认识："一般来说，不太喜欢说，不说太多啊，但是说汉语也很有用，所以我要说，我有机会就说啊。"他的课外表现（主动找华人朋友一起活动等）也证明了这一点。在文秋芳的研究[①]中，一个不成功的英语学习者（中国学生李华）在谈及自己的口语练习时是这样描述的："我不愿在课堂上回答问题，有时知道了答案也不想讲。课外我也不练，因为根本没有说英语的环境。偶尔，我会对自己讲。"

HL 跟李华有明显的不同，尽管他们在课堂上都不愿开口，但一个积极一个消极。HL 是一个学习成绩很好的学生，是一个成功者。

在汉语作为外语的环境下，课堂的口语操练是非常有限的，想要提高自己的口语能力就必须另辟蹊径。在课外，我们的访谈对象会主动地寻找机会操练汉语，最典型的方式是去中国饭馆吃饭："在中国饭店可以用汉语说。"（HL）"（可以说汉语的地方）有中国人的饭店，也有商店，我们去那儿练习我们的汉语。"（XY）

---

① 文秋芳《英语学习成功者与不成功者在方法上的差异》，《外语教学与研究》1995 年第 3 期。

ML 强调自己每隔两个星期去一次中国饭馆,"在中国饭店吃饭,我总是用中文点菜。"采用这种方式跟中国学生在中国学习外语的情形很不同,中国学生课外不大会专门去找外国人开的饭馆吃饭以练习英语或别的外语,他们喜欢搞类似"英语角"之类的活动。除此以外,XC 还会主动到自己城市的"中—意中心"去跟 5 岁到 18 岁的中国孩子玩儿,打篮球和乒乓球,利用这种机会跟他们谈话。

在文秋芳的研究中,王红是一个成功的英语学习者,当被问及如何提高自己的口语能力时,她是这样描述的:"我上课非常积极,因为我认为这是练口语的好机会。我也喜欢和同学或老师说英语,我还喜欢自己对自己说英语。有时我在厨房一边做家务一边说英语,妈妈听到奇怪的声音时,以为我在和她说话,她就从房间里大声问:'你在说什么?'我认为自己对自己说英语是练习口语的好方法。"

同样是成功的学习者,同样是在外语的环境下,我们的研究对象跟王红有共同点,如上课积极、喜欢说外语等,但也表现出差异和不同特点,比如王红主要是跟同学、老师或自己操练口语,而我们的研究对象则"外出觅食",更倾向于寻找说母语者操练。有时他们也会在课外跟自己的同学说汉语,但这种活动并非操练课文(这跟中国学生之间常以操练课文内容为主的练习不相同),而是更具有交际性。典型的例子是:"在意大利跟我的朋友,如果我们有秘密,我们用汉语说那个秘密。……有一次我的朋友爱丽莎来都灵看我,我们跟别的意大利人(在)一起,她要跟我说秘密,她就用汉语,我跟她回答汉语。所以越 useful 越方便。"(XY)

在一群意大利人中,两个女孩子用汉语说"秘密",这不仅使她们尝到了学习和使用汉语的"甜头",也使得她们有一种与众不同的感觉,这种感觉会让她们觉得很满足和惬意,反过来变成一种动力又促进她们更努力地学习汉语。

在文秋芳的研究中,李华和王红都会自己对自己说英语,比如在屋子里自言自语或对着镜子说。当我们问及学习汉语时会不会采用这种策略,我们的访谈对象对此都予以否定。这或许是由于文化差异造成的。

背诵课文被许多教师认为是第二语言/外语学习中增强语感、习得句子结构和短语、提高口语流利程度的重要方式。① 但我们在访谈中发现,访谈对象基本上都不喜欢和不采用背诵课文的方法提高口语能力,而更多的是(大声)念课文。他们有的明确表示"从来不背",有的说"我没有这个本领"。尽管不背课文,但 ML 表示,"有的句子我喜欢背。最重要的,我常用的句子,我喜欢背"。显然 ML 是有重点有选择地背句子。徐子亮对60个外国学生(其中韩、日34人,非汉字圈国家26人)的调查显示,每篇课文都背的只占3.3%(2人),有选择地背诵占31.7%(19人),完全不背诵占65%(39人)。② 可见背课文不是大多数学习者常用的学习策略,尤其是欧美学生。这跟有些研究中报告的中国学生学习外语常背课文形成了反差。

---

① 胡春洞《英语学习论》,广西教育出版社1996年版;曹怡鲁《外语教育应借鉴中国传统语言教学经验》,《外语界》1999年第2期;邓鹂鸣《注重背诵输入,克服英语写作中的负迁移》,《外语教学》2001年第4期;丁言仁、戚焱《背诵课文在英语学习中的作用》,《外语界》2001年第5期;董卫、付黎旭《背诵式语言输入在大学英语教学中的作用》,《外语界》2003年第4期。

② 徐子亮《外国学生汉语学习策略的认知心理分析》,《世界汉语教学》1999年第4期。

由于课堂的口语操练极其有限,学生想要提高自己的口语能力就必须另辟蹊径。在访谈中我们发现,作为比较优秀的学习者,他们还有一个突出的特点,或者说他们不约而同地采用了一个共同的学习策略,即"寻找和建立固定的语言伙伴"。为了学习外语而建立相对固定的语言伙伴关系,这种策略的突出运用,在我国英语教学界的英语作为外语(EFL)的学习策略研究中未见报告,对外汉语教学界也是第一次。

ML告诉我们,有一个从北京来的女孩子在他住所附近的酒吧工作,他就常去酒吧,和她交朋友,几乎每个周末的晚上都去,跟她说汉语。XY也有一个台湾朋友,在同一所大学学习,她们有一个学期住在一起,平时常说汉语。XC说,在他的城市里(一个有着许多来自福建的中国移民的小城)有一个"中—意中心",中国孩子在那里可以学习意大利语,可以打篮球和乒乓球等,他就"去那儿和他们一起打和谈话"。另外他还有一个"非常好的朋友",父母在中国曾是老师,他"就去他的家吃饭,跟他们一起谈话"。XC跟他的中国朋友在一起的时候,一般是"他说意大利语,我说汉语",即双方说各自的目的语,因为一个要练习说意大利语,一个要操练汉语。说的时候他们互相纠正对方的语言错误,这实际上是采用一种"互为交际对象,又互相监控"的目的语学习策略。HL则有几个比较要好的华人朋友,他们小时候就到了意大利,汉语和意大利语都很好,HL常常跟他们见面,一起出去玩儿,去买东西什么的。HL说:"他们会说意大利语,但是我们见面的时候,我一般试一试用汉语跟他们说(话)。……我说汉语,他们也说汉语。只有我不知道,我不明白,他们就,他们才第一次试一试用汉语解释解释,第二次我还不明白,他们就用意大利语。我觉得很有用。"

显然寻找以汉语为母语的人作为语言伙伴,建立一种相对固定的关系,一方面是为了交朋友,更主要的是为了学习和操练汉语。比如 XC 就认为,要使口语和听力有比较大的进步,就要跟中国人"说得很长时间",这样才可以"提高得多",而在意大利,不采用这种策略,就没有多少机会练习听说:

"如果你没有中国朋友,嗯,机会没有。这是,我想这是我们的,我们到这里(中国)的水平,嗯,汉语水平那么低的原因。因为你,嗯,如果你只学习语法,或者汉字,你所有的规则,你知道,但是你不可以(不会)说。(如果)你说(汉语)的话,你(就可以)听他们的,他们的语法,他们的话,然后可以明白,可以学习。"(XC)

在汉语作为外语的环境下,也就是说在学习者自己的母语环境中,能够采用一种特殊的社交学习策略,与汉语为母语者建立某种相对固定的联系,是比较优秀的汉语学习者的一种具体表现,也与他们所具有的强烈的学习动机相关。

(三)汉语作为二语环境下的口语练习

从调查中,我们发现学生在汉语作为第二语言/目的语环境下练习口语,除了课堂以外主要有三种形式,一是跟中国朋友交往,二是跟社会上的中国人接触,三是跟其他国家的留学生交流。下面我们分别讨论这三种形式。

XC 来中国以前就有一个安排或者说计划:"只有一个(计划),出去的时候,嗯,跟中国人出去,不要只跟意大利人。只有这个。"来中国以后,XC 和他的同学马上主动地出去交友,采用的方式是去学校的足球场踢足球:"我们到这里的时候,马上去踢足球。在那儿有很多中国人,去和他们认识。"通过这类方式,XC 结识了一些中国朋友,他们中有大学生也有公司职员等。XC 每周跟他们见二三次面,大家一起吃饭、踢足球、出去玩儿什么的。HL、XY 和 ML 也都有类似的报告。他们跟中国朋友见面的频率是相当高的,从每个周末见面到每天见面都有。当然见面时的交流工具主要是汉语,对我们的研究对象来说也就是进行口语和听力的实际训练。在长期的教学实践中我们发现,有一些外国学生来中国后,仍然生活在"外国人",甚至"本国人"的圈子里,他们很少交中国朋友,很少跟中国人交往,甚至连其他国家的留学生也很少接触,这种"封闭"所造成的"环境",除了在外出办事时不得不用汉语以外,近似于在国外(学生自己本国)学习汉语,其汉语水平的提高与那些积极交中国朋友,跟中国人交往的学生相比,就差了许多。HL 这样描述他跟中国朋友的交往:"(我)有一些中国朋友。我每个周末跟他们见面。他们一般跟我说汉语,我也跟他们说汉语。我觉得也是很有用的练习。(当问到跟中国朋友在一起一般做些什么时)跟不同的朋友做不同的事情。比如说,我的一些朋友问我,问(让)我帮助他们提高他们的英语水平,所以我们周末的时候,说汉语也说英语,也说一些翻译。"

在跟中国朋友交往时,HL 要练习汉语,他的中国朋友有的也要练习英语,因此他们有时会采用"交换学习"的策略,"说汉语也说英语"。但英语并非是 HL 的母语,而是他的外语,因此他能用于交换的"资本"有限,恐怕更多的是中国朋友帮他练汉语。当 ML 被问及是怎么练口语的,他跟访谈者有这样一段对话:

访谈者：那么你是怎么练习口语的呢？

ML：口语？跟中国朋友说话。但是我让他们给我帮助。如果有的点（地方）我不太清楚，我请他们解释一下。

访谈者：是你听不懂他们的话还是你不知道怎么说？

ML：如果不知道怎么说，有的时候我就用中文，哦，用英文。

访谈者：如果你不知道怎么说，你就用英文？

ML：对，然后问用中文怎么说呢。

访谈者：那你不会用别的话告诉他吗？

ML：可能，可能这样。

访谈者：但是如果还是不清楚你就说英文，然后让他们用汉语告诉你。

ML：最坏的办法是用英文的。

访谈者：那么他们说话你听不懂，你怎么办？

ML：我说，请你再说一遍，慢一点。

访谈者：还是不懂呢？

ML：再说一遍。每次我让他们用别的话解释相同的意思。

访谈者：如果中国人听不懂你的话，你会不会用手势啊什么的，跟他们说？用你的表演？

ML：对，我常常用。

从 ML 的话语中，我们可以归纳出这样几点。首先，ML 很清楚地指出他练习口语采用的方式是"跟中国朋友说话"。其次，在遇到表达困难时，他会采用"补偿策略"，或是换一种表达方式，即用别的话说，或是用手势等帮助表达，实在不行再用英文。但在 ML 的元认知层面，他清楚地意识到用英文是"最坏的办法"（且英语也并非是他的母语），是不得已而为之。即使是用了英文，也还要再追问"用汉语怎么说",显然这是为了学习的目的和需要。第三,在理解遇到困难时,ML会请对方放慢速度,再说一遍(使用"社交策略"),但再说一遍,并不仅仅是简单重复说过的话,而是"每次我让他们用别的话解释相同的意思"。

如果说频繁地跟中国朋友交往进行口语训练是一种学习方式,那么通过各种活动(或者说"任务")广泛主动地在社会上跟中国人接触操练汉语又是另一种学习策略。比如XY就明确地说:"我们去商店的时候,我们试一试聊天,但是我们不是跟他们朋友。"在目的语环境下,练习说汉语的机会比比皆是。在商店里,"你去买东西的时候,你要说汉语";"跟你的邻居你要说汉语"(学生住在校外的居民区)(XC);在出租汽车上,"我常常问他(司机)问题,我问这条路叫什么名字,在上海出租汽车多少,我问问题。有的时候有中国人问我问题:你们是哪个国家,你会说汉语(吗),你在哪儿学习汉语,常常,等等"(XY)。下课以后避免总是泡在本国人的圈子里,尽量出去活动,"跟中国人说话",是有效的学习手段。XC自称他每天课外要说"4个5个小时"汉语:"我出去的时候总是说汉语。因为我出去的时候,我不太喜欢跟别的意大利人说意大利语。……如果我们意大利人一起。我们都是意大利人,我们说意大利语。"

利用各种机会有意识地操练汉语,尽量用汉语做各种事情,完成各种"任务"(比如租房子,买火车票和飞机票,看文娱体育节目,安排旅行,陪同来中国看他们的亲朋好友玩儿,去市场买东西讨价还价等等),在真实的交际环境中学习和练习汉语,不仅使学生的语感有了很大的提高,而且课堂学习的成效可以即时在课外"演练"的实践中得到检验,积极的反馈对学生的学习"士

气"也是一种鼓舞:

"我现在学习的时候,一学习就去外面练习,我可以马上知道我学好好地学习还是我不好学习(学得好不好),我马上试一试。觉得好。在意大利不一样。"

我们发现,学生跟熟悉的中国人/朋友交往与在社会活动中跟其他偶遇的中国人交往有所不同,前者更多地侧重在学习汉语,而后者的交际性更强一些。比如跟熟悉的中国朋友交往时,学生在遇到理解困难时会要求对方再说几遍,反复说明解释,直到弄明白为止;在遇到表达困难时也会主动要求对方给予帮助,教给他/她汉语如何表达,这个怎么说,那个怎么讲,就像 ML 似的。但在社会活动中跟人交际时,或许是出于"礼貌"的关系,或许当时更需要保持交际的"畅通",关注意思的沟通,学生似乎并不是刻意地"学习语言",交际性在活动中表现得更为突出,"意义"是第一位的。

学生练习口语的第三种方式是跟其他国家的留学生交往。在目的语环境下学习汉语的学生通常来自许多不同的国家,操不同的母语(在非目的语环境下学习汉语的学生,比如在法国、意大利、德国等,通常比较单一,即使有一些别的国家的学生,使用语言也有相当的共同性,即使用所在国的语言,如在法国使用法语,在德国使用德语)。他们在学校学习汉语时,一般采用的是混合编班,"联合国制",在日常生活中,也大都住在一起(比如住在同一幢留学生楼),从某种程度上说,汉语是他们交流交往的"共同语"(另一种是英语),尤其是在非英语国家学生之间,或者英语国家学生与非英语国家学生之间。XC 这样描述,"我们有一个韩国人(朋友),我们总是(一起)出去,他听不懂意大利语，我们要说汉语。"留学生之间用汉语交流与留学生用汉语跟中国人交流有什么不同，我们发现一个很有趣的现象：

"我不知道为什么，我们都是学生，我们都学习汉语。我觉得我跟中国人说话的时候，嗯……如果他用他地方的声音，比较难，听得懂比较难，跟别的留学生说话的时候我听得明白。"（XC）

或许因为大家都是学生，语言水平有限，谈话所涉及的语域不宽；或许是大家都是外国人，生活在中国，社交活动的范围与主题有许多共同性；也或许是学生之间交流，不像他们跟中国人交际时那样总有某种怕"不被别人所理解或理解不了别人"的"担心"，没有任何的"焦虑感"，使得学生感觉，较之中国人说的带有方音或不标准的普通话，他们之间说的汉语反而更容易理解，他们之间也更容易沟通和表达。而事实上，他们所说的汉语"中介（语）"性质是很明显的。学生之间用各自的"中介语"交流，与学生用"中介语"跟以汉语为母语的人交流有着明显的不同。这种差异很值得我们进一步研究。

我们原以为，不同国家、不同母语的学生之间在用汉语交流时，由于彼此的汉语都不太"地道"，因此相互之间也就是能明白意思罢了，并不会注意语言（形式）本身，毕竟谁也不敢肯定自己说的句子都是对的。其实不然，除了课堂以外，在日常交往中学生之间（并不一定就是同班同学）也互相学习汉语，水平高的也会指出别的学生的语言错误。XC 就说，"那个韩国人他的汉语比我们的好，所以他可以跟我们说，现在你（说）错了。"可见课外跟其他国家的留学生交往也是学生之间互相学习和练习口语的一种机会和方式。

四 口头交际中补偿策略与交际策略的使用

（一）汉语作为外语环境下的策略选择

学生在运用汉语进行交际时，由于语言知识和技能有限，会碰到理解和表达的困难。通过访谈我们了解到，学生会采用各种"补偿策略"与"交际策略"来弥补由于当前汉语知识和技能的"缺失/缺少"所造成的交际和交流的困难。补偿策略与交际策略的使用可以使学习者在目的语知识和技能有限的情况下运用新语言。HL描述了他在意大利跟华人朋友交流碰到理解困难，听不懂时的做法（华人朋友先试着用汉语解释，他还不明白就用意大利语），以及他遇到表达困难时是怎么做的："第一（次）我试一试用汉语解释我的意思是什么，没有成功的话，就用意大利语。一般用很简单的（汉语）词介绍我的意思是什么，大部分是同义词，但是有的时候，我觉得说一句话比较，比较有用。"

从 HL 的叙述中，我们可以得知，当遇到理解困难（听不懂别人的话）和表达困难（别人听不懂自己的话）时，他首选的是目的语策略，即请别人用汉语进一步说明，自己用汉语再"介绍"。若还不行，则改用母语。用汉语再"介绍"时，会使用同义词和同义句。

另外在访谈中我们还发现一个非常有意思的现象。由于跟以汉语为母语者见面的机会不多且语言水平不高，为了达到学习和操练的目的，学习者想要或者在跟中国人见面时，会"预先"想好要说什么，以期交际能顺着自己预先"计划"好的路子进行并保持"畅通"和顺利。比如 XY 就说"见面他/她（中国朋友）以前，我想一想我可以说什么。"这是汉语学习者，尤其是初学者一种非常重要的"有备防患"的交际策略。由于预先有所"计划",想好自己要说什么,因此也会对别人可能说的话语产生某种预期或期待。如果别人说的和自己想的对上"拍"了,那就较容易理解或猜测意思;如果对不上"拍",就会出现理解障碍。XC 对此是这样描述的:

"我说汉语的时候,要听别的人的话,我以前(预先)想他的意思,所以我等那种话,如果他说别的话,我有很多次听不懂。(访谈者:你等他的话,他说别的你就听不懂了?)有的时候,现在听得懂。但是我刚才(刚)到这里(上海)的时候,有很多时间听不懂,因为我等他的话。"

(二)汉语作为二语环境下的策略选择

来到中国以后,学生有了更多的跟中国人交际的机会。根据学生的描述,我们可以得知,当学生在交际中遇到理解困难时,一般都会主动向对方求助:

"我问(请)他,嗯,再说一遍。或者用更容易的话,用我可以听得懂的话。(访谈者:那听不懂的话,你会不会让他用英语说?)如果他会英语的话。但是我的朋友们只有,只有一个会说英语。(访谈者:那你会不会猜他的意思?)会,会,因为你知道你跟别的说话的时候,你知道他的意思,他知道你的意思(彼此知道谈的主题是什么)。"(XC)

与汉语作为外语的环境相比,在中国学生所采取的求助方式似乎更多:比如会要求对方再说一遍,说慢一点,即重复所说的话。或者用别的方式、别的话解释相同的意思,包括要求对方降低语言难度,"用更容易的话,用我可以听得懂的话"说明。如果对方的话全部听不懂,就请对方再说一遍;如果有个别词听不懂，则直接询问这个词的意思是什么。这是根据困难的大小和程度调整策略。除了向对方求助，还会根据当下双方谈话的话题和语境猜测对方的意思，或者为了达到学习和操练的目的，在跟中国人见面前，预先想好要说什么，以期在交际时对方能沿着自己预先"计划"好的路子行进，以"确保"自己能听懂对方的话。采用这种策略的"危险"是，一旦对方说的跟自己"预期"的不"匹配"，学生会云山雾罩，不知对方所云。在目的语环境下，随着语感的增强、语言水平的进步和语言技能的提高，这种"预设策略"的使用在逐步减少。如果用目的语手段不行的话，学生会要求对方或对方主动地用英语解释："那时候我问他们这个词的意思是什么。一般来说他们第一次用汉语解释，然后我还不明白的话，就用英语解释。"（HL）

根据笔者多年的教学经验和观察以及自己学习外语的体会，学习者在使用目的语跟操这种语言的本族人进行交际时，往往会采用一种"装懂策略"，即假装听懂了对方的话语（其表现常常是时而点头时而微笑时而嘴里发出表示同意的"嗯，嗯"等声音），使得交际不因自己总是或有时听不懂而中断（并非全都不懂，有时可能是几个词语，有时可能是几句话），而对方还以为你明白他的意思，继续滔滔不绝。在我们的访谈中并未得到外国学生自己使用这种策略的报告，倒是中国人在听外国学生说汉语时有这种情况："有很多中国人，很多朋友们，他们听不懂的时候，他们不告诉我听不懂。嗯，他们继续继续（说），然后我问他一个事情，他说我没听得懂。所以，嗯，那个时候我用别的话可以说，有的时候没有办法，算了。"（XC）

XC 在跟中国人的交际中注意到了这一点，他说的"中国话"

中国人听不懂，可又不告诉他，直到他发问时，才明白对方不知其所云。这种现象值得进一步研究。

当学生在交际和交流中遇到表达困难时，即由于缺乏所需词语和结构，不知道该怎么说，或虽然说了，可对方却听不懂他们的话（比如发音不准确，结构混乱，用词不当等），他们会采用如下几种策略：第一，用很简单的词，包括同义词替换，"试一试用别的词说那个东西"（XY）；第二，用别的话/句子解释；第三，求助第三者，即有别的朋友或同学在旁边，问他（们）这个意思用汉语怎么说；第四，用手势等辅助表达，"如果有别的朋友，你可以问他，问他这个意思怎么说，或者用手，你知道我们在意大利我们用手很多很多"（XC）；第五，给对方看词典；第六，改用英语，"如果对方会说英语，我就用英语说那个词"（XY）；第七，放弃，"完了"，"算了"。

以上叙述表明，一旦遇到表达障碍，学生首选的基本上都是"目的语策略"，也就是尽量使用汉语来排除障碍，如换一种表达方式，用同义词，用简单的词语或句子来描述想表达的事物或意思，尽管"那很难"；同时采用手势等非语言手段来辅助表达；只有在用目的语无法沟通的情况下才改用英语。当然在实在没有办法的情况下，"放弃"也是一种选择。

我们注意到，在汉语作为二语环境下，当学生在尝试使用目的语交际受挫或失败后，他们会选择英语而非自己的母语来进行理解和表达（参见上文），比如在汉语中夹杂英语词语或用整句整段英语等。环境在这里起了相当重要的作用，因为客观上中国人以及在中国学习的外国学生懂意大利语的很少，而懂英语的则相对来说较多。但我们感兴趣的是，对于意大利学生来说，英语和汉语都是外语，尽管一个先学一个后学，但他们在理解和表达时的关系究竟是怎么样的，目前我们还不清楚。几种外语习得时的相互联系，它们同母语之间的相互关系以及社会环境的影响和作用也是目前国外二语/外语习得研究的热点之一。

另外，在访谈者与学生的对话过程中，我们还发现，学生不仅会用简单的词语和句子解释想说的意思，或采用"语码替换"（时不时蹦出几个英语词，夹杂在汉语中）说出自己不知道的词语，而且还会根据表达需要"创造新词"。下面是一个非常有意思的例子：

访谈者：你自己最早开始学汉字的时候，你觉得汉字是一个什么样的东西？

XY：比<u>意大利的汉字</u>？

访谈者：意大利字？

XY：意大利字，真的不一样，因为每个<u>意字</u>没有意思。一个<u>中国汉字</u>有很多意思，意思不是一个，是很大的。

在上面的对话中，访谈者发问后，XY或许是由于"惯性"的作用，随口造了一个短语"意大利汉字"，访谈者对这个"词语"有点迷惑，于是追问，你说的是不是"意大利字"（其实访谈者想问的是，你说的是不是意大利语的字母），XY予以肯定（大约也察觉到"意大利汉字"这个词语本身有逻辑上的问题），而且又创造了一个"新词"——"意字"，加以进一步说明。其实她要告诉访谈者的是，在意大利语中，每个"字母"不具意义，而汉字则不同，"一个中国汉字"（这是为了跟"意大利字"/"意字"对比而用）有很多意思。显然，学生不会用汉语说"字母"这个词，于是自己"发明创造"或者说"杜撰"了新的目的语词语。

五　结语

本节是"意大利学生汉语学习策略使用的个案分析"的一部分，对"访谈"结果进行描述性的分析，主要讨论了意大利学生在汉语口语学习中所使用的学习策略及其表现，并发现了不少有意思的现象和规律。个案研究作为一种研究范式，可以跟大样本的定量研究产生互动，相互印证，以便在普遍性和特殊性两个方面加深我们对研究对象的认识。在汉语学习策略的研究方面，个案研究还不多见。

第三节　日本国内大学生汉语学习策略调查分析[①]

对于日本学生在汉语学习过程中表现出来的特点，二语教学工作者都有非常明显的感性认识，那就是内向认真、喜欢读写、不善于听说，学习效果表现为读写能力普遍高于听说能力，以上特点在初级阶段尤为明显。遗憾的是，针对日本学生在汉语学习过程中运用的学习策略，还缺乏实证研究。另外，在日本国内学习汉语的学生和在中国学习汉语的日本留学生也表现出不同的学习特点。为了对日本学生在汉语学习过程中的学习策略有一个更为准确科学的认识，同时也为了更好地服务于对日汉语教学，本节将对日本国内学生的汉语学习策略进行探讨。

---

① 本节作者：刘凤芹，原载《汉语学习》2012 年第 4 期。

一 研究方法

(一) 问卷设计

我们在 Oxford 和 Andrew 学习策略分类的基础上,结合日本学生的实际情况做了一些修改,并形成一个新的学习策略表。[①] 该量表共分为5类学习策略,包括35个子策略,具体如下:A. 记忆策略,包括9个子策略;B. 功能策略,包括9个子策略;C. 自我管理策略,包括7个子策略;D. 情感策略,包括6个子策略;E. 利用母语策略,包括4个子策略。每个子策略按使用情况分为5个等级:总是使用、经常使用、有时使用、很少使用、从不使用;分别计为5、4、3、2、1。学习策略如下所示:

A1 反复读写生词
A2 把生词的发音和词形与日语对照帮助记忆
A3 将新旧知识联系起来帮助记忆
A4 把一个词分解成几个部分以理解它的含义
A5 为了记住一个词常常做造句练习
A6 分析句子语法帮助记忆
A7 反复记忆汉语固定结构
A8 反复读写课文
A9 背诵课文
B1 看中文电视、中文电影
B2 听中文广播
B3 听中文 CD、磁带
B4 读与自己水平相当的中文读物
B5 用汉语和中国人说话
B6 交中国朋友
B7 用汉语和日本朋友说话
B8 参加国际活动
B9 去中国旅行
C1 课前预习
C2 上课记笔记
C3 课后复习
C4 每次做作业

[①] Oxford, R. L. *Language Learning Strategies: What Every Teacher Should Know*. Newbury House, 1990; Cohen, A. D. *Strategies in Learning and Using a Second Language*. 外语教学与研究出版社,2000.

C5 做完作业后反复检查
C6 遇到不懂的问题查词典或问老师、同学
C7 有学习汉语的时间表
D1 上课时害怕说错，一般不主动回答问题
D2 上课时老师叫到自己时才回答
D3 上课时即使害怕说错也主动说或回答问题
D4 发现错误后立即纠正
D5 学习汉语有进步时给自己奖励
D6 记下学习汉语的心得和感受
E1 用母语翻译后记语句
E2 阅读时翻译成母语
E3 表述前用母语构思
E4 不翻译，用汉语读记

（二）调查对象

调查对象为日本下关市立大学一到三年级的以汉语为第一外语（以下简称"一外"）的学生和以汉语为第二外语（以下简称"二外"）的学生，一外的学生共53人，二外的学生共43人，共发放问卷96份，收回有效问卷95份，一外的52份，二外的43份。问卷涉及学生的年级、专业、学习目的、周课时数等信息。一外一、二年级的周平均课时是三到四节课，周平均学时为五六个小时，大部分学生二年级期末的时候就修够了学分，到三年级还继续学习汉语的学生较少，因此调查对象主要为一、二年级的学生，三年级学生只有6人。二外的学生几乎都是一年级学生，学习期限为一年，每周一节课，一个半小时。

二 研究的问题

我们重点分析汉语为第一外语的学生，做组内比较，另外还要和二外的学生做组间比较。数据统计方法主要是运用SPSS14.0计算每一策略的使用频率，即每一策略平均值和标准差。具体研究问题如下：（1）日本学生使用的汉语学习策略总体情况；（2）学习动机与学习策略的关系；（3）年级与学习策略的关系；

（4）汉语作为外语的顺序与学习策略的关系。

三 研究结果

（一）日本学生汉语学习策略总体情况

在 5 类学习策略中日本国内学生最常用的是母语策略。他们还不能摆脱母语的影响，具体表现为先用母语翻译再进行记忆，阅读时需先翻译成母语，表述前需用母语构思，极少有学生能摆脱母语的束缚，直接用汉语思维。其次，日本学生善于运用记忆策略，表现为反复记生词和固定结构。在自我管理方面，略低于平均水平，课前预习、课堂笔记、课后作业完成情况良好。情感策略主要表现为学生上课不够主动，积极回答问题的不太多，但是老师提问到自己的时候会回答。日本学生最不擅长的策略是功能策略，因为功能策略主要是用汉语交际，而日本学生最不善于用汉语和别人交流。具体情况见表 3-7。

表 3-7 日本学生汉语学习策略表

	A	B	C	D	E
Mean	3.014	1.803	2.926	2.869	3.264
Std Deviation	1.106	1.043	1.189	1.247	1.117

5 类大的学习策略能反映出学生学习策略使用的一般情况，在具体的子学习策略中，也表现出相对集中的特点，对某些策略非常青睐，而对另外一些策略则几乎不用。见表 3-8。

表 3-8　35 个子策略使用情况表

策略	C2	D4	E2	C6	E1	D2	A1	A9	A8	A7	E3	A2
Mean	4.058	3.846	3.712	3.654	3.538	3.500	3.462	3.404	3.385	3.346	3.346	3.135
S.D	0.826	0.826	0.893	0.905	1.019	1.180	1.038	1.071	0.911	1.046	1.083	1.155
策略	C4	A6	A3	C3	D1	A4	D3	D5	C1	E4	C5	A5
Mean	3.077	2.962	2.865	2.846	2.788	2.673	2.654	2.615	2.500	2.462	2.442	2.288
S.D	1.100	1.084	1.067	1.036	1.258	1.080	1.027	1.123	0.980	1.056	0.998	0.977
策略	B1	B6	B3	C7	B7	B5	D6	B4	B9	B8	B2	
Mean	2.096	1.981	1.962	1.904	1.885	1.846	1.808	1.750	1.750	1.654	1.308	
S.D	1.053	1.260	1.047	0.975	1.096	1.017	0.930	0.988	1.100	0.988	0.579	

由表 3-8 可见，日本学生最常用的策略排在前 5 位的是：记笔记，发现错误后立即纠正，阅读时翻译成母语，遇到不懂的问题查词典或问老师、同学，用母语翻译后记语句。

日本学生最不常用的学习策略排在前 10 位的分别是：听中文广播、参加国际活动、去中国旅行等、读与自己水平相当的汉语读物、记下学习汉语的心得和感受、用汉语和中国人交流、用汉语和日本朋友聊天、制定学习汉语的时间表、听中文 CD 或磁带、交中国朋友。其中有些策略可能比较受限制（如听中文广播、参加国际活动、去中国旅行），所以使用频率不高。其他策略是运用汉语的交际策略，比较容易实现，但日本学生一般不用，他们的学习仅仅局限于课堂，没有向课外延伸。

（二）学习动机与学习策略

日本学生学习汉语，大部分是出于兴趣。在我们的问卷中，有 31 位学生表现出对汉语的兴趣，约占总人数的 60%；一部分为了获得学分，这类学生共有 18 人，约占总人数的 35%。另外 5% 的学生或者是因为时间合适或者是其他原因，这部分学生数量较少，本节不进行对比研究。从理论上讲，兴趣与动机息息相关，可以激发积极的学习态度，采取积极的学习策略，就业需要和获得学分是客观诱因，学习的主动性上不如感兴趣者表现得积极。那么，我们关心的是，日本学生兴趣组与学分组的差异到底如何，其显著性大不大。表3-9是对比兴趣组和学分组所得的数据。

表3-9 兴趣组与学分组学习策略对比表

		A	B	C	D	E
兴趣组	Mean	3.082	1.907	3.032	2.860	3.258
	S.D	1.111	1.140	1.230	1.253	1.147
学分组	Mean	2.895	1.617	2.714	2.806	3.222
	S.D	1.084	0.773	1.057	1.249	1.141

上面的数据印证了我们的分析，对汉语有兴趣的学生在各个学习策略上的均值都高于学分组，说明兴趣组的学生对各个策略的使用频率都比较高。差异最显著的是学习策略C（自我管理策略），兴趣组的学生学习比较自觉，其次是功能策略，兴趣组的学生比学分组善于交际，但从1.140的标准差来看，兴趣组学生差异比较大，不是特别平均。而学分组普遍表现出不善于交际，比较趋同。情感策略和利用母语策略相差无几。他们还不能摆脱母语的影响，学习中很依赖母语。通过对比，我们还发现一个有趣的现象，在利用目的语（汉语）策略上，兴趣组要比学分组使用频率高，兴趣组的学生善于利用目的语。

（三）年级与学习策略

随着汉语水平的提高，某些策略的使用频率会增加，而某些策略的使用频率则会降低。通过分析发现，一、二年级的学生在策略的使用上呈现出明显的不一致。主要表现为：一年级学生善于使用功能策略和自我管理策略，比二年级学生善于和别人交流，对汉语的使用更为积极一些，而且对汉语的学习比较自觉。二年级学生比一年级学生善于利用记忆策略和母语策略，二年级学生更善于记忆汉语词汇和固定结构，对母语的依赖也更强。在情感策略上，二年级学生要比一年级学生使用得多一些。

三年级学生在各个策略上的使用频率都要比一、二年级的学生高，可见他们对汉语的学习态度更积极。但是，三年级学生对母语的依赖更强，这是我们始料不及的。一般而言，学生的汉语水平越高，对母语的依赖越少，但三年级学生对母语的依赖更强，标准差为0.963，数值较小，可见学生的意见具有趋同趋势。见表3-10：

表3-10 不同年级学习策略对比表

		A	B	C	D	E
一年级	Mean	3.024	1.802	2.949	2.827	3.170
	S.D	1.071	1.119	1.206	1.257	1.056
二年级	Mean	3.278	1.698	2.762	2.861	3.278
	S.D	1.113	0.835	1.141	1.211	1.236
三年级	Mean	3.574	2.130	3.310	3.083	3.667
	S.D	1.126	1.182	1.179	1.317	0.963

（四）汉语作为外语的顺序与学习策略

上述分析都是针对汉语作为第一外语的学生，因为一外学生的汉语课是必修的，课时较多，学生相对比较积极。以汉语作为第二外语的学生，汉语课是选修课，课时较少，他们对汉语的期望值不如一外的学生高。具体如表3-11：

表 3-11　一外、二外学习策略对比表

		A	B	C	D	E
一外	Mean	3.014	1.803	2.926	2.869	3.264
	S.D	1.106	1.043	1.189	1.247	1.117
二外	Mean	2.809	1.390	2.668	2.930	3.064
	S.D	1.129	0.905	1.276	1.368	1.289

由表 3-11 可知，一外的学生在记忆策略、功能策略、自我管理策略和利用母语策略上的使用频率比二外的学生高，他们善于记忆汉语的生词和固定结构，学习比较自觉，更依赖母语。尤其是功能策略，虽然整体运用的频率最低，但是比二外的学生要高出 0.5。但是在情感策略上，二外学生的使用频率略高，他们学习汉语时束缚更少一些，课堂表现比较积极，这也出乎我们的意料。但从整体来看，二外标准差比较高，说明学生对策略的利用比较分散，不像一外的学生具有趋同倾向。

四　讨论

（一）日本学生汉语学习策略的总体情况

日本学生的汉语学习策略按频率高低依次为利用母语策略、记忆策略、自我管理策略、情感策略和功能策略。利用母语策略之所以频率最高，是由于他们不能摆脱母语的束缚。徐子亮认为，母语的借用可能伴随着学习的各个阶段一直存在，但是随着学习水平的提高，利用母语的机会应该会越来越少。[①] 然而，日本国

[①] 徐子亮《外国学生汉语学习策略的认知心理分析》，《世界汉语教学》1994 年第 4 期。

内的学生对母语的借用太多，原因之一是他们的汉语水平总体偏低。日本国内二年级学生的汉语水平还不高，他们的词汇量很小，虽然基本的语法已经学过，但使用较少，即使三年级学生也远没有达到中级水平，因此没有呈现出阶段性递减的现象。其次，在课堂教学中，教师的教学语言都是日语，输入的汉语太少，因此缺乏汉语的氛围，他们学习汉语仅仅限于读写生词和课文，而且课堂上还有很多翻译练习，老师常常让学生读一句课文用日语翻译一下，课堂上练习汉语的机会非常少。在这种情况下，学生是无法摆脱用日语思维的。

日本学生比较善于运用记忆策略，主要表现为反复读写生词、反复读写课文、反复记忆汉语的固定结构和背诵课文等。但记忆方法比较单一，多为死记硬背，为了记住一个词而做造句练习的学生很少。在自我管理策略上，他们基本能比较自觉地预习、复习、做作业。尤其是，日本学生排在第一位的学习策略是上课记笔记，方差分析的结果也比较趋于一致，这也是日本人的性格特点在学习中的反映。他们喜欢计划与秩序，善于提前写计划，做事的条理性比较强，有什么事就记在随身携带的记事本里，忘记的时候翻阅一下，所以在课堂上也善于一边听一边记，以便日后复习时查阅。

日本学生不善于使用情感策略。在课堂上表现为焦虑感较强，非常担心出错。他们很少集体回答老师的问题，极个别的学生想回答也是有所顾虑，最后还是选择不回答或者即使回答了声音也非常小。此外，日本人多遵从集体规范，力求个人行为与集体保持一致，这种意识也制约着日本学生使用情感策略。

日本学生最不常用的策略是功能策略，即运用汉语进行交际的策略。江新[①]发现，留学生最常用的学习策略是社交策略，这个结果和我们的调查截然相反。日本国内的大学生和在中国的留学生不同，他们在日本国内，是在日语的环境下，没有用汉语交际的必要，因此几乎不用功能策略。可见交际的需要是制约功能策略的一大原因。另一方面，日本人谨言慎行、少言寡语的性格特点也制约着他们使用功能策略。

（二）学习动机与学习策略的关系

动机是内部动因和外部诱因结合而成的心理状态，是个体发动和维持行为的主观原因。动因常由个体的迫切需要而引起，诱因常由于与需要相应的客观存在而引起。所以，愿望、意向、兴趣产生动因，目标产生诱因，两者结合，形成动机。动机越强，对学习策略的利用越积极。

兴趣一旦固化就变成了一种习惯，这种习惯会促使学生采取积极的学习策略。兴趣组的学生各个策略的使用频率都高于学分组，但兴趣组的标准差较大，而学分组的标准差普遍低于兴趣组。这说明兴趣组的学生在各个策略的使用上偏离平均数较多，数据的离散性大，学生们对策略的使用差别较大，而学分组的学生在各个策略的使用上偏离平均数较少，数据的离散性较小，学生们对策略的使用比较趋同。兴趣组的学生有的有强烈的学习动机，要去中国留学或者将来从事与汉语有关系的工作或者对中国文化感兴趣等，有的学生只是感兴趣，兴趣点相对不明确，学习动机不太强烈，因此学习策略的使用呈现出较强的差异性。

---

① 江新《汉语作为第二语言学习策略初探》，《语言教学与研究》2000年第1期。

（三）年级与学习策略的关系

一、二年级的学生在学习策略的使用上并不一致。一年级学生善于使用自我管理策略和功能策略，学习中更为自觉，也比较善于和别人交际。二年级学生善于使用记忆策略，学习中需要记忆的东西增多，记忆量增加。在情感策略上，二年级学生使用频率略高，焦虑感稍稍降低。一年级学生刚刚步入大学校门，较为自觉，他们刚刚学习了一点儿汉语，对汉语充满了新鲜感，所以有使用的欲望。因为刚刚处于入门阶段，需要记忆的词汇量不多，所以对记忆策略的使用不高。二年级学生因为已经入校一年，对学校各个方面的情况比较了解，学习上的积极性也在降低，另外对汉语已经没有什么新鲜感了，因此自我管理和功能策略使用不足。但是二年级词汇量和语法项目增多，他们必须记忆生词和句式。情感上焦虑感降低，是因为到了二年级他们了解了一些汉语文化，对外语学习有了较深的认识，认识到语言的工具性。这些都促使他们降低焦虑，采取更加外向的态度对待汉语学习。

三年级学生在各个学习策略的使用上频率都很高，但是内部差异也比较大。汉语作为第一外语，一般一、二年级的时候，学生的学分能修够，加上三年级课本内容较难，所以到了三年级很多学生就不选了。真正进入三年级并且还继续选修汉语的，都是对汉语非常感兴趣，而且成绩比较好的学生。这些学生基础较好，性格外向，已经习惯了汉语口语课堂（口语课教师一般是中国人），所以对各个策略的使用频率都很高。

但是在利用母语策略上，各个年级的学生都很高，并且从一年级到三年级递增，这个现象说明日本学生总体汉语水平比较低，在日本国内缺乏使用汉语的环境，使用汉语的机会太少，因此总也摆脱不了用母语思维的习惯。

（四）汉语作为外语的顺序与学习策略的关系

一外是必修课，课时较多；二外是选修课，课时较少。学生对课程的重视程度决定了学习策略使用频率的高低。记忆策略、功能策略、自我管理策略和利用母语策略，一外的学生都要比二外的学生高，一外的学生比二外的学生学习更自觉。但是在情感策略上，二外的学生稍高，让我们很意外。仔细考察二外学生的选修目的，98%的学生都是因为感兴趣。很多学生有学习第二外语的愿望，因为是第二外语，学生对学习效果的期望值不是很高，学习压力不大，同时又是自己感兴趣的内容，这种心理上的放松决定了他们没有一外的学生顾虑多，所以焦虑感比较低，因此情感策略上比一外的学生略胜一筹。

五 教学启示

日本学生对汉语学习策略的使用表现出一致的共性。首先日本学生最不善于使用功能策略。有的学者指出，在日本的汉语教学如果要成功，必须把教学当作是一种行为文化的改造过程，包括性格、表达习惯、学习习惯和学习动力的改造。随着学生学习水平的提高和对汉语文化的理解与适应，学生的功能策略会逐步提高。因此教师要做到语言教学与义化教学相结合，帮助学生克服性格上的不利因素。[1]

---

[1] 史有为《教学法和教学模式的解析与重组——兼及日本汉语教学中的相关课题》，《世界汉语教学》2008年第3期。

其次，日本学生太依赖母语，对母语的利用反而随着年级的升高而增加。教师要从教学的角度去反思，课堂应该是目的语的环境，要尽可能地减少对母语的使用。另外，汉语学习还应该向课外延伸，多创造条件让学生使用汉语交流。

最后，学习动机与学习策略、年级与学习策略、语种与学习策略的关系中，制约三者关系的最深层的原因是学习动机。因此，不管学生学习汉语的动机如何，教师要做的是降低学生的情感焦虑，尽可能地使他们保持浓厚的学习兴趣。

第四节　中亚留学生汉语词汇学习策略使用情况调查分析①

一　引言

（一）研究背景

在二语学习初、中级阶段，词汇是学习语言的基础，也是重要的学习内容之一。一个学习者掌握的该语言的词汇知识往往与其二语水平成正比。因此，无论是二语学习，还是二语教学，词汇都占据着重要地位，词汇知识的丰富与否直接影响着二语学习的效果。以往人们认为学习词汇就是背词汇表，忽视了对词汇学习的研究。近二十多年来，国内外语言学者们在这一领域

---

① 本节作者：符冬梅、易红，原载《新疆教育学院学报》2013年第4期。

做了一系列的理论研究和实践研究，他们给词汇学习策略分类，如 Cohen、Nation、O'Malley & Chamot 等人对二语词汇学习策略进行了详细的划分和说明，[①] 为词汇学习策略的研究奠定了基础；有的研究者进行了实证研究，如策略与二语成绩的关系，策略的使用与词汇学习的关系，如 Ahmed 等人调查了好学生和差学生的词汇学习方法。[②] 中国学者对词汇学习策略的研究主要建立在基于认知的词汇记忆策略上，这些研究大多是对专业或非专业大学生的词汇学习策略总体使用情况的调查及词汇量或学习成绩的关系，如 Gu & Johnson、吴霞和王蔷、张萍、丁怡、赵新城等人的研究；[③] 有的研究者还对词汇策略培训进行了研究，如范琳和王庆华；[④] 还有的研究者对词汇学习策略的相关因素或影响因素展开研究，如赖恒静、郝玫和付红霞。[⑤] 汉语作为第二语言的词汇学习

[①] Cohen, A. D. *Language Learning: Insights for Learners, Teachers and Researchers*. Heinle & Heinle Publisher, 1990; Nation, I. S. P. *Teaching and Learning Vocabulary*. Newbury House, 1990; O'Malley, J. M. & Chamot, A. U. (eds.) *Learning Strategies in Second Language Acquisition*. Cambridge University Press, 1990.

[②] Ahmed, O. M. *Vocabulary Learning Techniques*. CILT, 1989.

[③] Gu, P. Y. & Johnson, R. K. Vocabulary Learning Strategies and Language Learning Outcomes. *Language Learning*, 2010(46)；吴霞、王蔷《非英语专业本科学生词汇学习策略》，《外语教学与研究》1998 年第 1 期；张萍《学习者词汇策略对成绩的预测规律》，《外语与外语教学》2004 年第 12 期；丁怡《外语善学者和不善学者英语词汇学习策略对比研究》，《外语研究》2006 年第 6 期；赵新城《非英语专业学生词汇学习策略与词汇增长相关性研究》，《华侨大学学报》（哲学社会科学版）2007 年第 3 期。

[④] 范琳、王庆华《英语词汇学习中的分类组织策略实验研究外语教学与研究》2002 年第 3 期。

[⑤] 赖恒静《动机、策略与词汇学习的实证研究》，《重庆大学学报》（社会科学版）2003 年第 6 期；郝玫、付红霞《多元智能、学习风格、学习策略与英语成绩的相关研究》，《外国语言文学》2006 年第 4 期。

策略的研究起步较晚,自 20 世纪末,一些学者开始关注汉语作为第二语言的学习策略研究,对来自中亚国家的留学生的研究,如范祖奎和胡炯梅,[①] 但虽然对汉语词汇学习策略的研究并不多,策略研究的类型也相对单一,但是所引入的词汇学习策略的研究理念和方法,对汉语作为第二语言教学研究有重要的指导意义。

(二)研究问题

在新疆各高校学习汉语的留学生绝大多数来自中亚国家,留学生人数呈逐年递增的趋势,对他们学习汉语词汇策略进行研究,有助于教育者更好地了解学生,在教学活动中开展有针对性的策略教学,促进留学生汉语词汇的学习,提高学习效果。本研究拟解决的问题为非学历教育培训班的中亚留学生是如何使用词汇策略学习汉语词汇的。

二 研究方法

(一)调查对象

本研究问卷调查的受试者为在新疆师范大学国际文化交流学院非学历教育培训班学习汉语的全日制中亚留学生。研究采用随机抽样,选取了六个班的留学生进行问卷调查。施测时发放问卷 91 份,获得有效问卷 82 份,有效率为 90.11%。

(二)调查问卷

"中亚留学生汉语词汇学习策略调查问卷"由三部分构成。

---

① 范祖奎、胡炯梅《中亚留学生汉字学习策略和学习成绩之间的关系》,《新疆教育学院学报》2010 年第 3 期。

第一部分是中亚留学生的背景信息,帮助研究者从总体上了解留学生的汉语学习情况;第二部分为问卷的核心,研究者参照 O'Malley & Chamot 对二语学习策略的分类和 Gu & Johnson 对词汇学习策略的研究,[①] 结合留学生的汉语学习的实际情况,设计了30个题项,从元认知策略、认知策略和社会策略三个类别综合考察中亚留学生汉语词汇学习策略的使用情况。问卷中每个问题的赋值都采用五分制(5-point Likert scale),从"1. 我从不这样做"到"5. 我总是这样做",频度依次递增;第三部分为汉语词汇测试卷,用于研究中亚留学生汉语词汇学习策略与词汇成绩的相关性。

表3-12 中亚留学生汉语词汇学习策略问卷的构成及信度系数

策略类别	题项	信度(Alpha)
元认知策略	1~6	0.78
自我管理策略	1~4	0.65
选择性注意策略	5~6	0.71
认知策略	7~27	0.81
猜测策略	7~9	0.63
词典策略	10~15	0.52
记忆策略	16~25	0.77
重复策略	16~18	0.75
归类策略	19~20	0.60
联系策略	21~23	0.78
形象化策略	24~25	0.63
记笔记策略	26~27	0.73

---

① O'Malley, J. M. & Chamot, A. U. (eds.) *Learning Strategies in Second Language Acquisition*. Cambridge University Press, 1990; Gu, P. Y. & Johnson, R. K. Vocabulary Learning Strategies and Language Learning Outcomes. *Language Learning*, 2010(46).

（续表）

策略类别	题项	信度（Alpha）
社会策略	28～30	0.66
总问卷	1～30	0.80

注：本研究中的小数全部取小数点后两位。

本节只涉及问卷的第一、二部分。鉴于留学生的汉语水平有限，为使他们充分地理解问答题项，获取更加真实的数据，问卷全部译为俄语。正式施测前对该问卷进行了小规模的前测，受试者为两个非学历教育培训中级班的35名留学生。运用社会科学统计软件SPSS16.0对问卷收集到的数据进行分析，结果显示问卷的总信度系数Alpha为0.80，元认知策略部分Alpha为0.78，认知策略部分Alpha为0.81，社会策略部分Alpha为0.66，问卷具有较高的信度。中亚留学生汉语词汇学习策略问卷的构成以及信度系数参见表3-12。

（三）数据分析

将数据输入计算机，运用统计软件SPSS16.0进行描述性统计分析，获得中亚留学生学习汉语词汇时学习策略的使用情况的描述性统计。

三 结果与讨论

（一）中亚留学生汉语词汇学习策略

中亚留学生汉语词汇学习策略使用情况的描述性统计和各题项描述性统计详见表3-13、表3-14。

表 3-13 中亚留学生汉语词汇学习策略使用情况的描述性统计

	样本数（N）	平均数（M）	标准差（SD）
元认知策略	82	3.04	0.60
自我管理策略	82	3.07	0.61
选择注意策略	82	2.99	0.77
认知策略	82	3.19	0.50
猜测策略	82	3.10	0.66
词典策略	82	3.12	0.52
记忆策略	82	3.21	0.52
重复策略	82	3.70	0.63
归类策略	82	3.09	0.65
联系策略	82	2.91	0.84
形象化策略	82	3.07	0.77
记笔记策略	82	3.41	0.83
社会策略	82	3.99	0.37

表 3-13 显示，元认知策略、认知策略和社会策略的平均值都大于平均数 3.00，说明这三类策略都被中亚留学生较为频繁地使用。平均值最高的是社会策略（$M=3.99$），其次是认知策略（$M=3.19$），平均值最低的是元认知策略（$M=3.04$）。因此，中亚留学生使用这三类策略的频度依次为：社会策略＞认知策略＞元认知策略。从认知策略和元认知策略的平均值可以看出，这两种策略的使用仅略高于中间值 3.00。从表 3-14 各题项描述性统计可以看出，有 10 个题项的平均值都小于 3.00，说明留学生在这些方面不能很好地使用词汇学习策略，导致认知策略和元认知策略的使用情况不是很好。

第四节 中亚留学生汉语词汇学习策略使用情况调查分析

表 3-14 中亚留学生汉语词汇学习策略各题项描述性统计

	平均数（M）	标准差（SD）
1	2.92	0.85
2	2.97	0.98
3	3.89	0.83
4	2.51	0.82
5	3.09	0.89
6	2.89	0.87
7	3.17	0.89
8	3.40	0.81
9	2.71	0.93
10	3.71	0.71
11	2.31	1.43
12	3.40	0.98
13	3.51	0.85
14	3.06	0.87
15	2.70	0.99
16	3.57	0.78
17	3.69	0.83
18	3.83	0.71
19	2.80	0.63
20	3.37	0.88
21	2.60	1.12
22	2.94	1.08
23	3.17	0.79
24	3.11	0.76
25	3.03	1.25
26	3.57	0.88
27	3.26	0.92

(续表)

	平均数（M）	标准差（SD）
28	4.23	0.77
29	3.34	0.94
30	4.40	0.69

（二）分析与讨论

上述研究结果表明中亚留学生在学习汉语词汇时经常使用社会策略，通过与他人交流合作促进自己的词汇学习；同时也会使用多种认知策略和元认知策略来管理、监控自己的词汇学习行为。本研究的这一结果与早期学者的研究结果存在差异：Oxford 指出认知策略是语言学习者最常采用的策略，O'Malley & Chamot 的研究也表明，认知策略是学习者最常使用的学习策略，元认知策略和社会策略间接地对词汇学习产生影响。中亚留学生经常使用社会策略主要是因为他们学习汉语的目的是用汉语同中国人进行交流，做生意，找工作等。他们的工具型学习动机促使其在汉语学习时积极主动地使用社会策略，经常或总是通过交际的方式学习汉语（$M=4.40$）；此外，中亚留学生的性格总体上属于外倾型，他们非常愿意同别人交流，向别人询问生词的意思（$M=4.23$），喜欢和别人一起学习、练习生词（$M=3.34$），这在一定程度上反映了学习词汇需要和别人进行合作与交流。

认知策略与学习者的学习关系紧密，对学习者的词汇学习效果产生直接影响。数据表明中亚留学生较为频繁地使用认知策略（$M=3.19$）。在认知策略中，只有记忆策略下的策略因子联系策略（$M=2.91$）的平均值略低于 3，联系策略对应问卷中的第 21～23 题项，说明留学生不是很喜欢通过记住包含生词的句子

（M=2.60）记忆词汇，也不很擅长把生词和汉字的意义联系在一起（M=2.94），但有时却能把生词和同义词、反义词联系在一起记忆（M=3.17）。认知策略中除联系策略，其他策略的平均值都高于3，其使用频率依次为记笔记策略（M=3.41）＞记忆策略（M=3.21）＞词典策略（M=3.12）＞猜测策略（M=3.10），这反映了中亚留学生倾向于在笔记本上记下遇到的生词（M=3.57），以及生词的搭配和用法（M=3.26），说明他们在学习生词时比较重视生词的意思和包含生词用法的句子。词典策略和猜测策略的使用频率相近，中亚留学生经常使用双语词典（M=3.71），有时一遇上生词，就立即查词典（M=3.40），有时用词典查词的搭配和用法（M=3.06），这说明留学生不仅需要了解生词的意思，还需要通过用法示例了解生词的用法，更加准确地理解生词的意思。这与他们使用记笔记策略的情况一致"在笔记本上记下生词"和"在笔记本上记下包含生词的句子"；但查词典时，他们较少关注词的不同义项（M=2.70），也很少使用电子词典（M=2.31），电子词典不但价格高，而且一般的电子词典所提供的义项、词类、解释、例句等也有限，因此教师鼓励留学生使用纸质词典。由此看出，他们使用词典最主要的目的还是查看生词的意思。在使用猜测策略时，中亚留学生较为频繁地从上下文中猜测词语的意思（M=3.40），有时会运用各种线索猜测词义（M=3.17），但是较少将猜出的词义置入语境中检验（M=2.71）。这说明留学生能够使用猜测策略，结合特定的上下文或语境猜测词义，但是不注重对猜出的词义进行检验，这样可能就会造成误解。记忆策略下的四个策略因子的使用频率为重复策略（M=3.70）＞归类策略（M=3.09）＞形象化策略（M=3.07）＞联系策略（M=2.91）。

重复策略使用频率最高，这说明留学生主要还是通过朗读、抄写、边读边写等方式记忆词汇，他们有限的汉语词汇知识使他们在词汇学习上缺乏主动性和灵活性，词汇学习方法相对单一，整体汉语词汇知识仍处于初级或初级向中级过渡阶段。中亚留学生有时使用归类策略和形象化策略，他们较为频繁地把包含同一个汉字的词语放在一起记忆（$M=3.37$），有时也会把以某一个主题为中心的词放在一起记忆（$M=2.80$）。为了更有效地记住一个词，他们有时会把词的意思用动作表示出来（$M=3.11$），或者在大脑中建立一个形象化的意象来帮助记忆生词（$M=3.03$）。

元认知策略间接地对词汇学习效果产生影响。中亚留学生使用最少的是元认知策略，其中，自我管理策略（$M=3.09$）和选择性注意策略（$M=2.99$）的差别不大，围绕中间值 3.00 波动。以上数据表明，中亚留学生虽然有时使用元认知策略学习汉语词汇，但是有时缺乏持续的计划性，自我管理、自我约束性不强，汉语词汇学习局限于课本，课外词汇知识涉猎较少。

四 结语

（一）研究结论

对于初、中级阶段非学历教育培训的中亚留学生来说，他们学习汉语的最主要目的是用汉语交流，有限的汉语词汇量会影响正常的交际。因此，要学好汉语，他们就必须掌握一定的词汇量。学习词汇要讲求方法和策略，本研究发现，中亚留学生在学习汉语词汇时，综合运用了元认知策略、认知策略和社会策略。其中，最常用的是社会策略，这说明一方面社会策略对他们的汉语词汇学习有很大的帮助作用；另一方面，他们学习汉语是为了用这种语言进行交流，以利于将来求职或是做边贸生意，这就促使他们在学习词汇时积极主动地使用社会策略，在合作交际中学习。其次使用较多的是认知策略，中亚留学生使用认知策略的频繁程度从多到少依次为：记笔记策略、记忆策略、词典策略和猜测策略。相较而言，元认知策略使用得最少，表明中亚留学生汉语词汇学习的计划性不强，自我管理、自主学习能力较弱。在描述性统计分析的30个题项中，有10个题项的平均值$M<3.00$，这说明中亚留学生总体上能够在词汇学习过程中综合运用词汇学习策略，促进词汇的掌握，但是有的策略使用得较少，影响了他们学习汉语词汇的效果。

（二）教育启示

根据中亚留学生汉语词汇学习策略的使用情况与特点，在教育教学过程中，教师可以从三个方面帮助留学生掌握和使用汉语词汇学习策略。

第一，实施策略教学。教师告诉留学生可以采取哪些具体的策略，帮助他们有效地学习汉语词汇。但是对于初、中级的留学生来说，单纯讲述方法过于抽象，语言上也难以理解，效果不显著。因此，教师应当根据实际教学情况，有意识地培训留学生使用词汇学习策略。

第二，结合中亚留学生的学习特点，教师可以对留学生进行词汇学习策略训练，在教学过程中采取有意识的策略教学，引导帮助留学生形成良好的使用词汇学习策略的习惯。就认知策略而言，教师可以设计和开展各类课内外活动，利用留学生爱说爱问、擅长使用社会策略的特点，有意识地培养他们提高综合运用词汇学习策略的能力,让他们知道能够通过一些方法高效地学习汉语词汇,帮助他们潜移默化地学会使用词汇学习策略。如在课堂教学中可以做一些跟词汇学习相关的游戏:查字典比赛、猜词义、成语接龙、表演猜词等,训练留学生的各类记忆策略,留学生不很擅长把生词和汉字联系在一起记忆,教师可以教学生通过运用偏旁部首推测词汇的意义。

第三,对于留学生元认知策略的培养,教师可以引导他们制订汉语词汇学习计划。计划可以是一个月或一个学期的计划,也可以是一个星期或一天的计划。制订计划能够促使留学生养成学习词汇的习惯。需要注意的是,由于他们的自我管理能力较弱,教师在策略培养初期,要定期检查、监督他们词汇学习计划的执行情况;因此教师可以要求留学生增加课外阅读量,以任务的方式要求留学生完成。此外,教师还可以帮助留学生建立学习小组,形成互相监督、互相帮助的学习氛围;开展丰富多彩的第二课堂,增大语言的使用频率。

第五节 汉语作为第二语言的停延习得策略[①]

停延,作为汉语韵律手段之一,是朗读或说话时语流中声音的中断和延连,主要由音长、音空(声音的空歇,在声学上表现

[①] 本节作者:张延成、徐晓霞,原文副标题为"以母语为英语的初中级阶段的汉语学习者为个案",载《云南师范大学学报》(对外汉语教学与研究版)2013年第1期。

为无声段的出现)等成素构成,与其他的韵律要素(音高、音强等)经常相互影响、协同作用,是一种组词断句策略的语音体现。掌握停延对流畅自然的汉语表达具有重要意义。参考许毅、华武、叶军、曹剑芬、吴洁敏、刘现强等论述,汉语停延可归为三类:(1)说话时因生理需要而停顿的生理停延;(2)由言语结构决定的、体现出言语结构层次的语法停延;(3)为了强调某一事物或突出表达某种感情,而改变语法停延位置或时值的强调停延(也可叫心理停延)。① 李爱军、曹剑芬、钱瑶等,熊子瑜等在各自的研究中都涉及了对停延声学特征的考察,归纳起来,普通话停延的声学表现有以下几点:(1)无声段的出现;(2)停顿前言语片断的相对延长,这里主要指停顿前最后一个音节的时长变化,主要是韵母的延长;(3)停延前后音节的频率值的调整,即停延前一音节和停延后一音节的基频 F_0 重置。②

近年来,第二语言学习者的韵律习得逐渐成为一个研究热点。大家普遍认识到,第二语言的音系习得是一个渐进的、长期的过

---

① 许毅《普通话音联的声学语音学特性》,《中国语文》1986 年第 4 期;华武《朗读语句停顿分布感知实验》,《语言所语音研究报告》1998 年内部发行;叶军《节奏说略》,《第五届全国现代语音学学术会议文集》,清华大学出版社 2001 年版;曹剑芬《汉语韵律切分的语音学和音系学线索》,《第五届全国现代语音学学术会议文集》,清华大学出版社 2001 年版;吴洁敏《汉语节律学》,语文出版社 2001 年版;刘现强《现代汉语节奏研究》,北京语言大学出版社 2007 年版。

② 李爱军《普通话对话的韵律短语和语句重音的声学分析》,《第四届全国现代语音学学术会议论文集》,金城出版社 1999 年版;曹剑芬《汉语韵律切分的语音学和音系学线索》,《第五届全国现代语音学学术会议文集》,清华大学出版社 2001 年版;钱瑶、初敏、潘悟云《普通话韵律单元边界的声学分析》,《第五届全国现代语音学学术会议文集》,清华大学出版社 2001 年版;熊子瑜《基频重设与语流间断》,《第五届全国现代语音学学术会议文集》,清华大学出版社 2001 年版。

程。在这一过程中，学习者的发音逐渐向目的语语音靠近，语音面貌逐步改善。[①] 专门讨论停延习得的文章也出现了，但学界关于停延习得策略的研究还非常薄弱。[②] 停延习得策略（下面简称"停延策略"）是汉语作为第二语言学习者在朗读和说话中使用停延的策略。从微观上来说（句内词与词之间），这些策略就是学习者在第二语言产出过程中将各种韵律要素（时长、音高、音强）协同配合的过程。从宏观方面看（句外篇章），二语学习者在停延时或是依靠语法，或是根据意群，或是单纯根据生理呼吸需要来完成停延，策略也会不同。停延作为汉语韵律的重要特征，是二语学习者语音学习的重点与难点，本节拟以汉语的停延为切入点，以母语为英语的初、中级阶段的汉语学习者为考察对象，对他们的停延策略与汉语本地说话人的情况进行对比分析，以期得出有意义的结论。

一 实验设计

本实验中考察的汉语作为第二语言学习者（CSLL）的停延策略主要包括：使用停延的频率；完成停延的时值；设置停延的位置；实现停延的韵律协变等。

实验对象描述：国籍及母语（美国、英国，母语为英语；中国，母语为汉语）。人数与性别（英美汉语学习者4男2女；母语为

[①] 叶军《〈对外汉语教学语音大纲〉研究》，《第八届国际汉语教学讨论会论文选》，高等教育出版社2007年版。
[②] 陈默《韩国留学生汉语句子停延习得的实验分析》，《暨南大学华文学院学报》2007年第2期。

汉语者男女各 1 名），年龄（23～28 岁，均为大学生）。汉语水平（欧美学习者学习汉语时间为一年半到两年半，学习水平为初、中级；母语为汉语者的普通话为二级甲等水平）。

本实验通过采集母语为英语的汉语学习者与母语为汉语的本族说话人的朗读、说话材料，使用 PRAAT 语音软件进行分析、对比，试图找出汉语学习者的停延策略。本实验的录音语料分为单句朗读、篇章朗读、自由说话三部分（因篇幅所限，原附录从略）。实验语料所包含的常用语法项目参考了国家汉办研制的《国际汉语教学通用大纲》，基本是初、中级汉语学习者已经学习过的项目。被试者被告知在朗读和说话中尽量使用正常语速。

实验及分析工具：（1）录音设备：SAMSUNG（YV～150）专业录音笔；（2）音频采样级别：44.1kHz；音频采样保存：16bit；（3）语音转换软件：GoldWave Digital Audio Editor（5.0），将所录材料转换为 wav 格式的音频进行保存，并用该软件对语料进行切分。

二 实验数据与分析

（一）停延的时与量

停延的时与量主要涉及停顿次数、延连次数、无声段时长、语流无声段比例等方面。英语无声停顿的出现周期大致为每 20 个单词出现一次，而汉语最基本的音步是两个音节，从语言习得角度看，欧美学生在汉语学习中可能会出现停延不足的情况。[1]

---

[1] Cruttenden, A. *Intonation* (2nd ed.). Cambridge University Press, 1997.

然而，通过实验我们发现情况并非如此。

在句内停延量方面，我们对实验的32个句子进行了停延标注，统计结果是，母语为英语者的发音者的句内平均停延次数是母语汉语者的发音人的1.78倍。母语为英语的发音者的句内停延次数要高于母语为汉语者。

在篇章停延量方面，母语为英语的发音人E，朗读篇章使用时间为106.35s，停延共计59次；母语为汉语的发音人G，朗读篇章使用时间为85.280s，停延共47次。我们分析原因有二：一是由于不熟练而造成的，这种不熟练可能是由于不认识汉字、不记得发音或是不明白句法，这与二语学习者的汉语水平相关；二是由过度补偿造成的，汉语双音节音步造成CSLL在感知上认为汉语停延频率比英语高，CSLL在学习过程中可能刻意使用停延以达到汉语的停延量，由于是受控加工，往往会出现比汉语母语者更多的停延。

在59次的停延中，母语为英语的发音人E使用"停"为40次，"延"为19次；而母语为汉语的发音人G在47次停延中，"停"为26次，"延"为21次。两者在停延中"停"所占比例要大于"延"，这可能表明不同的发音者在停延策略上的一个共性——偏向于使用停顿。然而母语为英语的发音人E使用"停"的比例为68%，要高于母语为汉语的发音人G的55%（见图3-1），这说明二语学习者更倾向于使用停顿的策略来完成停延。"停"与"延"实际上是两种不同层次的使声音实现"分"与"流"的策略。延宕涉及音高、音强、音长控制等因素，巧妙地延宕可以使语句分割分明而又显得连续流畅，相对于"延"而言，使用停顿策略更为容易，所以，二语学习者会倾向于使用停顿策略。

母语为英语的发音人 E 朗读篇章的使用时间为 106.350s，其中无声停顿的总时长为 27.235s；母语为汉语的发音人 G，在朗读篇章的 85.280s 中无声停顿的总时长为 18.733s。母语为英语的发音人 E 在朗读篇章时虽然停顿的次数多，但他在整个语流中分配给无声停顿的时间比例要小于母语为汉语的发音者 G（见图 3-2）。语流中停顿次数多，但分配给无声段的时间少，这应该是母语为英语的发音人的停延策略之一。

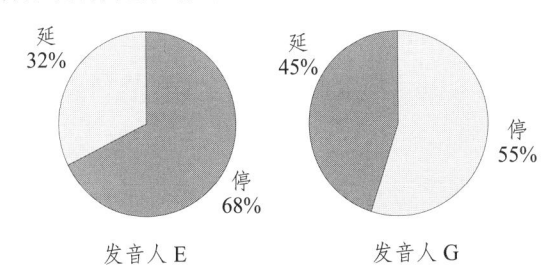

图 3-1 发音人 E 与 G 篇章朗读"停"与"延"比例

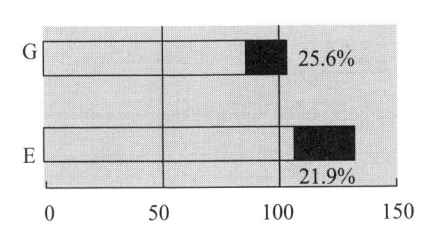

图 3-2 发音人 G 与 E 篇章朗读无声段比例对比

由于停延不当造成的语义分割，在二语学习者的短语习得中十分常见，学习过程中应加强语块操练，把不同层次的短语作为一个个的语块来学习掌握。

（二）停延的位置

决定停延出现位置的因素有很多，或是根据语法，或是根据语义，或是由说话者的气息决定。说话者对意群的划分直接影响停延的出现。同时，为了清楚地表达语言的结构层次，说话者会使用语法停延，这是语音链上出现频率最高的一种停延。我们在分析停延位置时要考虑语法的影响而又不能将之作为唯一的影响停延的因素。应将由说话者气息控制产生的生理停延，与为了强调某一事物、突出表达某种感情而出现的心理停延等因素综合来考虑。以下我们就以英、汉发音者的实验录音数据做对比，对一些停延现象进行分析。

1. 主谓关系与停延

我们选取几种基本的主谓句型做实验，它们是动词谓语句、形容词谓语句、名词谓语句与主谓谓语句。我们对 2 名中国发音者与 5 名欧美汉语学习者朗读的主谓句进行了标注，标注包括停延位置与停延时间。以"我们口语老师姓王"为例，表 3-15 是我们设计的句子停延标记表，通过该表可以对不同发音人的句内停延的位置与时间进行标记。

表 3-15 句子"我们口语老师姓王"停延标注表

		我	们	口	语	老	师	姓	王
中国	G						0.128		
	X						0.149		
欧美学生	A		0.133				0.245		
	C						0.219		
	L						0.278		
	W		0.169				0.323		
	E						0.198		

由表 3-15 可以看出，2 位母语为汉语的发音人的停延均在"老师"之后，5 位英语为母语的发音人在"老师"之后也有停延，所有发音人在此处的停延为全句最大值。利用相同的方法对其他

几句进行停延标记,结果表明无论是母语为汉语的发音人还是母语为英语的发音人都会在主语与谓语之间使用大停延,这是所有发音者共同的停延策略之一。

同时,我们发现部分母语为英语的发音者会在主语中的人称代词后稍稍做停延。这是因为名词、人称代词、名词性词组充当句子主语比较常见,初级汉语学习者在看到人称代词时就先入为主地把它们当作句子主语进行停延,而在朗读后面部分时才发现另有主语,于是采取调整补偿策略,在真正的主语后又进行了一次较长的停延。这是二语学习者在停延时的补偿调整策略。

2. 韵律组块与停延

二语学习者由于没有完全理解语义,不能正确识别音节、音步、词、短语,往往会造成一字一顿或多字一顿的情况,导致节律配置的不连贯。这里我们要考察的是二语学习者通过停延完成韵律组块的策略,由于前面提到的韵律组块可能受语义语法的制约,这里就选择表示并列关系的长短语词组,以减少语义语法影响,单从韵律上考察二语学习者的组块停延问题。实验用句是"老百姓过日子就是(柴米油盐酱醋茶)""这里矿产丰富,(金银铜铁锡)都有"。

汉语的发音人 G 的语图显示"柴米油盐酱醋茶"7 字短语中没有无声停延,而是延长了"盐"的时长,为 0.385s,比平均时长 0.293s 多了近 100 毫秒。其余各字时长比较平均。而母语为英语的发音人 A 与 E 的停延为:"柴米油盐 T 酱 T 醋 T 茶"。7 个字中出现了 3 次无声停顿,第一次在"盐"后,语图的音高曲线相连可知 A 把前 4 个字当成一个连调域,符合汉语四字格的韵律,而在后面的"酱醋茶"被切分开了,在"酱"后面有一个较长时间的停顿,"醋"和"茶"之间还有一个小停顿。

该短语由 7 个词构成,各词之间是并列关系处于同一个语法语义平面上,彼此结合紧密,因此母语为汉语的发音者倾向于使用"延"来完成韵律组块,结构为 4+3;母语为英语的汉语学习者倾向于使用停顿来完成韵律组块,中级水平的发音者的韵律切分为 4+1+1+1,韵律块内部连调,部分习得了汉语的韵律组块;而初级水平的汉语学习者把并列的 7 个词一词一顿地切分开,还没有韵律组块的概念,过于依赖停延。

对实验用句"这里矿产丰富,(金银铜铁锡)都有"的分析结论大致同上,不过这里的母语为汉语的发音者与中级阶段的汉语学习者都把"金银铜铁锡"处理为一个韵律组块,内部没有停延;而初级的汉语学习者还是一字一顿,没有进行韵律组块。停延是进行韵律组块的重要手段,二语学习者使用停延的水平直接影响着其韵律习得。

3. 标点符号与停延

标点符号是停延的书面提示,往往是朗读中停延出现的位置。通过对实验语料的停延标注,我们看到二语学习者在朗读时的停延比较依赖于标点符号,几乎所有的发音者在标点处都有停顿——无论是点号还是标号(如书名号)。对于各类点号的停延没有明显的停顿时长差。发音人 A 的逗号处停延平均时长为 1.256s,句号处停延平均时长为 1.402s,分号处的停延平均时长为 1.207s,其逗号与句号、分号的停顿值差不多,没有明显的分级特征。这说明二语学习者把标点符号当作重要的停延标记,依赖标点符号进行停延。

4. 篇章层次与停延

汉语语音流中实际存在着各种不同层次的停延，吴洁敏按停延出现的位置将汉语的停延分为句内停延和句外停延。句内包括"句子""气群""音步"和"音节"这几个层次，句外包括"句群""段落"和"篇章"三个层次。[①] 研究表明，句内的停延规律是：以句子为最大单位，句间停延时值大于句内气群间的停延。气群间停延时值大于气群内音步间的停延，音步间停延时值大于音步内音节间的停延。句中的语音切分有某些规律，停延层次和语法有关，但和语法切分并不完全一致。句外的停延规律是：以句子为最小单位，句间停延时值小于句群间的停延，句群间停延时值小于段落间的停延，段落间停延时值小于篇章间的停延。句外的语音切分层次和语义结构层次相一致，因为句外语篇的语音切分层次和语意结构层次都是逻辑关系。这是汉语为母语者在篇章朗读中一般遵循的停延规律，然而二语学习者在篇章朗读中的停延情况有所不同，以发音人 E 为例：第一，CSLL 被试在朗读短文时，段末停顿平均值为 1.256s，小于以汉语为母语者的段末停顿均值 1.472s，段末停顿较短，有时甚至短于段内的句间的停顿时长；第二，段内句群间的界限，需通过适当的停顿表现出来。在二语学习者 E 的朗读中基本没有句群停顿这个层次，他把停延分为两个层次——段落与句子，由于句群的划分需要在完全理解意义的基础上进行，在其不能充分理解意义时，二语学习者往往把句群间的停延下分到句间停顿去了，规避了句群停顿这个层次；第三，从停延标记来看，二语学习者 E 朗读短文时句间的停顿处

[①] 吴洁敏《汉语节律学》，语文出版社 2001 年版。

理比较混乱，有的小句间的停顿全无，有的短于小句内的停顿。

在篇章朗读中，CSLL 被试主要采取自下而上的言语加工策略，先对小的言语单元进行分析，然后再转向较大的言语单元。然而由于句法语义理解的障碍，使其既不能对已朗读过的部分进行言语单元之间的层次判断，也无法对后文进行预设判断，导致其篇章朗读时的停延层次混乱。

5. 口语产出的停延

二语学习者在说话时会故意地延长某些音节，以争取时间提取自己所需要的词汇句法、组织语言。例如发音人 E 说"关于我中国学习生活的情况……"，会在"我"之后出现一个长达 0.987s 的停延，这是发音人争取时间提取词汇句法，组织语言的一种表现。同时，他们也把停顿作为一种自我纠正和重复的策略。

我们发现在 CSLL 被试的口语会话中，"所以"一词的出现频率很高。发音人 L 在 1 分 30 秒中使用了 7 次"所以"，发音人 C 使用了 4 次，发音人 E 则在 2 分钟内使用了 11 次。这些"所以"只有少量是被使用于表示因果义，更多的时候被二语学习者当作了填充停延使用，并不表达因果的意义，只是起填充停顿、连接后文的作用。利用填充停延来计划言语、修补言语，是二语学习者口语产出的策略之一。

以英语为母语的发音人频繁使用"所以"作为填充停延可能有两个原因：一是这个词本身具有语义或语法的连接功能；二是母语迁移的结果。在英语中连词 so 除了表示因果关系的"所以"外，还有引出下文和指代前文的作用。而 CSLL 被试在汉语学习中把"so"等同于"所以"，于是把母语中"so"的其他用法也迁移到"所以"的使用中。频繁使用"所以"连接句与句，这成了 CSLL 在口语产出中使用的填充停延策略之一。

除了母语的迁移，造成 CSLL 被试频繁使用"所以"填充停延的另一重要原因就是我们的教材中对地道的"填充停延"形式提供得有限。比如"然后"在汉语话语过程中可以表示时间上的前后顺序联系，这样具有普遍性的填充停延手段可能在教材编写及教学过程中没有得到强调，CSLL 被试在母语迁移作用下更易选择"所以"进行填充，如此一来则与地道的汉语表达相差甚远。因此，教材编写者与教学者应该从二语学习者的角度出发，注意编排更地道的"填充停延"形式手段，帮助二语学习者习得自然地道的汉语口语表达。

（三）停延的韵律协变

韵律是语音动态的高层表现，在声学上以特定模式实现为各种韵律要素（音高、音强和音长）的协调变化。停延不仅仅是音长的问题，还与音高与音强相关。结合汉语韵律边界的成果，我们在讨论二语学习者在停延的韵律要素时，音高方面主要考察其停延前后音高重置程度，音强方面主要考察母语为重音型语言的发音人在停延时受母语的影响。

在所有语言中，音高重置都是一个韵律单元起始边界的标志。[1] 现有的研究表明：停延时，停延前一音节和停延后一音节的音高会发生重置，即基频 F_0 重置。[2] 为了考察二语学习者在停延前后音高的重置情况，我们选取的实验用句的停延（与可能停延）前后都是同一个音节，这可以排除不同音调而产生不同音高

---

[1] 王洪君《汉语非线性音系学》（增订版），北京大学出版社 2008 年版。
[2] 叶军《停顿的声学征兆》，《第三届全国语音学研讨会论文集》，中国社会科学院语言研究所 1996 年内部发行。

重置的干扰。实验用句为"现在 T 在武汉大学（T）学习"。

母语为汉语的发音人 G 的语音波形图与音高曲拱图（图 3-3）表明，在停延前后，两个"在"与两个"学"的调型与调值域基本是相同的。而母语为英语的发音人在停延前后的音高却有不同程度的重置。发音人 L 在停延处发生了明显的音高重置（图 3-4），两个"在"字调型和调域都有相当大的不同，停延之后的音节音高明显高于停延前。后面停延前后的两个"学"字音高重置域远大于母语为汉语的发音者。还有一种情况（图略），虽然停延前后的相同的字词的基本调型一致，但其调域发生了改变，发音人把后一个"学"的整体调域提高，高于停延前。

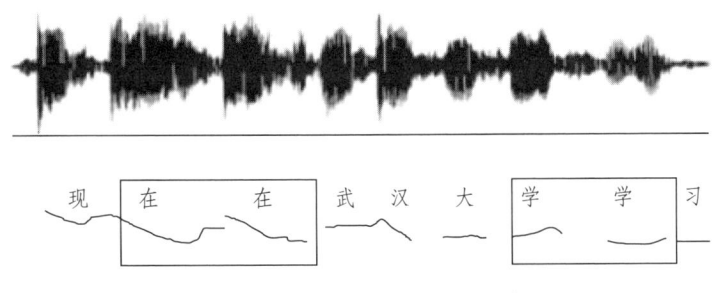

图 3-3　发音人 G 所发实验用句

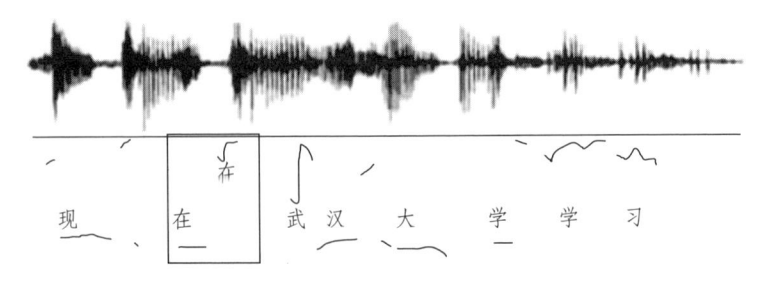

图 3-4　发音人 L 所发实验用句

出现上述的情况，推测原因可能有两点，一是二语学习者对停延前后音节音域的设置把握不准，在停延后往往出现"找不着调"的情况，这对于母语为非声调型语言的汉语学习者来说是一个难点；二是二语学习者在停延时以音高重置为一个策略，通过重设音高、突出区别来强化以达到预期的停延效果。

在音长、音高、音强三个韵律要素中，停延主要是时长的问题，而重音涉及的问题就比较复杂。研究表明，有关汉语重音的节律特征主要表现是音高和音长变化，即扩大音域（增高声调域的上限）和持续音长两个方面，其次才是增加强度。时长和基频是对重音进行表征的两个主要参量，尤其是时长，被认为是最重要的声学特征。[①]英语是重音型语言，重音是英语韵律结构的基本成素。母语为英语的汉语学习者在使用汉语时势必会受母语的影响，把母语中重音的韵律作用迁移到目标语的学习中。在句子朗读中，我们分析了母语为英语的发音人与汉语母语者的"汉语非常有意思"一句，我们看到母语为英语的发音人A刻意延长了"非"的时长，制造了一个停延，以达到强调的效果。这样以延长音节达到强调效果的做法在母语为英语的发音人的朗读中十分普遍。对比发现，母语为汉语的发音人在重读时不仅会延长音节时长还会提高音高，而母语为英语的发音者由于把握音高有难度，所以他们更倾向于依靠延长时长来达到重读的效果，这也是二语学习者在语音习得时采取的一种补偿策略。

---

① 刘亚斌、李爱军《自然口语中重音的声学征兆》，第六届全国现代语音学学术会议论文，2003年。

三 结论

综上，母语为英语的初、中级阶段的汉语学习者（CSLL）的停延策略主要表现为：

第一，停延密集，他们更倚重停延来提取目的语知识，争取时间组织语言。第二，CSLL 更倾向于使用停顿而非延时。第三，虽然 CSLL 朗读语段中停顿的次数多，但分配给无声段的时间比例要小于汉语本族语者。第四，汉语本族语者和 CSLL 都会在句子的主谓之间设置大的停延。二语学习者误判主语后会以补偿策略在真正的主谓之间设置更长的停延。第五，中级阶段的汉语学习者可以利用停延进行具有汉语韵律特点的长词串韵律组块（5字以上），而初级者组块意识欠缺。第六，二语学习者通常依赖标点符号进行停延，可能造成韵律习得偏误。第七，初、中级 CSLL 在篇章朗读时通常采用自下而上的单向加工策略，缺乏对篇章停延层次的统筹安排，整个篇章朗读的停延层次混乱。第八，CSLL 可能受母语负迁移影响而泛化使用某种填充停延（so 和"所以"）。第九，CSLL 停延前后基频重置的范围远远大于母语为汉语的发音人，此其韵律协变策略之一。第十，CSLL 倾向于利用延长音节时长来实现重读，他们在某种程度上把重读与停延联系在了一起。

第六节　美国大学生汉语口语交际难点与应对策略研究①

语言学习策略指学生在学习第二语言或者外语技能中促进其语言能力发展而使用的有目的的行为和观念。②受外语学习策略理论发展和研究成果的影响，CS/FL（汉语作为二语/外语）学习策略研究于 20 世纪 80 年代末开始得到学者们的关注，且大多数都是参照外语学习策略研究的方法和路径展开。普遍使用 Oxford 研制的 SILL③（外语学习策略量表）就是一个典型的例子。④然而，SILL 的设计者 Oxford 本人早已批评该量表的类别划分存在问题，⑤White 也指出此类凭专家自上而下套用理论而设计的问卷存在明显的不足，即学习者可能对问卷的策略描述存在理解偏差，也可能声称使用他们实际并不使用的策略。⑥当前，外语学习策

---

① 本节作者：江晓丽，原载《世界汉语教学》2015 年第 2 期。
② Wenden, A. & Rubin, J. *Learner Strategies in Language Learning.* Prentice Hall, 1987; O'Malley, J. M. & Chamot, A. U. *Learning Strategies in Second Language Acquisition.* Cambridge University Press, 1990; Richards, J. C. & Platt, J. & Platt, H. *Longman Dictionary of Language Teaching and Applied Linguistics.* Longman, 1992.
③ Oxford, R. L. *Language Learning Strategies: What Every Teacher Should Know.* Heinle & Heinle Publishers, 1990.
④ 江新《汉语作为第二语言学习策略初探》，《语言教学与研究》2000 年第 1 期；吴勇毅、陈钰《善听者与不善听者听力学习策略对比研究》，《汉语学习》2006 年第 2 期。
⑤ Jiang, X. L. & Cohen, A. D. A Critical Review of Research on Strategies in Learning Chinese as Both a Second and Foreign Language. *Studies in Second Language Learning and Teaching*, 2012(2).
⑥ Cynthia, W. & Schramm, K. & Chamot, A. Research Methods in Strategy Research: Re-examining the Toolbox. Cohen, A. & Macaro, E. (eds.) *Language Learner Strategies*: *30 Years of Research and Practice.* Oxford University Press, 2007.

略研究已经从片面依靠问卷对学习者的策略使用进行简单化、标签化的描述,转向更加关注学习者在具体语言学习任务中所采取的策略[1],但是,CS/FL 学习策略的相关研究还鲜有学者涉足,更没有专门针对美国大学生的汉语口语交际难点及应对策略,设计相应的口语任务来调查他们口语学习策略方面的研究。本节试图为 CS/FL 口语交际策略研究提供一个新的视角。

一 *CS/FL 口语交际策略研究*

汉语口语交际策略研究不仅相对薄弱,而且大多局限于比较研究。要么比较 CS/FL 的外部环境[2],要么比较不同的母语背景对汉语学习者口语(交际)策略的影响[3]。鲁洲使用了 Oxford 的外语策略量表(SILL)研究 24 名美国暑期交换生在美国和在中国的口语交际策略。研究发现学生描述他们在美国更多使用母语回避策略、补偿策略、准确策略和元认知策略;在中国,由于优先考虑口语的流利度,他们反而在必要的时候使用母语表达。相对在美国,学生在中国使用辅助意思表达的策略更加频繁,而使用准确策略有所减少。同样地,吴勇毅采用回忆式访谈、问卷调

---

[1] Grenfell, M. & Macaro, E. Language Learner Strategies: Claims and Critiques. Cohen, A. & Macaro, E. (eds.) *Language Learner Strategies*: *30 Years of Research and Practice.* Oxford University Press, 2007.

[2] 鲁洲《美国大学生(CIEE 项目)汉语口语学习策略的研究》,华东师范大学 2005 年硕士学位论文;吴勇毅《意大利学生汉语口语学联策略使用的个案研究》,《世界汉语教学》2008 年第 4 期。

[3] 李姜《初级水平留学生汉语口语学习策略的研究》,北京语言大学 2007 年硕士学位论文。

查和课堂观察调查了四名意大利汉语学习者,受访者叙述他们在意大利倾向于使用事先背诵好的对话与人交流;在中国,他们经常让对话者重复或者解释所说的话,甚至直接猜测意思。吴勇毅对此的解释是,汉语作为二语的环境下,学生被目标语包围,有机会更多地使用中文。①

李姜和那剑②使用了 Oxford 的外语学习策略量表(SILL)比较亚洲和西方国家留学生的口语使用策略。李姜调查了 84 名初级水平的留学生,发现两组学生最常用的策略是社交、补偿和认知策略。最有效的策略依次为:"试图注意口语中的错误""使用字典帮助口语表达""参加课后说汉语的活动""使用汉语交流时运用已知语法知识"。然而,西方背景的学生比亚洲背景的学生更多使用认知策略,较少使用情感策略。那剑同样用 Oxford 的外语学习策略量表比较了 106 名韩国学生和欧美学生的口语学习策略,研究发现韩国学生和欧美学生的汉语口语观念基本相同;他们使用最多的是社会策略和元认知策略,最少使用的是记忆策略和情感策略。汉语口语水平对韩国学生学习策略的影响比欧美学生显著。这两项研究都得出了外国留学生在口语交际中最少使用情感策略的结论,然而,他们使用最多的交际策略却并不相同。

在上述有限的相关研究中,除了吴勇毅使用访谈和课堂观察了解学生如何使用口语交际策略外,其余的研究均采用 Oxford 的

---

① 吴勇毅《意大利学生汉语口语学习策略使用的个案研究》,《世界汉语教学》2008 年第 4 期。

② 那剑《韩国学生和欧美学生汉语口语学习策略对比研究》,重庆大学 2007 年硕士学位论文。

语言学习策略量表（SILL）作为研究工具。如前所述，这些研究的局限在于，研究方法本身很难真正了解学生的实际口语策略使用情况，即使是访谈也只能记录学生口述的策略使用，而不是学生在口语活动中真正使用且能被研究人员检验的策略。

二 研究设计与研究结果

（一）研究设计

本研究采用了问卷调查、口语任务和访谈方法进行数据收集。问卷调查是为了通过学生自述的方式，了解他们在汉语学习中遇到的困难，以及解决这些困难所使用的具体学习策略。需要强调的是，本问卷设计完全来自学生的学习经历自述，而不是备受诟病的外语学习策略量表 SILL；口语任务的使用是为了观察、记录学生在完成语言任务的过程中实际遇到了哪些困难，并且采用了何种策略。这样可以避免单纯依赖学生口述而造成数据可能不准确的问题；访谈是为了进一步调查和验证学生在口语任务中的困难和学习策略使用的情况，进一步挖掘学生在完成任务过程中大脑的思维活动，可以使证据更加完整和全面。

1. 调查对象

两所美国高校的 CFL 学习者参与了本项研究，其中，明尼苏达大学 92 名（二级 40 名、三级 38 名、四级 14 名），布兰德斯大学 63 名（二级 28 名、三级 25 名、四级 10 名），共 155 名学生参与了问卷调查。依据各自学校的汉语语言水平测试结果，学生被分为四个水平等级，考虑到学生的汉语口语水平，本研究只调查了二级、三级和四级水平的学生。两所学校对其级别的描述类似：二级水平学生能认识700个汉字，默写300个汉字，能依据不同的日常话题进行简单对话，能阅读简单的中文文本，能写简短的中文作文；三级水平的学生在理解、说、读和写作能力方面进一步提升，有更丰富的词汇，能在口语和写作中运用更复杂的句式；四级水平的学生中文听、说、读、写能力达到高级水平，能阅读中文文学作品，且能对当代中国文学进行分析和讨论。其中，24名（两所大学老师推荐的12名好学生，三个级别每个级别4名）成功的汉语学习者参与了口语任务及随后的访谈。本研究中的"好学生"选取的标准参照了Naiman的方法[①]，依据任课教师对学生的综合水平（课堂表现、口语水平、考试成绩等）综合判断选出。这样可以避免单一由考试成绩或者课堂表现而造成对学生汉语水平的判断过于片面，进而影响对研究结果的理解。

2.问卷调查

问卷设计由两部分组成：

第一，先期研究问卷。通过开放式访谈22名美国大学生，发掘他们的汉语口语学习方面的难点以及所采用的应对策略。在访谈中，研究者采用开放式问题，重点问"你在汉语口语学习过程中最大的困难是什么？"根据被访者所提及的困难，研究者继续深究"你如何应对……困难？有没有克服这种困难？如果有，采用什么方法？"等等。通过对22名美国大学生的开放式访谈进行分析，研究者总结出这些学生在口语交际方面所反映出的主要困难以及应对策略。

---

① Naiman, N. & Fröhlich, M. & Stern, H. H. & Todesco, A. *The Good Language Learner*. Ontario Institute for Studies in Education, 1978.

第二，正式研究问卷。根据先期研究的结果，总结出学生在汉语口语交际方面存在的八项难点与应对策略。在问卷中，列出实例供问卷答题者选择，如果答题者有不同的解决方法，他们可以在空白栏填写出自己的解决方法。此份最初设计的问卷让6名不同级别的学生（不参加正式研究）试做，研究者对他们反馈的问题进行了整理，最后形成了正式的调查问卷。

3. 口语任务

参照美国应用语言学中心制订的针对汉语口语水平标准（OPI）的描述，任课教师对两所学校二级、三级和四级学生所处的实际口语水平进行了界定：二级的学生对应 OPI 的中级口语水平，三级的学生对应 OPI 的高级水平，四级的学生对应 OPI 的最高级水平，本研究针对不同级别水平的学生设计了相应水平的口语任务。

表3-16 美国应用语言学中心汉语口语标准的描述（OPI）

能力等级	功能任务及功能	语境/内容	准确性/听懂度	篇章类型
最高级	能充分展开地讨论话题，支持观点。能处理从未遇到过的语言情景任务。	绝大多数正式和非正式场合/广泛的普遍性话题和一些专业领域话题	在语言的基本结构中不出现定势性错误。语误不影响谈话，也不会分散对话者的注意力。	扩展段落
高级	能叙述和描述，能处理预料不及的情景。	绝大多数非正式场合，一些正式场合/普遍性话题和说话人感兴趣的话题	能使不习惯与非本族人打交道的人很容易地听懂。	段落

（续表）

能力等级	功能任务及功能	语境/内容	准确性/听懂度	篇章类型
中级	能创造语言，能用提问、回答的方式开始、保持并结束简单的对话。	一些非正式场合和少量的事务性处理的场景/可预料的、熟悉的日常生活话题	在有些重复的情况下，能让习惯与非本族人打交道的人听懂。	不成段（彼此无逻辑联系）的句子
初级	能用照搬的现成语料进行最低限度的对话。	最常见的非正式场合/最常见的日常生活场景	即使习惯与非本族人打交道的人也可能难以听懂。	单词和短语

根据上述框架，我们设计语言任务时，充分考虑了如何能让学生在完成口语任务时有展现自己口语水平的机会，如何避免口语任务太简单或者太难等因素。在咨询了中文任课教师后，给不同级别水平的学生设计了口语任务。为了能够让学生有足够的机会表达，我们还事先设计了一些问题作为参考。

二级水平的学生给定的口语任务是："你最近刚买了一件衬衫，但是回家后发现你不喜欢，你要把衬衫退掉"。研究者设计的参考问题是："购物小票带了吗？""标签还在不在？""衣服洗过没有？""你是用什么方式付的钱？""输入信用卡密码"等。

三级水平的学生口语任务是："你在一家酒店住了一个晚上后，发现酒店设施以及服务很差，你因此向酒店提出索赔"。研究者设计的参考问题是："您住哪个房间？""什么时候入住的？""通过什么方式订的酒店？""您的问题是什么？""您已经享受了很低的折扣，不能再给折扣了，可以调换一个房间吗？"等。

四级水平学生的口语任务是："现代技术的发展为交流提供了很多工具支持，例如，Facebook，MSN等。这些在学生中非常受欢迎。你也用这样的社交网站吗？你对这种现象持什么观点？请支持你的观点"。我们设计的参考问题是："你知道哪些交友网站？""你自己用吗？""为什么？""你怎么看待这样的网站？"等。此外，我们还准备了关于社交网站正反两方面观点的要点，以适时反驳学生，从而获取更多的会话资料。

以上这些由研究者预想的问题旨在推动会话的进行，使得会话时间增长，以便研究者更好地观察和验证学生遇到的困难和所使用的交际策略。同时，研究者也给学生充分的自主发挥的空间，学生自己的话题也会被研究者跟进。这样做的目的是尽可能让这种口语任务具有模拟中的真实情境，学生的会话可以更自然。为了增加调查的客观性，口语任务由两名研究人员参与，一名负责和学生对话，另一名负责观察和记录。

4. 访谈

访谈由在口语任务中观察和记录的研究人员实施。为了让学生能够充分清晰地表达自己的观点，访谈使用了学生的母语——英语。访谈问题是半结构式的，依据事先设计语言任务时所预想的一些语言困难展开。为了充分挖掘学生的思维过程，研究者预先也设计了一些开放式问题，同时，对于预先设计的难点，如果学生能够顺利完成，研究者会追问类似"你是怎么处理……"。为了保证访谈问题设计的科学合理，访谈问题设计好后进行了试行研究，对于一些不合适的问题进行了调整和修改，最终形成了访谈问题目录。

(二)美国大学生自述的汉语口语交际难点

问卷调查中关于汉语口语交际的难点按照不同级别水平学生的回答进行了统计,然后按照人数由多至少汇总在表 3-17,每个级别针对各项难点的统计结果根据相应的总人数进行了百分比统计,以便比较同一个级别中口语交际难点的分布。此外,为了判断三个不同级别学生口语交际难点的差异是否具有统计意义,研究者对数据进行了卡方检验[①],结果见表 3-17。

表 3-17 美国大学生自述的口语交际难点

汉语口语交际难点	总人数	二级 (N=66)	三级 (N=60)	四级 (N=24)	卡方值 (Chi)
我听力不好,人家说快了我就听不懂。	105	45(68%)	45(75%)	15(63%)	1.46
我想说出有逻辑、组织较好的句子需要想好长时间。	91	35(53%)	42(70%)	14(58%)	3.86
我因为知道的词太少,觉得讲中文不舒服。	88	40(61%)	35(58%)	13(54%)	0.31
我能自如说出的中文词比我认识的少多了。	87	41(62%)	30(50%)	16(67%)	2.78
我用中文组织句子很难。	82	33(50%)	34(57%)	15(63%)	1.27
我发正确的声调有问题,因为我总在想我发的声调对不对。	71	27(38%)	38(63%)	6(25%)	12.06**
我很难把听到的话按照正常顺序排列。	64	27(41%)	34(57%)	3(13%)	13.82**
有时候因为知道有不同的方式表达同一个意思,不知道用哪种好。	59	32(48%)	23(38%)	4(17%)	7.43*

注:*p<0.05,**p<0.01

---

① 卢淑华《社会统计学》,北京大学出版社 2005 年版。

从学生反映的困难次序可以看出：第一，在交流中，对说话方（对方）语言的接收是学生普遍感到困难的地方。毫无疑问，如果听存在问题，那就很难在回应的时候做出正确的判断，继而影响到语言的表达。第二，学生在表达中希望说出有逻辑的句子，因而大脑的思考占用的时间太多，造成对话回应不及时也是多数学生遇到的困难。整体看，超过一半的学生（前五项困难）都多少强调了在口语交际中的听力词汇和听力语序存在困难。事实上，他们所说的"我用中文组织句子很难"很大程度上是指比照中文的语法概念。然而在实际交流过程中，如果学生思考的时间太多，一般对方便会感到交流困难。

在上表中，还可以发现比较少的学生反映"我很难把听到的话按照正常顺序排列"。可能在真正对话的环境下，学生考虑最多的是通过关键词抓住意思，如果把对方的话按照自己理解的语法顺序整理，再理解意思会花掉很多时间。此外，表达"有时候知道有不同的方式表达同一个意思，（说的时候）却不知道用哪种好"观点的学生人数最少，这说明多数学生应该做不到对同样一个意思知道多种表达方法。

依据卡方检验统计结果，学生在三个方面的口语交际难点与他们所处的汉语水平级别呈显著相关，它们分别是："我发正确的声调有问题，因为我总在想我发的声调对不对"（卡方值 $Chi=12.06$，显著性值 $p<0.01$）；"我很难把听到的话按照正常顺序排列"（卡方值 $Chi=13.82$，显著性值 $p<0.01$）；"有时候因为知道有不同的方式表达同一个意思，（说的时候）却不知道用哪种好"（卡方值 $Chi=7.43$，显著性值 $p<0.05$）。不同级别的学生在听力、语句组织、单词量等方面的主观差异不明显。

他们中六成以上都反映在这些方面比较困难。但他们在发音、语句顺序、多种表达方式选择方面存在一些差异。

需要指出的是,在听力、说出有逻辑的句子所需的时间、句子组织、将听入语言排序这四个方面,三级水平的学生中表示口语交际困难的比例并不比二级的少,有时可能更多。这可能与三级水平的学生比二级水平的学生更能客观地评估自己的语言能力有关。四级水平的学生反映有上述困难的很少,考虑到四级水平学生的样本量相对较小,未来还可以进一步验证。

具体分析三个级别水平学生的汉语口语交际难点,很难从数据上得出明显的规律。但如果仔细分析他们各自排在前三位的难点,便可以发现这些难点还是在一定程度上和他们的语言水平相关。

例如,二级水平的学生更多关注自己的词汇贫乏量,这可能与他们汉语学习的时间相对较短、词汇积累相对较少有关。而三级水平学生的前三位口语交际难点则反映出他们在听正常语速讲中文方面还需要适应。这可能和他们所处的中文环境有限有关系。毕竟,美国的通用语言是英语,如果不是自己刻意创造一个听中文的环境,则只能依靠课堂上有限的语言环境来练习中文。三级水平学生在说出有逻辑、组织结构正确的句子方面存在困难。可能是他们已经接触了一定数量的汉语语法知识,语法的学习自然对正确的语言表述有帮助,但是对语言水平还没有达到足够高度的学生而言,如果在交际中过多地考虑准确性,必然在语言的流利性上难以分配足够的注意力和精力,从而对口语交际造成影响。

此外,部分三级水平的学生还提到了在中文口语交际中时时监控自己的声调是否正确,无疑这种注意力的分散,影响了他们思考所要表达的内容。四级水平学生在口语交际方面的困难既有和三级水平学生类似的问题（例如，对组织句子的考虑，对接受对方所说中文的速度的考虑），也有自己的特点。四级水平学生虽然不能保证都在词汇量上超过前两个级别的学生（因为有个体差异），但仅从学中文时间的长度来看，仅从教材这个单一的语言来源来衡量，他们认识的词也更多。

（三）美国大学生自述的汉语口语交际策略

对应学生描述的汉语口语交际中的难点，他们也叙述了自己所采用的相应策略。研究者将所有提及的策略，按照不同级别水平的学生分开统计，依照所述人数，按照从多到少的次序，连同卡方检验结果，呈现在表3-18中。

总体而言，只有少数学生提供了解决口语交际困难的策略。在这些策略中，加强练习占据主导地位。从表3-18可以看出，几乎所有提到的策略都和练习有关，除了明确的表达如"多练习说话"，"练习使会话能够延续"，只有一条和增加语言输入有关（如看中文电视等），一条和实际的语言使用有关（如让对话方放慢语速）。根据卡方检验结果分析，学生有六项口语交际策略与他们所处的汉语水平显著相关（见表3-18），其中最显著的是"我试着多听人讲中文，练习使会话能够延续"（卡方值 $Chi=18.65$，显著性值 $p<0.01$）。二级水平的学生更多地会选择基础练习的方式。三级水平的学生则会更多地尝试多种语言交际策略，四级水平的学生可能因为对语言掌握更好，实际使用这些策略的比例比三级学生要低。但他们在努力使对话延续、使用新词等方面，比二级水平的学生更为积极主动。从三个级别水平学生所陈述的口语策略的使用情况来分析，发现他们各有侧重：二级水平的学生放在首位的是"说之前仔细想，多练习说话"（37

人),占二级水平学生总数的56%,其次是"让对方讲慢些、重复,让我自己不要当场翻译,而是看对方讲的核心意思"(16人)和"加入语伴陪练计划"(15人),分别占二级水平学生总人数的24%和23%。可能是二级水平的学生词汇积累不足,在开口前需要多花些时间来思考组织自己的语言。也可能是他们听中文母语者讲中文的经历相对较少,所以采用"让对话方放慢速度"的方式来赢得时间,以帮助促进自己的听力理解和组织语言回应。他们还意识到,如果受母语影响,翻译对话方的话语也会造成自己的反应滞后。因此"不当场翻译对方的话"也被他们提出。此外,"加入语伴计划"反映出这个级别水平的学生已经意识到和中文母语者练习语言的实际使用对提高自己的口语很有帮助。

表3-18 美国大学生自述的汉语口语交际策略

应对策略	总人数	二级 ($N=66$)	三级 ($N=60$)	四级 ($N=24$)	卡方值 (Chi)
我说之前仔细想,多练习说话。	62	37(56%)	20(33%)	5(21%)	11.65**
我试着多听人讲中文,练习使会话延续。	57	14(21%)	35(58%)	8(33%)	18.65**
我试着冒险尝试使用我新学会的词。	55	13(20%)	32(53%)	10(42%)	15.62**
我试着练习打开话题,说话时忘掉自己的声调。	51	14(21%)	30(50%)	7(29%)	11.90**
我让对方讲慢些、重复,让我自己不要当场翻译,而是看对方讲的核心意思。	45	16(24%)	23(38%)	6(25%)	3.31
我认识一些中国朋友,看中文电视,听中文歌曲。	42	12(18%)	25(42%)	5(21%)	9.33**

（续表）

应对策略	总人数	二级（N=66）	三级（N=60）	四级（N=24）	卡方值（Chi）
我让自己熟悉一些表达方式中的细微差别，然后在会话中使用。	42	13(20%)	25(42%)	4(17%)	9.34**
我加入了语伴陪练计划。	37	15(23%)	18(30%)	4(17%)	1.88

三级水平的学生排在前面的口语策略是"多听人讲中文，练习使会话延续"（35人），占三级水平学生人数的58%。这意味着他们强调需要一个讲中文的语言环境，从"听别人讲中文里"，可以学到很多词汇或者表达方式，能够用于将来自己的会话中。同时，他们还意识到了"练习使会话延续"，说明三级水平的学生已经不局限于怎么应对面临的理解和表达问题，还希望能主动延长会话。表明会"试着冒险尝试使用新学会的词"的有32人，占三级总人数的53%。这一点也和二级水平的学生有很大区别，表明三级水平的学生敢于通过尝试使用新学会的词的方法来增强自己的表达能力。此外，还有30名学生（占三级总人数的50%）提到了"试着练习打开话题，说话时忘掉自己的声调"。这事实上包含两条信息：（1）学会一些能够主动与人会话交流的技巧，可以增加自己使用语言的机会；（2）在会话过程中不必太在意声调的准确性。因为上下文语境一般不会因为声调的问题而产生歧义，即使产生歧义，也可以在接续的对话中得到纠正。

有趣的是，四级水平的学生所反映的口语策略和三级水平的学生几乎一样，唯一不同的是排序。四级水平的学生排在第一位的是"冒险尝试使用新学会的词"(10人,占四级水平总人数的42%)。由此可见,越是级别水平高的学生越有勇气和自信尝试使用学会的新词。值得一提的是,问卷调查得出的口语策略往往是学生们回忆自己学习过程中的一般性策略,因此,他们更强调平日里如何通过练习、巩固语言输入等方式增强自己的语言储备和交流技巧。事实上,这些描述的口语策略和学生在实际口语任务中所使用的策略有很大差别,具体内容将在下文讨论。

(四)美国大学生在实际汉语口语任务中的交际难点

我们将学生在完成口语任务时的过长停顿、错误表达、交流中断作为主要指标来衡量学生在口语任务中的实际困难。两名研究人员分别独立对学生完成口语任务的录音进行分析后,比较结果,对不一致的地方通过讨论达成一致。此外,访谈中学生自我感受到的口语交际困难也被研究者记录。根据24名三个级别水平学生在口语任务中所反映的交际难点,按照人数从多至少的顺序排列(见表3-19)。

表3-19 美国大学生在实际汉语口语任务中的交际难点

汉语口语任务中的交际难点	难点人数	二级	三级	四级
找不到合适的词汇表达	22	8	8	6
对方所说的词听不懂	17	7	6	4
听懂了意思,不知道用什么方式回答对方	15	6	6	3
总在花时间想正确的句子结构	12	6	4	2
说话时有时候声调可能不准,让对方不明白	8	3	3	2
对方语速快,理解跟不上	6	3	2	1

整体而言，学生在口语中的交际难点可以概括为：词汇缺乏、对表达方式的不确定、语言使用的准确性、对母语使用者语速的适应。

首先，几乎所有参与口语任务的学生都提到了词汇缺乏问题。例如，访谈3号学生说："我实在不知道该怎么说'退货'，我知道'退'这个字，学过'退步'，可是我不知道它可以用在这里。"访谈17号学生却是另外一种情形，他说："当你问到我要什么房间时，我脑子里想到一个人住的，两个人住的房间，但是我不知道标准的说法是什么？"由此可见，学生感到词汇量缺乏的原因也不尽相同：3号学生的词汇缺乏表现在确实没有这方面的词汇，而17号则是可以把这个意思表达出来，但是他知道自己缺乏一个地道的表达，如"单人间""标准双人间"。

其次，学生对表达的方式是否恰当存在疑虑。如访谈2号学生指出："当我要需要退掉这件衬衣时，我在想我是说'你好，我不想要这件衣服'，还是'对不起，我不想要这件衣服'。结果，在实际说话时，我听到你说'你好，请问我可以帮助你什么？'时，我就直接说'我不想要这件衣服了'。"与此类似，访谈20号学生回忆他在抱怨酒店的设施和服务时，很想和前台讨价还价，但是不知道如何使用既礼貌又能表达自己观点的句式。他说："我想要说服务不好，设施不好，要求降低酒店住宿的价格，但是我不知道怎么能表达这个要求。如果说'你能给我降低住宿价格吗'，好像在询问；如果说'你必须降低住宿价格'，又像是在命令。现在我依然不知道怎么说合适。"由于这个问题涉及语用问题，学生语用策略的局限有时会造成词汇、句法选择上的困难。研究者在和相关任课教师沟通后得知，三级水平的学生已经开始接受了这方面的训练，例如，学习不同句型的语用作用；不同情态、语气表达的功能等。但是，教师并没有明确讲授如何在交际中使用"语用策略"。①

其三，学生对自己说出语言的准确性不确定，从而影响口语交际的通畅。一方面，学生过分关注中文的句子结构和语法规范。例如，访谈1号学生提到"总想着中文的句子结构要把表示时间地点这样的词放在前面，所说的动词和后面的词是否搭配这样的问题，要花很多时间"。这表明学生意识到中、英两种语言在表达上存在词序差异，要在短时间内适应这种快速转换还需要时间。另一方面，学生也比较关注自己的语音，关注发音和声调准确与否。

此外，少数学生提到说话方的语速问题。这似乎和学生在平常学习中较少接触中文为母语的说话者有关。例如，访谈14号学生提到："除了上课老师讲中文，课下很少有机会使用中文，一下子听你讲话，觉得不适应。"研究者在和学生对话时有意放慢了语速，多数学生没有对语速感到不适应，只有少数参与访谈的学生提到了语速不适应问题。

纵向比较三个级别水平学生的口语交际难点可以发现：级别水平越高，在口语交际方面存在难点的学生人数越少。这是因为随着学生进入更高级别的学习，他们在中文词汇量、中文语法结构方面都有了更多的积累，因此他们更少提到这方面的困难。但是，在有些方面，学生所陈述的口语交际难点似乎和他们所处的级别水平无关。

---

① 刘森林《语用策略与言语行为》，《外语教学》2003年第3期。

例如，同样多数量的二级、三级水平学生提到"听懂了意思，不知道用什么方式回答对方"以及"说话有时候声调可能不准，让对方不明白"。这不仅和学生自己的学习经历有关，也和教学是否关注语用技能的培养相关。一方面，如访谈6号学生所说："课堂上学到的表达句式很有限，我又很少有机会能和讲中文的人对话，在实际对话中不知道怎么用。"即使是口语任务完成不错的学生，也会担忧自己表达的方式是否恰当，例如，访谈22号学生提到："因为我要讲的是辩论性的内容，为了说服对方，我需要用些连接词，但是我在这方面用得不太好，我可能需要更多时间和中国人练习对话。"不同级别水平的学生都有人提到自身发音存在问题，说明不能简单地认为级别水平高的学生口语交际能力就强。另一方面，通过和不同级别任课教师的交流发现，由于课堂时间有限，只能简要地举例和练习一些表达方式，授课时如果遇到新的表达方式，也会讲解和让学生练习，但是更多的时候需要学生自己记忆和练习巩固，直到掌握它们的用法。可见，参与研究的中文课堂对于语用技能的培养亦有待加强。

（五）美国大学生在实际汉语口语任务中的交际策略

参照 Dörnyei & Scott 对交际策略的种类划分（见表3-20），两名研究人员对参与本研究学生的口语任务进行了分析，分析过程同样先由这两名研究人员各自独立完成，再比较和讨论分析结果，直至最后对结果达成一致意见。学生在口语任务中的策略种类和频率统计见表3-21。[1]

---

[1] Dörnyei, Z. & Scott, M. L. Communication Strategies in a Second Language: Definitions and Taxonomies. *Language Learning*, 1997(47).

第六节 美国大学生汉语口语交际难点与应对策略研究

表 3-20　Dörnyei & Scott 交际策略的分类

直接策略	放弃信息，缩减信息，信息替代，啰唆，近义，用大而化之的词，造词，重建，直译，外语化，换成母语，同音词，嘟囔，省略，检索，表演
互动策略	请求帮助，检查理解，检查准确性，请求重复，请求澄清，请求确认，猜测，表达没明白，翻译总结，回应
间接策略	填空词，重复，标志性口头语，假装听懂了

表 3-21　美国大学生在实际汉语口语任务中使用的交际策略

交际策略类型	实际人数	二级	三级	四级
重复	24	8	8	8
猜测	21	8	7	6
表达没明白	20	8	7	5
用大而化之的词	17	6	8	3
请求确认	16	7	5	4
填空词	15	3	5	7
信息替代	14	3	5	6
直译	13	7	5	1
检查理解	12	6	5	1
放弃信息	12	6	4	2
检查准确性	12	6	4	2
外语化	10	5	3	2
请求澄清	9	4	3	2
请求帮助	8	4	2	2
重建	7	1	2	4
啰唆	6	1	1	4
换成母语	6	3	2	1
假装听懂了	5	3	2	0

从表 3-21 可以看出，学生在口语交际任务中使用了许多不同的策略。限于篇幅，本节仅选择使用人数过半的策略讨论。在访

谈中发现，学生普遍使用重复策略，是因为他们借助这种方式思考该如何表达。例如，访谈5号学生对这个问题的回答很典型："我不知道怎么说'设备'，我说到那个地方的时候，就在想我能怎么说呢？如果停的时间太长，我怕对方会着急，所以就重复了。"

另一个普遍被学生们使用的策略是猜测。为了保持交流的畅通，学生倾向于通过上下文猜测对话方的意思。例如，访谈5号学生开始对"入住"并没有明白，他猜测可能是与入住酒店的时间有关，所以就回答了"后天"，但是当说话方重新用"住进来"替代"入住"时，学生发现了自己的问题，于是立即改口"前天"。而猜测策略也经常被其他同学使用。访谈17号学生说："有时候碰到不明白的东西我会从上下文猜一下，然后看对方说什么，有时候从对话中就知道我猜对了，如果错了，还可以再问。这样避免打断对话。"

"表达没明白"也是这些学生常用的策略，当被问到为什么用这种方法时，访谈11号学生的解释很典型："其实，即使中文是母语的人说话也会有表达不清楚的时候，也会问一下对方刚才说了什么。"而访谈19号学生则说："如果自己不知道，又猜不出来，还不如直接问，要不然会让对方等很久。"

当遇到不知道具体表达的词汇时，学生们也经常用上义词或者笼统的词来表达一个模糊概念，即用"大而化之的词"。对此，学生的理由是为了不让交流中断，也知道这样不会出错。如同访谈4号学生所说："我不会讲'退货'，我会说'返回'，所以我就讲'返回衣服'。就算这样我不能说清楚，还可以接下来看对方说什么，这样就可以接着说下去。"和这个相似的就是"信息替代"，如访谈19号学生解释说："我想说房间有跳蚤，可是我不知道那个词,我知道'蚊子',就说了'蚊子'。"

在对话时,学生并不总是能跟上母语者的说话节奏,有时候由于碰到语速加快或者生词,则会"请求确认"。例如,访谈15号学生说:"有时候我听到一个新词,不知道什么意思,会按照对方的发音重复一遍,这样可以留出时间来想想我是不是真不知道这个词。(如果)想不出来,其实有时候对方也就重新解释了。"

由于学生在汉语学习过程中,也学会了一些填空词,来填补思考的时间,例如"怎么说呢?""也就是说"等。访谈20号学生说:"我专门找中国同学问过,当他们想不出来该说什么的时候怎么办,这样就专门背了一些词,很管用。"另外也有学生表达这种方法是观察到的。例如,访谈5号学生说:"我看到中国同学在讲话时,会用到这样的词,觉得挺好的,对话也不会中断,有时候对方还会帮你。"

学生在用汉语交流时或许常受母语思维的影响,如果没有足够的时间排除干扰,讲出的话就是"直译"的效果。例如,访谈7号学生在回答什么时候住进酒店时,说:"我住进来在今天。""在今天"放在句末明显是英文的句式结构。

纵观三个级别水平学生的口语策略使用情况可以发现,他们既存在共同点,也存在着区别。几乎所有学生都会使用重复策略和猜测策略,前者多为自己赢得思考的时间,后者则是避免交流中断。但是低级别水平的学生似乎更多地依赖母语,或者倾向于使用向对话方求助的策略,而四级水平的学生则在使用类似"啰唆"以及"重建"策略方面比其他两个级别的学生多。这可能是因为四级水平的学生有更多的语言储备可以使用。

三 讨论

（一）美国大学生自述的汉语口语交际难点与实际难点比较

比较学生在问卷调查中自述的汉语口语难点和他们在实际完成口语任务中的难点可以发现，两者反映的难点存在一致性。例如，问卷中提到的"我听力不好，人家说快了我就听不懂"，学生在实际的困难中也有"对方语速快，理解跟不上"；问卷中"我发出正确的声调有问题，因为我总在想声调对不对"，实际口语任务中也有这样的困难；问卷调查中学生自述"我用中文组织句子很难"，实际口语任务中有"花时间想正确的句子结构"。而其他方面两者却存在差别。

首先，问卷中的困难"我因为知道的词太少，觉得讲中文不舒服"以及"我能自如说出的中文词比我认识的少多了"等可能描述的是学生的一个整体印象。然而，在具体的口语任务中，学生更直接的感受就是"找不到合适的词汇表达"。这种反映出来的难点不涉及是否愿意说中文的问题，而是考虑自己识字量和可用字量的比较。对此，访谈8号学生的解释是："做问卷时想的是自己对说中文的总印象，觉得自己不太张得了口。在实际的口语任务中，特别现实的问题就是我得把想说的话说出来，可是很多时候就是不知道那个词该怎么说"。

其次，问卷中提到的"有时候因为知道有不同的方式表达同一个意思，不知道用哪种好"并没有在学生的实际口语中反映出来，学生提到了"听懂了意思，不知道用什么方式回答对方"，但他们所说的"不知道用什么方式"并不是已经有现成的可用表达。例如，访谈19号学生说在要和酒店前台协商住宿费打折时，"我不知道在要求少给住宿费时要用什么样的句式才能达到效果"。而对于问卷中学生提到的"有时候因为知道有不同的方式表达同一个意思,不知道用哪种好",访谈13号学生是这样理解的:"有些时候可能是不知道用哪个词,比如,'喜欢'和'爱好'在不同地方的表达。还有些时候就是不知道是否礼貌,比如,说'我想……'和'我要……'都会说,但是什么情况下用哪个,有时候不确定。"需要指出的是,在实际的口语交际中,说话者对情态、语气、语体的把握是比较复杂的,如果学生仅仅知道表达意思的核心词,不系统地学习社会语用策略,例如,如何遵循礼貌原则[1],他仍然会面临如何准确恰当地达意的问题。

其三,问卷中"我很难把听到的话按照正常顺序排列"并没有被实际参加口语任务的学生提及。这一点可能因为参与问卷调查的是三个不同级别水平的所有学生。而对于汉语水平相对差,听中文母语说话少的同学而言,这是一个比较大的问题,因此,这一难点可能是这部分学生的描述。但是,参加实际口语任务的学生都是教师推荐的各个级别水平的好学生,对他们而言,除非对话方用了比较生僻的词汇,基本不会因为听到的句子结构而影响自己的理解。这一点得到了访谈11号学生的印证,他说:"我其实听对方说话,不是去分析他句子的语法结构,重要的还是听关键词,说话的时候往往是重要的词给你的信息。"这一点也辅助证明了学生在实际口语任务中,认为"对方所说的词听不懂"是他们的困难所在。

---

[1] 刘润清《关于Leech的"礼貌原则"》,《外语教学与研究》1987年第2期;Leech, G. N. *Principles of Pragmatics*. Longman, 1983.

总体上，如果比较不同级别水平学生在问卷调查和口语任务中反映出来的难点，会发现问卷中不同级别水平学生陈述的难点不尽相同。例如，三级水平学生，提出了"发正确声调有问题，因为总在想我发的声调对不对"；四级水平学生提到了"用中文组织句子很难"。然而，参与实际口语任务的访谈学生虽然处于不同的级别水平，在感到最困难的前三方面却是一致的。

（二）美国大学生自述的汉语口语交际策略与实际的策略比较

整体而言，学生在问卷调查中自述的汉语口语交际策略比学生在实际口语任务中所使用的策略种类要少得多，而且其内容偏重于积累练习，而不是实际应对口语中遇到困难所采取的策略。从数量上看，问卷调查中学生总共提到了 8 条口语策略（见表 3-18），而在实际口语任务中学生所采用的口语策略则多达 18 条（见表 3-21）。问卷调查中不同级别水平学生所陈述的口语策略有一定的差别：高级别水平学生更倾向于冒险使用新学会的词，试着主动承担一些在会话中的角色；低级别水平的学生更强调自身平常积累和依赖对话方的帮助。这个特点在参加实际口语任务的学生中表现更加明显。与此相对应，高级水平学生除了少数几个强调自身应对能力的策略使用数量多于低级水平学生，其他策略均低于低级水平学生。

从内容上看，调查问卷学生提到的口语交际策略可以概括为积累练习和会话技巧两个方面。其中，8 条中有 7 条是关于学生"练习说话""练习使用学会的新词""听中文歌曲""看中文电视""找中文语伴""多熟悉一些表达方式中的细微差别"等方面的策略，还有一条是关于在会话中"让对方讲慢些、重复，让我自己不要当场翻译，而是看对方讲的核心意思"的应对策略。然而，参与口语任务学生的口语交际策略全部围绕着实际对话行为中的难点展开，例如，"表达没明白""信息替代""猜测"等。这些策略和调查问卷学生反映的策略几乎没有交集。这种差异可能和数据收集的方法有关。问卷调查收集的信息主要是学生通过回忆描述自己过去或者经常采用的策略，由于缺乏具体的环境，学生不容易谈到具体的应对策略，只能是回忆自己在和中文母语者对话时遇到的困难，并由此想到应该去（或者已经）使用策略应对。他们所描述的策略是一个常态的积累和准备，具有概括化和泛化的特点。相反，在实际口语任务中，学生在交流中不可避免地会遇到各种各样的问题，如何应对则真实地反映了学生的策略使用。因此，在学生完成口语任务时，他们的策略就非常具体，有实际语言表现可以佐证。这更验证了 Grenfell & Macaro 关于语言学习策略研究需要依托学习者完成具体的语言任务来调查的论述[1]。

需要说明的是，无论是问卷调查还是实际口语任务发现的学生使用的口语交际策略，对现有文献都是一个极大的补充。目前，只有吴勇毅描述了学生回忆自己在中文会话中会使用"让对方重复"以及"猜测"策略。[2]而本研究则发现了学生多达18种的口语交际策略。这些发现有待将来的研究进一步检验。但现有的研究成果可以在汉语口语课堂直接借鉴和运用，以期帮助 CS/FL 学习者有效提高口语交际能力。

---

[1] Grenfell, M. & Macaro, E. Language Learner Strategies: Claims and Critiques. Cohen, A. & Macaro, E. (eds.) *Language Learner Strategies: 30 Years of Research and Practice.* Oxford University Press, 2007.

[2] 吴勇毅《意大利学生汉语口语学习策略使用的个案研究》，《世界汉语教学》2008年第4期。

四 结语

本节通过问卷调查、实际口语任务及任务后访谈等方法,定量、定性地研究了美国两所大学的大学生汉语口语交际难点与应对策略后发现:问卷调查得到的多是学生通过回忆描述的中文会话中的典型难点及自己采取的一般性策略;口语任务研究可以获得学生实际反映出来的汉语口语交际中的难点和应对策略,这些策略因此更加清晰和具体;任务后访谈可以进一步验证观察到的口语策略使用;总体而言,水平高的汉语学习者口语交际困难相对少于低水平者,但是在口语交际策略使用方面则较复杂,不能简单从数量上得出规律。

此外,本研究中四级水平的学生样本量较少,相关结论还有待将来的研究进一步验证。结合口语任务以及任务后访谈进行汉语口语学习策略研究,可以避免混淆学生回忆的策略和实际使用的策略,更加客观真实地反映学习者的策略使用情况,为相关研究提供了一种新思路。

第四章

二语学习者认知风格研究

第一节 不同认知风格留学生的汉语课堂学习需求分析[①]

一 场独立/场依存认知风格

认知风格是学生获得、认识、组织和处理信息的方式,比如一位学生如何去认识一个问题,进行一系列智力活动,如何去记忆和提取信息等。到目前为止,研究者对于认知风格有多种不同的分类,其中最具代表性的是分为场独立与场依存两类。Witkin 等将依赖外部线索、受环境影响较大者定义为场依存型,而将依赖内部线索并较少受环境因素影响者定义为场独立型。[②]Messick 和 Goldstein 等学者指出,不同的认知方式会影响个体的行为,表现在:第一,同伴关系:场独立者喜欢竞争并获得个别肯定;场依存者喜欢帮助他人,对他人的意见及情感较敏感;第二,教学活动:场独立者喜欢单独完成任务,不太需要教师的协助;场依存者则喜欢与他人一起学习,与同学共同达成目标,并希望得

[①] 本节作者:吴思娜、刘芳芳,原载《语言教学与研究》2009 年第 4 期。
[②] Witkin, H. A. & Goodenough, D. R. *Cognitive Styles—Essence and Origins: Field Dependence and Field Independence*. International Press, 1981.

到教师的引导和肯定；第三，师生关系：场独立者很少主动跟教师直接接触；场依存者公开表示对教师的正面情感；第四，学习动力：场独立者在学习中能通过自我设定目标、自我勉励激发学习动力；场依存者则需同学或教师口头的称赞、外在的鼓励激发学习动力。综上所述，不同认知风格的人在心理、行为等不同方面都表现出迥异的特性，在第二语言学习中，这些差异必然会导致两种类型的学习者学习需求的差异。[1]

二 对外汉语学习需求分析

需求分析的意义早在 20 世纪 90 年代初就已在对外汉语教学领域得到了广泛的认可，并在各种文献中不断得到进一步的论述。[2] 理论上，需求分析有两个核心内容：一是学习者的"目标需求"，包括需要、差距和愿望；二是学习者的"学习需求"，包括学习者学习过程中需要的条件和要做的事。具体讲，学习需求分析涉及四个方面的内容：第一，物质条件，如：学习场所、材料、时间等；第二，心理条件，如：教育心理学需求、学习兴趣、动机等；第三，知识技能条件，如：现有知识、学习策略和方法等；第四，支持条件，如：教师、学校等。[3] 虽然，需求分析已广泛应用于对外汉语教学领域，但目前外国留学生汉语需求

---

[1] Messick, S. Personality Consistencies in Cognition and Creativity. Messick, S. (ed.) *Individuality in Learning*. Jossey-Bass, 1976; Goldstein, K. M. & Blackman, S. *Cognitive Style*. John Wiley & Sons, 1978.

[2] 倪传斌《外国留学生汉语的学习需求分析》，《语言教学与研究》2007 年第 1 期。

[3] 程晓棠《英语教材分析与设计》，外语教学与研究出版社 2002 年版。

分析的实证研究仍停滞在"坐而言",而非"起而行"的状态。①但已经有研究者意识到,要了解学生的实际需求,通过问卷调查方式,适当做一些调查研究。② 而 Luppescu 更直接强调要真正有效地了解学生及教师对教学活动的看法,需要使用问卷调查方法,收集数据进行分析。③ 在为数不多的实证研究中,倪传斌采用问卷调查的方法分析了外国留学生的学习需求,从入学、课堂学习和测评几个方面进行调查,得到了确凿可靠的数据,但研究通过学习过程(入学、课堂学习和测评)这根主线串起来,并没有专门针对课堂教学进行讨论,而且研究是针对全体留学生展开的,并没有区分不同学生之间可能存在的需求差异。因此,本节打算针对学习需求的知识技能方面展开调查,并深入探讨个体差异可能带来的需求变化。④

三 研究方法

(一)研究对象

本节的研究对象是在北京外国语大学汉语培训中心进行短期汉语学习的留学生,包括初、中、高不同等级,来自欧美、日韩和东南亚等国家。

---

① 倪传斌《外国留学生汉语的学习需求分析》,《语言教学与研究》2007 年第 1 期。
② 丁安琪《关于日本本科留学生对汉语课堂活动有效性评价的分析》,《世界汉语教学》2007 年第 1 期。
③ Luppescu, S. & Day, R. R. Examining Attitude in Teachers and Students: The Need to Validate Questionnaire Data. *Second Language Research*, 1990 (6).
④ 倪传斌《外国留学生汉语的学习需求分析》,《语言教学与研究》2007 年第 1 期。

（二）研究工具

认知风格测验采用北京师范大学心理系孟庆茂等人修订的《镶嵌图形测验》[①]。该测验是为了了解个体认知方式这一维量而设计的纸笔测验，要求被试从一系列复杂图形中找出对应的简单图形。此测验为限时测验，时间12分钟，满分20分。根据成人团体常模，男性大于9分、女性大于9.5分就倾向于场独立型。

需求分析调查问卷根据程晓棠的理论框架[②]，经过访谈、预调查、评估和调整几个阶段设计而成，从与知识技能条件有关的讲练比例、提问策略、纠错方法、学习材料、教学活动和学习方式六个方面对学生进行考察。问卷采用单项选择与多项选择相结合的方式进行。其中多项选择题目，要求学生按照不同选项的重要程度进行排序，并根据学生对各项的排列顺序进行数据分析。

（三）数据收集

问卷调查在上课时间完成。学生先进行认知风格测验，然后完成需求分析问卷。认知风格和需求分析问卷收回266份。其中同时有效的问卷255份，有效率95.9%。数据录入与分析使用SPSS10.0统计软件进行。

四 结果分析

（一）讲练比例

根据认知风格测验的结果得知，留学生中场独立型为105人，

[①] 孟庆茂、常建华《关于〈镶嵌图形测验〉评分方法及部分常模的修订》，北京师范大学出版社1988年版。

[②] 程晓棠《英语教材分析与设计》，外语教学与研究出版社2002年版。

第一节 不同认知风格留学生的汉语课堂学习需求分析

场依存型为 150 人。不同类型的学生对讲练比例各选项的选择比例见表 4-1。首先,对全体学生的五项选择进行 X^2 统计检验。结果发现,学生在五项选择的次数上存在显著差异(X^2=43.72,df=4,$p<0.001$)。

为了了解产生差异的具体项目,我们运用公式 $R=\dfrac{Fo-Fe}{\sqrt{Fe}}$ 进行计算,其中 Fe 为理论值,Fo 为实际观测值,如果 R 绝对值大于 2,则说明这个项目是产生差异的重要因素。

根据计算,"讲解 50%、练习 50%"(R=4.23)是最受学生钟爱的选项,而"讲解 30%、练习 70%"(R=-3.39)和"讲解 70%、练习 30%"(R=-3.39)两项则是学生最不喜欢的选择。

表 4-1 留学生对讲练比例的选择比例

讲练比例	全体	场独立	场依存
讲解 30%、练习 70%	26(10%)	7(7%)	19(13%)
讲解 40%、练习 60%	62(25%)	25(24%)	37(25%)
讲解 50%、练习 50%	79(32%)	43(42%)	36(24%)
讲解 60%、练习 40%	57(23%)	20(19%)	37(25%)
讲解 70%、练习 30%	26(10%)	8(8%)	18(12%)

但是,这是基于全体学生获得的结果。为了比较场独立型和场依存型学生在选择上是否存在差异,我们分别进行了计算。场独立型学生在五项选择上差异显著(X^2=42,df=4,$p<0.001$),进一步分析,和全体学生表现的结果一致,"讲解 50%、练习 50%"(R=4.94)是场独立型学生最喜欢的选择,而"讲解 30%、练习 70%"(R=-2.99)和"讲解 70%、练习 30%"(R=-2.77)两项是场独立型学生最不喜欢的选择。对于场依存型学生而言,他们在五项选择上同样表现出显著差异(X^2=13.51,

$df=4$，$p<0.01$），但具体分析其差异发现，只有"讲解70%、练习30%"（$R=-2.1$）一项是最不受欢迎的项目，而对于其他项目，场依存型学生并没有表现出明显的偏好。

（二）提问策略

我们对被试在提问策略上每个选项的排名进行了总结，见表4-2。对六个选项和认知风格类型进行 FRIDEMAN 检验，结果发现学生在不同选项上的排名显著不同（$X^2=38.39$，$df=5$，$p<0.001$）。对"老师的问题是开放性的问题"的排名明显优于其他选项，对其他选项的排名没有差异。对场独立和场依存型学生的排列差异进行曼—惠特尼 U 检验，结果发现在"老师的问题是开放性的问题"（$Z=-2.29$，$p<0.05$）、"老师提问后等待我回答的时间为6秒以上"（$Z=-1.98$，$p<0.05$）和"老师不要按照固定的顺序提问"（$Z=-2.25$，$p<0.05$）三个项目上，场独立型和场依存型学生差异显著，其他项目上两组被试没有差异。场依存型的学生对这三个选项的排名更靠前。

表 4-2　学生对提问策略各项的排列位置

提问策略	全体	场独立	场依存
老师提问后等待我回答的时间为3～5秒	4.37	4.45	4.31
老师提问后等待我回答的时间为6秒以上	4.44	4.76	4.22
老师的问题面向全体同学	4.08	4.07	4.09
老师的问题面向个人	4.55	4.47	4.60
老师的问题是开放性的问题	3.52	3.96	3.21
老师不要按照固定的顺序提问	4.62	5.00	4.36

（三）纠错方法

在纠错方式上，学生的选择情况见表4-3。对八种纠错方式进行 FRIDEMAN 检验，结果发现差异显著（$X^2=204.54$，$df=7$，

$p<0.001$)。"明确告诉我:'你说错了',并给出正确的形式""通过逐步引导的方式帮我改正错误"和"在课上马上纠正我的错误"的排名明显优于其他项目。对不同认知风格的学生各个选项的卡方检验发现,在"用'请再说一次'或'我没听清楚'之类的话,间接地指出我有错误,希望我自我修正"($Z=-2.26$, $p<0.05$)和"通过逐步引导的方式帮我改正错误"($Z=-2.09$, $p<0.05$)上,不同认知风格的学生存在差异,场依存型学生排名更靠前。

表4-3 学生对纠错方法各项的排列位置

纠错方法	全体	场独立	场依存
明确告诉我:"你说错了",并给出正确的形式	4.86	4.92	4.82
纠正我错误,并给出正确的形式,但不直接说我错了	5.59	5.75	5.49
用"请再说一次"或"我没听清楚"之类的话,间接地指出我有错误,希望我自我修正	5.16	5.74	4.77
用提问的方式如"我们能这么说吗?"来提醒我注意语法结构	5.96	5.98	5.94
重复我的错误,通过改变语调让我意识到我的错误	6.5	6.42	6.58
通过逐步引导的方式帮我改正错误	4.76	5.31	4.46
在课上马上纠正我的错误	4.98	5.03	4.95
课下单独纠正我的错误	7.65	7.71	7.61

(四)学习材料

留学生在学习材料上对各选项的排名见表4-4。首先,对全体学生的十四项选择进行检验,结果发现,学生在十四项选择的排列上存在显著差异($X^2=470.43$, $df=13$, $p<0.001$)。具体分析差异,学生对"历史传说"的排列明显优于其他选项,此外,"婚姻家庭""饮食健康""语言文字""风俗习惯"也是较受学生

青睐的选项。总之,对于富于情感的材料,学生的关注程度高于不带感情色彩的材料,如"科技探索""时政评论""学校教育"等。

表 4-4 学生对学习材料各项的排列位置

学习材料	全体	场独立	场依存
历史传说	5.35	5.58	5.19
婚姻家庭	7.69	8.01	7.47
动物与植物	10.05	9.79	10.22
饮食健康	7.49	7.47	7.50
经济贸易	8.19	8.32	8.11
语言文字	7.71	7.34	7.95
自然地理	9.28	9.14	9.38
文学名篇	9.35	10.20	8.77
科技探索	11.42	11.72	11.21
学校教育	12.31	12.36	12.26
幽默故事	8.23	9.21	7.56
时政评论	10.25	10.09	10.35
时尚休闲	9.10	9.51	8.81
风俗习惯	7.48	8.29	6.92

场独立型和场依存型学生在"文学名篇"（$Z=-2.52$,$p<0.05$）、"幽默故事"（$Z=-2.5$,$p<0.05$）、"风俗习惯"（$Z=-2.03$,$p<0.05$）三个项目上差异显著。在这三个选项上,场依存型均比场独立型学生排名靠前。

(五)教学活动

留学生在教学活动上对各选项的排名见表4-5。对全体学生进行分析的结果为,学生在十项选择的排列上存在显著差异（$X^2=115.31$,$df=9$,$p<0.001$）。具体分析差异发现,学生对"语言游戏""2人一组进行课堂讨论或对话"和"3～5人一组进行课堂讨论或对话"三个选项的排名靠前,这些活动更受学

生欢迎。场独立型和场依存型学生只在"辩论"项目上差异显著（$Z=-2.43$，$p<0.05$）。在这个选项上，场依存型学生比场独立型学生的排名靠前。

表4-5 学生对教学活动各项的排列位置

教学活动	全体	场独立	场依存
语言游戏	5.58	5.62	5.56
角色表演或戏剧表演	7.78	8.02	7.61
口头报告	7.25	7.69	6.94
2人一组进行课堂讨论或对话	5.82	6.04	5.66
3～5人一组进行课堂讨论或对话	5.85	6.10	5.68
看黑板，抄写笔记并记住内容	7.33	7.42	7.27
完成老师布置的交际任务、解决问题	7.38	7.56	7.26
复述课文	7.22	7.31	7.16
替换练习	7.18	7.32	7.08
辩论	7.18	7.83	6.72

（六）学习方式

对学习方式的排名如下：跟中国朋友一起学习（全体1.93；场独立1.87；场依存1.98。后均按此顺序罗列）；自己学习（2.47；2.58；2.41）；跟其他留学生一起学习（3.17；3.28；3.10）和以小组讨论的形式学习（3.46；3.63；3.33）。FRIDEMAN检验的结果表明，学习方式各项目差异显著（$X^2=164.84$, $df=3$, $p<0.001$），而且每个选项都和其他选项的排名差异显著。学生对"跟中国朋友一起学习"一项最为偏爱。场独立型和场依存型两组在"以小组讨论的形式学习"项目上排列差异显著（$Z=1.98$，$p<0.05$），场独立型学生的排名更靠后。

五　讨论与结论

（一）讲练比例

在对外汉语教学中，讲练比例问题一直是教师和研究者比较关注的问题。教师在一堂课里到底讲多少合适，每个教师都有自己的看法。通常的观念是，为了体现出以学生活动为中心，教师讲得越少，学生练习越多，教学越成功。哈佛大学汉语讲练课的操练和讲解比例最低为 3∶1，最高为 12∶1，操练是学生课堂活动的主要形式，教师要保证一半以上的课堂时间让学生开口。[①] 但是，这样的比例是否能真正满足学生的需要？本研究的结果显示，"讲解 30%，练习 70%"和"讲解 70%、练习 30%"两项都是学生最不喜欢的选择，而"讲解 50%、练习 50%"是最受学生钟爱的选项。另外，我们发现，学生的选择结果与其认知风格有关。场独立型学生的表现与上述一致，而场依存型学生，只有"讲解 70%、练习 30%"一项是最不受欢迎的项目，其他的项目对他们来说并无显著差别。因此，上课时教师讲解得过多，是全体学生都不欢迎的做法。对于场独立型学生而言，过少的讲解同样也不适合他们。

（二）提问策略

课堂提问是整个课堂教学的重要组成部分。日本教育界在 20 世纪 80 年代初曾用两年时间专门开展"什么是好的提问"的讨论。讨论的结果认为，好的提问应该具备以下特点：第一，表现教师

[①] 王秋雨《哈佛大学汉语讲练课课堂活动研究》，北京语言大学 2007 年硕士学位论文。

对教材的深入研究；第二，与学生的智力和知识发展水平相适应；第三，能激发学习的欲望；第四，能有助于实现教学过程中的各项具体目标；第五，富有启发性，并能使学生自省。[①] 本研究得到的结果正和这些理论相吻合。我们发现，学生对"开放性的问题"的排名明显优于其他选项，而开放的问题富有启发性，具有激发学生学习欲望的特点。另外，开放性的问题也易于营造轻松、热烈的课堂氛围，因此，是一种好的提问形式。场独立型和场依存型学生在"开放性的问题""不要按照固定的顺序提问"和"提问后等待回答的时间为 6 秒以上"这三个选项的排名上具有显著差异。场依存型比场独立型学生更偏爱这三个选项。因为前者易于受环境影响，偏爱笼统的和整体的方式而非分析的方式，[②] 而前两项内容恰好可以满足他们的需要。另外，场依存型比场独立型更偏爱"等待回答的时间为 6 秒以上"，对这项的排名比"等待回答的时间为 3～5 秒"更靠前，而场独立型学生则相反。这是因为，场依存型一般阅读速度较慢，[③] 因此，相对于场独立型学生，他们希望教师能给予更多的等待时间。

（三）纠错方法

通过对纠错方法的分析，可以了解到"明确告诉我：'你说错了'，并给出正确的形式""通过逐步引导的方式帮我改正错误"和"在课上马上纠正我的错误"都是受学生欢迎的选择。而"间

[①] 李如密《课堂教学提问艺术探微》，《教学与管理》1996 年第 2 期。

[②] Witkin, H. A. & Goodenough, D. R. *Cognitive Styles—Essence and Origins: Field Dependence and Field Independence*. International Press, 1981.

[③] 廖英、徐红英《场依存—独立型认知方式与大学英语阅读指导》，《文教资料》2006 年第 28 期。

接地指出错误,希望自我修正"和"通过逐步引导的方式帮我改正错误"更受场依存型学生钟爱。我们不难看出,学生希望教师立即纠正其错误,但对于纠错的方式,则存在不同的倾向。这和倪传斌的发现非常类似——多数学生希望教师"当着同学的面立即订正错误",其次才是"事后,私下订正"。场独立型和场依存型学生的差异在于,场依存型学生更希望教师采用一种间接的带有启发式的纠错方式。但是,在纠错过程中,有一个问题值得教师注意,就是要区分错误的性质。研究者认为,学习者错误包括理解性和产出性错误。教师一般只需订正产出性错误。[①]

（四）学习材料

在对学习材料的调查中,我们发现,学生对"历史传说"的兴趣明显高于其他选项;另外,"婚姻家庭""饮食健康""语言文字""风俗习惯"也是较受学生青睐的内容。总之,对于富于情感的材料,学生的关注程度高于不带感情色彩的材料,如"科技探索""时政评论""学校教育"等。究其原因,我们认为,这可能与留学生来华学习汉语的心理动机有关。大部分学生的动机都是希望更多地了解中国文化、更好地跟中国人打交道,或以后可以更好地在中国工作。因此,和中国文化有关的专题就理所当然成为学生喜爱的学习材料。另外,我们还发现,场依存型学生对"文学名篇""幽默故事"和"风俗习惯"的兴趣更浓,这和前人的研究结论相吻合[②]。

---

① 倪传斌《外国留学生汉语的学习需求分析》,《语言教学与研究》2007年第1期。
② 廖英、徐红英《场依存—独立型认知方式与大学英语阅读指导》,《文教资料》2006年第28期。

（五）教学活动

在二语教学中，探索学生最喜爱的教学活动一直是教学研究的核心。① 教学活动有效性的研究成果目前已经非常丰富。但不同的研究者针对不同的学习群体，采取不同的研究方法，得到的结论也不尽相同。Eltis 等发现，用处最大的五种教学活动是：小组或配对活动、语言游戏、角色扮演、阅读相关主题的文章和完形填空。② Alcorso 则认为最受学生喜爱的教学活动是：语法练习、指定题目的课堂讨论、会话、抄写书面材料和背句型。③ Willing 发现语音练习、课堂讲解、会话练习、订正错误和扩大词汇量是比较受学习者喜爱的五种教学活动。④ 而最不受学习者喜爱的五种教学活动是：听磁带、学习者自己订正错误、看图片或影视材料、配对练习和游戏。Seedhouse 的研究则表明，观看录像、使用计算机和会话是学生最喜爱的教学活动。⑤ 他们不喜欢传统的教学方式：语法练习和阅读。而 Wong 的调查显示：在新西兰学习英语的中国学生喜爱正规和传统的教学活动，如：抄写黑板上的内容、听课并做笔记、复述等，只有少部分学生喜爱交际性教学活

---

① 倪传斌《外国留学生汉语的学习需求分析》，《语言教学与研究》2007 年第 1 期。

② Eltis, K. & Low, B. *A Review of the Teaching Process in the Adult Migrant Education Program.* Report to the Committee of Review of the Adult Migrant Education Program, Department of Immigration and Ethnic Affairs, Canberra, 1985.

③ Alcorso, C. & Kalantzis, M. *The Learning Process and Being a Learning in the AMEP.* Report to the Committee of Review of the Adult Migrant Education Program, Department of Immigration and Ethnic Affairs, Canberra, 1985.

④ Willing, K. *Learning Styles in Adult Migrant Education.* National Curriculum Resource Center, 1988.

⑤ Seedhouse, P. Needs Analysis and the General English Classroom. *ELT Journal*, 1995 (49).

动,如:对话、角色扮演和语言游戏等。^① 倪传斌的调查结果与 Bada & Okan 相似:与其他同学交谈是所有教学活动中最受欢迎的,其次是角色扮演和语言游戏。我们的调查结果和前人类似,语言游戏、课堂讨论或对话是最受学生欢迎的教学项目。^② 但是,让我们吃惊的是,场独立型和场依存型学生只在"辩论"一项上差异显著,场依存型学生比场独立型学生更钟爱此项活动。这样的发现似乎和现存的理论不符,因为场独立型更喜欢竞争,并获得个别奖励。但是,仔细分析一下辩论这项活动,就不难发现,辩论的过程需要个体从整体的角度对自己的观点进行全面阐述,同时把握另一方的观点,并寻找对方的薄弱环节,进行辩驳。因此,这个过程需要整合个体的全部认知资源,而习惯于将信息组成整体,正是场依存型的特点。[3]

(六)学习方式

对学习方式的调查发现,虽然场独立和场依存两组在"以小组讨论的形式学习"项目上差异显著,但是,他们对各项的排列顺序却无差别。"跟中国朋友一起学习"是最受学生喜爱的选项,其次是"自己学习",再次是"跟其他留学生一起学习",最后是"以小组讨论的形式学习"。在以培养学生创造性地运用语言的交际能力为二语教学宗旨的今天,学生的口语交际能力也就变得异常重要。而跟中国朋友一起学习则能迅速而有效地提高他们

---

① Wong, L. T. The Needs Analysis and Characteristics of Chinese-speaking Adult ESL Learners. Language, *Society and Culture*, 2001 (9).

② Bada, E. & Okan, Z. Students' Language Learning Preference. *TESL-EJ*, 2000 (3).

③ 崔晓燕《阅读材料、教学策略应与学生认知风格相适配》,《当代教育论坛》2005 年第 24 期。

的汉语交际能力，同时，也可以从中了解更多的中国文化。而和水平相当的留学生一起学习汉语，对他们来说，倒不如自己学习。而以小组讨论的形式学习则可能由于实际操作上的困难而被学生列为最不受欢迎的选择。

综上所述，场独立型和场依存型学生在课堂学习需求的各个方面都表现出一定的差别，了解这些不同的需求不仅有助于教师适时调整教学策略，因材施教，而且能最大限度地提高学生学习汉语的兴趣和效率。正如研究者所说，对学习者个体差异的研究是对外汉语教学的一个重要课题，它具有十分广阔的应用前景，值得进行更深入的研究。①

第二节　留学生认知风格与汉语学习成绩关系②

一　认知风格与二语学习

自从20世纪60年代后期，第二语言习得的研究方法开始从客体逐渐向主体过渡以来，研究者的研究重心即从对语言本身、教材、教法等客体的研究过渡到对学习者主体的研究。相似的语言环境中相同的语言输入对学习者产生不同的学习效果，这说明

---

① 徐子亮《不同认知风格的汉语学习者在学习策略运用上的差异研究》，《国际汉语教学动态与研究》（第1辑），外语教学与研究出版社2006年版。

② 本节作者：吴思娜，原载《云南师范大学学报》（对外汉语教学与研究版）2013年第3期。

在第二语言习得中,学习者自身具有很大的差异,而其中认知风格的差异是长期以来研究的重点。①

到目前为止,研究者对于认知风格有多种不同的分类,其中最具代表性也是研究最广泛的分类方式是场独立与场依存方式。"场"是指周围环境,场独立和场依存就是根据个体受环境影响的程度而划分的认知风格。Witkin 将依赖外部线索,受环境影响较大者定义为场依存型,而依赖内部线索,并较少受环境因素影响者定义为场独立型。②人们对认知风格的研究已经深入到思想和行为的各个领域,包括认知风格与领导能力的关系、与性格的关系、与兴趣爱好及专业分化的关系、与人际交往及创造力的关系以及与学业成绩的关系等。其中,对于认知风格与学业成绩的关系,研究者各持己见,提出了三种不同的设想:第一种是场独立者更善于学习第二语言,因为这种人能更好地注意课堂学习或交谈中的相关变量;第二种是场依存者更善于学习第二语言,因为这种人有社交倾向性和更强的移情特点;第三种设想是二者都以不同的方式促进外语学习,场依存型能促进自然语境中的外语学习,而场独立型在正规课堂学习中效果更好。③围绕以上假设,研究者纷纷从不同角度开展实证研究加以验证。

一些研究发现,场独立型人的综合语言能力较强,是好的语

---

① 杨玉芳《场独立/依靠对高级英语课堂教学的启示》,《阜阳师范学院学报》(社会科学版)2007 年第 3 期。
② Witkin, H. A. & Goodenough, D. R. *Cognitive Styles—Essence and Origins: Field Dependence and Field Independence*. International Press, 1981.
③ 秦晓晴《第二语言习得中认知方式研究的现状》,《外语教学与研究》1997 年第 2 期。

言学习者。① 但同时也有人发现，场依存型的学习者在口语面试和听力测试中更胜一筹。② 另外，在写作能力上，场独立型和场依存型人在记叙文写作能力上也存在明显差异，场独立型明显优于场依存型。但是并没有发现二者议论文上的差异。③

另一部分学者也通过大量的实证研究发现在二语习得中，不管是场独立型还是场依存型都没有绝对的优势。④ 他们以不同的方式进行学习，但对学习成绩并不产生影响。Witkin 等人做过一个针对大学生认知风格的纵向研究，研究发现各个年级水平的大

---

① Hansen, J. & Stansfield, C. The Relationship of Field Dependent-independent Cognitive Styles to Foreign Language Achievement. *Language Learning*, 1981(31); Bachman, L. F. *Fundamental Considerations in Language Testing*. Oxford University Press, 1990; Chapelle, C. & Abraham, R. Cloze Method: What Difference Does It Make? *Language Testing*, 1990 (7); Alptekin, C. & Atakan, S. Field Dependence-independence and Hemisphericity as Variables in L2 Achievement. *Second Language Research*, 1990(6).

② Naiman, N. & Stern, H. H. & Frohlich, M. *The Good Language Learner*. Multilingual Matters Limited, 1978; Bachman, L. F. *Fundamental Considerations in Language Testing*. Oxford University Press, 1990.

③ Nilforooshan, N. & Afghari, A. The Effect of Field Dependence-independence as a Source of Variation in EFL Learners' Writing Performance. *Iranian Journal of Language Studies*, 2007(2).

④ Brown, H. D. *Principles of Language Learning and Teaching*. Foreign Language Teaching and Research Press, 2000; Chapelle, C. Field-dependence/Field-independence in the L2 Classroom. Reid, J. M. (ed.) *Learning Styles in the ESL/EFL Classroom*. Foreign Language Teaching and Research Press, 2002; Ellis, R. *The Study of Second Language Acquisition*. Oxford University Press, 1994; Reid, J. M. *Learning Styles in the ESL/EFL Classroom*. Foreign Language Teaching and Research Press, 2002; Skehan, P. & Dörnyei, Z. *Individual Differences in Second-language Learning*. Edward Arnold, 1989.

学生总体学业成绩同认知风格无关。①Tucker 也发现认知风格和学生听力理解、阅读理解或者口语表达的成绩没有明显的关系。②

国内的研究基本上验证了 Witkin 对认知风格与学业总体成绩关系的结论。③但刘润清进一步发现，认知风格具有阶段性特点，场依存学习者在外语学习的初级和中级阶段进步较快，而场独立学习者则在高级阶段的学习中显示出优势。④

可以看出，国内外的学者对人认知风格展开了大量的研究。⑤然而不难发现，前人的研究大多以英语为第二语言的学习者为研究对象，而对于数目越来越庞大的汉语学习者的研究尚属空白。另外，这些研究多针对某一学科或学习的某个阶段，无法探测认知风格对不同学习科目的影响，同时也无法衡量对不同学习阶段的学习者的影响程度。并且，对于认知风格和学业成绩的关系，

---

① Witkin, H. A. & Goodenough, D. R. *Cognitive Styles—Essence and Origins: Field Dependence and Field Independence*. International Press, 1981.

② Tucker, G. R. & Hamayan, E. & Genesee, F. Affective, Cognitive, and Social Factors in Second Language Acquisition. *Canadian Modern Language Review*, 1976 (32).

③ 唐殿强、吴燚《高中生认知方式与学业成绩关系研究》，《辽宁教育研究》2002 年第 12 期；李寿欣、宋广文《关于高中生认知方式的测验研究》，《心理学报》1994 年第 4 期；戴运财《场独立/依靠的认知方式和第二语言习得》，《外语教学与研究》2002 年第 3 期。

④ 刘润清《决定语言学习的几个因素》，《外语教学与研究》1990 年第 2 期。

⑤ Chapelle, C. Field-dependence/Field-independence in the L2 Classroom. Reid, J. M. (ed.) *Learning Styles in the ESL/EFL Classroom*. Foreign Language Teaching and Research Press, 2002; Witkin, H. A. & Goodenough, D. R. *Cognitive Styles—Essence and Origins: Field Dependence and Field Independence*. International Press, 1981; 戴运财《场独立/依靠的认知方式和第二语言习得》，《外语教学与研究》2002 年第 3 期；刘润清《决定语言学习的几个因素》，《外语教学与研究》1990 年第 2 期；奉晓晴《第二语言习得中认知方式研究的现状》，《外语教学与研究》1997 年第 2 期。

研究者的结果也莫衷一是。鉴于此，本研究试图回答以下问题：

第一，认知风格的差异是否会导致学生学习成绩的差异；

第二，认知风格对不同学科成绩的影响程度是否相同；

第三，性别、地区、认知风格和对汉语的态度等不同变量对不同学习阶段学生学习成绩的预测作用是否相同。

二 研究方法

（一）研究对象

北京外国语大学汉语培训中心短期学习的留学生225人（男生99人，女生126人）。其汉语水平分为A、B、C、D、E五个等级。A级的词汇量为100个以下，B级100～800个，C级800～1500个，D级1500～3000个，E级3000个以上。A级学生40人，B级30人，C级41人，D级62人，E级52人。学生来自十余个不同国家，为了统计方便，本研究把这些国家分为三个地区，其中欧美地区学生92人；日韩地区120人；东南亚地区13人。

（二）研究工具

1. 认知风格测验

认知风格测验采用北京师范大学心理系孟庆茂等人修订的《镶嵌图形测验》。[①] 该测验是为了了解个体认知方式这一维量而设计的纸笔测验，要求被试从一系列复杂图形中找出对应的简单图形。测验满分20分。根据成人团体常模，男性大于9分、

---

① 孟庆茂、常建华《关于〈镶嵌图形测验〉评分方法及部分常模的修订》，北京师范大学出版社1988年版。

女性大于 9.5 分就倾向于场独立性。北京师范大学心理系曾对常模团体 256 名被试用这种方法求得：γ_{hh}=0.82，γ_{xx}=0.9。这表明该认知方式测验的结果是可信的。

2. 语言测试

语言测试采用的是学生 11 月中旬进行的期中考试成绩。A 级学生的考试科目为汉语和口语；B 级为汉语、口语和听力；C 级为汉语、口语和写作；D 级和 E 级为汉语、口语和阅读。

3. 对汉语的态度

通过一份大型留学生需求分析问卷中"对汉语的态度"一项的调查获得。把学生喜欢汉语的程度分为"非常喜欢""一般喜欢""不喜欢"和"不知道"四个选项。此项调查与认知风格测验在同一时间进行，因此，可以反映学生当时动机状况。

（三）数据收集与统计

认知风格测验在 11 月下旬进行，利用上课时间完成。在测试之前，教师对测试的目的、任务和要求做简要说明，以便学生了解研究的意图并积极配合完成测试。测试过程按照《认知方式图形测验手册》的要求进行。数据录入与分析使用 SPSS10.0 统计软件进行。

三 结果分析

对汉语态度的统计结果为："非常喜欢"145 人，"一般喜欢"72 人，"不喜欢"5 人，"不知道"3 人。认知风格测验的结果为：场独立型 92 人，场依存型 133 人。

（一）不同级别学生认知风格与学业成绩的关系

A级学生的考试科目为汉语综合和口语。以认知风格作为自变量，汉语综合和口语成绩作为因变量进行MANOVA多变量的方差分析，结果如表4-6。不同认知风格的留学生在汉语和口语考试成绩上均没有差别。

表4-6　不同级别和认知风格的学生学业成绩

自变量	级别	科目	场独立	场依存	F值	显著性
认知风格	A级	汉语	81.5	86	1.05	0.31
		口语	87	87.4	0.06	0.82
	B级	汉语	80.8	78	0.26	0.62
		口语	86.4	84.8	0.63	0.44
		听力	77.3	80.1	0.50	0.48
	C级	汉语	89.4	84.3	4.18	0.05*
		口语	88.8	83.5	8.29	0.01**
		写作	84	82.8	0.27	0.60
	D级	汉语	87.6	80.8	3.99	0.05*
		口语	87.5	87.8	0.05	0.83
		阅读	77.6	77.57	0.00	0.99
	E级	汉语	88.5	88.7	0.00	0.95
		口语	86.9	89.3	0.74	0.39
		阅读	82.4	82.8	0.01	0.92

注：*$p<0.05$；**$p<0.01$。

B级学生的考试科目为汉语综合、口语和听力。MANOVA方差分析的结果表明，同A级学生类似，不同认知风格的学生在汉语、口语和听力考试成绩上也没有差异。C级学生的考试科目为汉语综合、口语和写作。MANOVA方差分析结果显示，不同认知风格的留学生在汉语和口语考试中，成绩差异显著。具体分析其差异，汉语考试和口语考试中，场独立型学生的成绩都显著高于场依存型学生。不同类型学生的写作考试成绩没有显著差异。D 级学生的考试科目为汉语综合、口语和阅读。MANOVA 方差分析结果显示，不同认知风格的留学生在汉语考试中，成绩差异显著。场独立型学生的成绩显著好于场依存型学生。而在口语和阅读考试中，场独立和场依存型学生的成绩没有显著差异。E 级学生的考试科目也为汉语综合、口语和阅读。

MANOVA 方差分析，不同认知风格的学生在汉语、口语和阅读考试成绩上均没有差异。

（二）性别、地区、认知风格、态度与学业成绩的关系

在初步分析不同认知风格学习者学习成绩的差异之后，本节拟进一步探讨认知风格以及其他变量，如地区、性别和态度等对学习成绩的相对影响程度，遂采用了 STEPWISE 多元回归统计方法，只对作用显著的变量进行分析，结果见表 4-7。

本研究对 A、B、C、D、E 5 个不同层级的学生分别进行回归分析，结果 A、B 级没有变量进入方程，4 个变量对学习成绩均没有显著贡献。C 级的汉语和口语课，只有认知风格一个变量进入方程，说明它对学习成绩的贡献显著，而其他变量均不显著。没有变量对写作成绩的贡献显著。D 级学生进入方程的变量较多，在汉语、口语和阅读考试中，地区都是一个稳定的预测变量，同时也是对学习成绩贡献最大的变量。而认知风格的作用只显现在对汉语成绩的贡献中。在口语成绩中，态度成为一个贡献显著的变量。E 级学生和 D 级学生表现出了一定的相似性，地区继续成为对学习成绩贡献显著的变量。与 D 级学生不同的是，E 级学生的预测变量更少，认知风格和态度因素的作用已不再显著。

表 4-7 不同阶段学生学习成绩的回归分析

学生级别	科目	进入方程变量	R^2	标准β值	t值	显著性
C 级	汉语	认知风格	0.1	0.31	2.05	0.05
	口语	认知风格	0.18	0.42	2.88	0.01
D 级	汉语	地区	0.14	−0.28	−2.35	0.05
		认知风格		0.26	2.13	0.05
	口语	地区	0.26	−0.55	−4.53	0.00
		态度		−0.27	−2.21	0.05
	阅读	地区	0.41	−0.48	−6.48	0.00
F 级	汉语	地区	0.09	−0.3	−2.2	0.05
	阅读	地区	0.2	−0.45	−3.58	0.01

四 讨论与结论

（一）认知风格和汉语学习成绩的关系

从统计分析的结果来看，认知风格和学习成绩的关系与汉语学习阶段有着一定的联系。在汉语学习的初级阶段，也就是 A 级和 B 级阶段，场独立型学生和场依存型学生的学习成绩没有任何差异，认知风格的差异并没有造成学习成绩的不同。在汉语学习的中级阶段，即 C 级和 D 级阶段，认知风格对学习成绩影响逐渐突显出来，尤其在 C 级阶段，在汉语和口语两门课中，场独立型均比场依存型的学生成绩好。这个结果和前人研究中场独立者是好的语言学习者的结果相吻合。但是，在写作考试中，并没有发现这种差异。到 D 级阶段，认知风格的作用依然存在，但是已经减弱，只在汉语考试中，场独立型学生强于场依存型学生。在口语和阅读考试中，两种认知风格的学生均无显著差异。乃至汉语学习的高级阶段，也就是 E 级阶段，认知风格的作用又变得不再显著。两种认知风格的学生在汉语、口语和阅读全部考试中，都没有表现出差异。

从上面的分析中可以看出，认知风格和学习成绩并不是简单的对应关系，场独立型学生也不是在任何阶段都具有语言学习的优势，只有在中级阶段认知风格才对学习成绩产生影响。前人关于认知风格对学习成绩产生影响的阶段，也有不同的论述。Naiman 认为，场独立性在语言学习的高级阶段比初级阶段对学习成绩更有预测性；[1] 而 Carter 和 Hansen 则认为，认知风格在语言学习的最初阶段就会产生重要的作用。[2] 而本研究则发现，认知风格对学习成绩的影响，既不是发生在初级阶段，也不是在高级阶段，而是在汉语学习的中级阶段表现得最为明显，而后其影响逐渐减弱，最后消失。因此，前人研究中在认知风格和学习成绩的关系上所得到的不同结果，可能与研究者选取的被试的学习阶段有关。

（二）认知风格与不同学科的学习

5 个级别的考试，包含了汉语、口语、听力、写作和阅读 5 种不同科目。认知风格带来的成绩差异只存在于汉语课和口语课，场独立型学生在这两项上的成绩均比场依存型学生好。而在听力、写作和阅读考试中，二者没有显著的成绩差异。前人曾发现，场

---

[1] Naiman, N. & Stern, H. H. & Frohlich, M. *The Good Language Learner*. Multilingual Matters Limited, 1978.

[2] Carter, E. F. The Relationship of Field-dependent/independent Cognitive Style to Spanish Language Achievement and Proficiency: A Preliminary Report. *Modern Language Journal*, 1988(72); Hansen, J. & Stansfield, C. The Relationship of Field Dependent-independent Cognitive Styles to Foreign Language Achievement. *Language Learning*, 1981(31).

依存型在听力测试方面具有一定的优势,^①但是,在本研究中并没有获得证实,这可能与汉语本身的特性有关。汉语属于完全不透明的语言,其特点是不存在明显的形音对应规则,且汉语中音节数较少,存在大量的同音词,听者通过其音未必可知其意,而通过上下文了解意义,则显得更为重要。另外,听力考试只存在于初级的考试中,对于场依存型学生是否在汉语学习的中高级阶段比场独立型学生的听力测试成绩好,还有待于进一步的研究。

在本研究中,写作和阅读考试,不同认知风格的学生也没有表现出成绩上的差异。虽然有研究表明,场独立型和场依存型人在记叙文写作能力上存在明显差异,场独立型明显优于场依存型,而在议论文上,两组没有显著差异,^②但本研究中的写作考试,其实不是简单的作文,还包括选词填空、解释词语等多种不同题型,其类型和阅读考试相类似,因此,它并不是专门测查学生写作能力的考试,也无法比较不同认知类型的学生写作能力的差异。

综上所述,场独立型认知风格者只在汉语和口语考试中,表现出了相对更好的成绩,但在听力、阅读和写作考试中,均和场依存型没有差异。由此可以看出,场独立型认知风格的学习优势并没有表现在所有科目中。

(三)性别、地区、认知风格和态度与学习成绩的关系

为了探讨影响学习成绩的不同因素中认知风格的相对作用如何,本研究采用多元回归统计方法,分析不同变量对学习成绩的

---

① Naiman, N. & Stern, H. H. & Frohlich, M. *The Good Language Learner*. Multilingual Matters Limited, 1978.

② Nilforooshan, N. & Afghari, A. The Effect of Field Dependence-independence as a Source of Variation in EFL Learners' Writing Performance. *Iranian Journal of Language Studies*, 2007(2).

相对作用和影响。结果是 A、B 级的 4 个变量均没有对学习成绩有显著的贡献。C 级只有认知风格对汉语和口语成绩有显著的贡献。而到 D 级阶段，地区在所有科目中都是一个稳定的贡献变量。即使到了 E 级阶段，地区也是显著的预测变量。对于这一现象，笔者认为可能与不同地区的学生使用的学习策略有关。已有研究发现，不同国家的学生在语言学习中会采用不同的学习策略，[①]亚洲学生所使用的学习策略和欧洲学生明显不同。[②] 学习策略是研究者公认的影响学习成绩的主要因素。[③] 因此，地区变量有可能通过学习策略这一认知因素对学习成绩产生影响。

另外，态度对 D 级口语成绩也有显著的贡献。一般而言，初学者因为刚接触一种语言，往往态度比较积极，但随着学习时间的增加，尤其到了中级以后，接触的内容越来越复杂和深奥，由此会产生一定的畏难心理。此时，态度和毅力就更显重要。研究者认为，对目的语的态度是影响学生汉语学习效果的极为重要的因素之一。具有积极的态度，将有利于目的语学习。[④] 尤其在汉

[①] Oxford, R. L. & Stock, B. J. Assessing the Use of Language Learning Strategies Worldwide with the ESL/EFL Version of the Strategy Inventory for Language Learning. *System*, 1995(23).

[②] Politzer, R. & McGroarty, M. An Exploratory Study of Learning Behaviors and Their Relationship to Gains in Linguistic and Communicative Competence. *TESOL Quarterly*,1985(19); Oxford, R. L. & Stock, B. J. Assessing the Use of Language Learning Strategies Worldwide with the ESL/EFL Version of the Strategy Inventory for Language Learning. *System*, 1995(23); O'Malley, J. M. & Chamot, A. O. *Learning Strategies in Second Language Acquisition*. Cambridge University Press,1990.

[③] Skehan, P. & Dörnyei, Z. *Individual Differences in Second-language Learning.* Edward Arnold, 1989.

[④] 王建勤《影响汉语学习的因素与汉语学习的对策》，www.dwhyyjzx.com/uploadfile/200632754919237.doc.

语口语学习当中，对目的语的态度将直接影响学生利用目的语进行交际活动的多少，而口语学习的结果也必将表现在口语测验中，因此，态度对学习成绩有可能产生强烈的影响。

综上所述，认知风格和学习成绩的关系比较复杂，不能绝对地认为场独立型学生在第二语言学习，特别是在以汉语作为第二语言的学习中具有优势。在汉语学习的不同阶段，认知风格的影响也有所差别，只有在学习的中级阶段，认知风格的差异才对学习成绩产生影响，而在初级和高级阶段，学生的学习成绩与认知风格没有关系。而且，认知风格的差异只作用于部分学科，主要表现在汉语和口语成绩上，而听力、写作和阅读成绩，则没有表现出认知风格的影响。

第三节　后方法时代的教师研究：不同认知风格的汉语教师在课堂教学策略运用上的差异①

"后方法、后现代"的一个显著特征就是反对"方法时代"和"现代主义"造就的二元对立。这种二元论反映在二语／外语教学领域就是所谓的专家与教师、理论与实践、知识产生与知识消费的对立，其背后折射出来的是一种专家与教师的权利不平等关系。在专家至上模式培养下的教师"最终成了知识'导管'，也就是说，他们成为知识的被动传输者，把知识从一端（专家）

---

① 本节作者：吴勇毅、段伟丽，原载《语言教学与研究》2016 年第 2 期。

传输到另一端（学生），过程中没有任何改变。教师的基本目标就是帮助学生理解并最终运用这些知识。为了实现这个目标，教师们通常依赖学来的理论体系和教学策略，几乎从不认真考虑它们在实际教学环境中的有效性和相关性"[1]。

在解构二元对立的同时，"后方法、后现代"主张个性的张扬和多样性（多元），教育理念的核心是主张在教学中充分发扬教师的个人风格（认知风格、教学风格等），并且倡导教师发展的自主性，能够创立自己的教学理论，并在不断反思中提升自我的教学能力。"后方法"打破了理论家和实践者的分野，"目标是将课堂教学实践者转变为具有战略能力的教师和深谋远虑的研究者"[2]。而要达到这一点，理解和认识"教学自我"是非常重要的，库玛指出，认识教学自我就是认识教师的身份、信念、价值观。[3]也就是说，教师在职业生涯中体现出的个人气质很重要，它决定了教师的教学行为，也影响着学习结果。正如同教师信念和教师行为之间存在着紧密关系一样，教师认知风格和教师行为之间也存在着密切关系，因为它也是教师的一种身份标识，"知道自己良好的教学，了解我的学生和学科都同样重要"。[4]

本节以对外汉语教师为调查对象，通过定量和定性相结合的研究方法，调查了对外汉语教师的认知风格以及不同认知风格的汉语教师在课堂教学策略运用上的差异以及差异产生的原因。在教学

---

[1] 库玛《全球化社会中的语言教师教育："知""析""识""行"和"察"的模块模型》，赵杨、付玲毓译，北京大学出版社2014年版。

[2] 同上。

[3] 同上。

[4] Palmer, J. P. *The Courage to Teach: Exploring the Inner Landscape of a Teacher's Life*. Jossey-Bass Publishers, 1998.

中，教师了解自己的教学风格和了解学生的学习风格是一样重要的。

一 研究背景

（一）关于场依存—场独立认知风格的研究

认知风格，也称认知方式，指的是"个体在认知过程中所经常采用的、习惯化的方式，具体说是在感知、记忆、思维和问题解决过程中个体所偏爱的、习惯化了的态度和方式"。[①]

20世纪40年代，美国心理学家Witkin等人通过研究发现，人们具有场依存和场独立两种不同的认知风格，作为个体差异，它是一种"个体在心理活动中主要是依靠外在参照还是依靠身体内参照的倾向。场依存性者倾向于以外在参照作为心理活动的依据；场独立性者倾向于以内在参照作为心理活动的依据"。[②] 随着研究的不断深入发展，学者们不再满足于只是判断个体的认知风格和探讨认知风格的类型，而开始研究认知风格与个体行为之间的关系。

学习者在学习过程中表现出来的认知风格亦称学习风格，自20世纪60年代，教学研究的重心由教师转移到学生以后，学生认知风格/学习风格和学习行为之间关系的研究逐渐增多，主要

[①] 李寿欣、宋广文《西方认知方式研究概观》，《国外社会科学》1999年第1期。

[②] 李寿欣、宋广文《场依存—独立性认知方式：理论演进及其应用研究》，《内蒙古师大学报》（哲学社会科学版）1999年第2期。

集中在研究学习者的学习风格和学习及学习策略之间的关系[1]，学习者的认知风格与学习成绩之间的关系[2]以及不同认知风格的学生在学习策略运用上的差异[3]等。这些研究基本上都是从学习者的角度出发的，并未对教师的认知风格进行研究。

（二）场依存—场独立认知风格教师的特点

在教师认知风格的研究方面，大都是基于叙事和课堂观察的个案研究[4]，探讨不同认知风格的教师在教学行为上表现出的不

---

[1] Oxford, L. R. Gender Differences in Language Learning Styles: What Do They Mean? Reid, J. M. (ed.) *Learning Styles in the ESL/EFL Classroom*. Foreign Language Teaching and Research Press, 2002; Rossi-Le, L. Learning Styles and Strategies in Adult Immigrant ESL Students. Reid, J. M. (ed.) *Learning Styles in the ESL/EFL Classroom*. Foreign Language Teaching and Research Press, 2002; Cohen, A. D. *Strategies in Learning and Using a Second Language*. Longman, 1998.

[2] Tucker, G. & Hamayan. R. E. & Genesee, F. Affective, Cognitive and Social Factors in Second Language Acquisition. *Canadian Modern Language Review*, 1976 (32); Naiman, N. & Fröhlich, M. & Stern, H. H. & Todesco, A. *The Good Language Learner*. Ontario Institute for Studies in Education, 1978; Seliger, H. W. & Shohamy, E. *Second Language Research Methods*. Oxford University Press, 1989; Griffiths, R. & Sheen, R. Disembedded Figures in the Landscape: A Reappraisal of L2 Research on Field Dependence/independence. *Applied Linguistics*, 1992(13); Ellis, R. *The Study of Second Language Acquisition*. Oxford University Press, 1994; 吴一安、刘润清《中国英语本科学生素质调查报告》，《外语教学与研究》1993 年第 1 期。

[3] 文秋芳、王立非《影响外语学习策略系统运行的各种因素评述》，《外语与外语教学》2004 年第 9 期；徐子亮《不同认知风格的汉语学习者在学习策略运用上的差异研究》，《国际汉语教学动态与研究》（第 1 辑），外语教学与研究出版社 2006 年版。

[4] Witkin, H. A. & Moore, C. A. & Goodenough, D. R. & Cox, P. W. Field-dependent and Field-independent Cognitive Styles and Their Educational Implications. *Review of Educational Research*, 1977 (47); 朱敬先《教学心理学》，五南图书出版公司 1987 年版；李寿欣、孟庆茂《师生间认知方式的相互作用对教学效果的影响》，《心理科学》1997 年第 5 期；邬易平《教师认知风格叙事研究：场独立/场依存与任务设计及实施》，《语文学刊》2009 年第 7 期。

同特点以及师生认知风格的匹配与失配问题等。但这些研究并非是针对汉语作为第二语言／外语教师的。

在对外汉语教学界，有关教师认知风格的研究很少。其中王添淼曾基于认知风格理论探讨对外汉语教学策略，但主要还是针对学生的认知风格差异性，进而提出具有针对性的教学策略，并未对教师本身的认知风格展开探讨。[①] 刘莉对对外汉语教师的认知风格进行了调查，并将其分为场独立型、审慎型、发散型和齐平型教师，同时对不同认知风格的教师的教学特点进行了描述，其中场独立型汉语教师在教学中经常采用"让学生独立思考，然后挨个儿回答问题，直到答对为止"的方式。[②③] 但该研究并未对如何调查教师的认知风格，以及这些教师的认知风格是一个人的不同认知倾向还是不同人有不同的认知风格等问题做出解释。该研究侧重考察教师认知风格对教学模式的影响，并未对教师的具体课堂教学策略进行研究。

（三）对外汉语课堂教学策略

在对外汉语教学界，关于课堂教学策略的研究，学者们或是从语言教学技能"听、说、读、写"出发，探讨具体的听力教学策略、

---

① 王添淼《基于认知风格理论的对外汉语教学策略》，《汉语学习》2009年第2期。

② 本节只对一类认知风格，即场独立和场依存进行了研究，但不同类型认知风格（场独立／场依存、审慎／冲动、聚合／发散、齐平／尖锐等）之间是可能存在某种交集的。

③ 刘莉《CPSI教学模式的实证研究》，《语言教学与研究》2011年第3期。

口语教学策略、阅读教学策略和写作教学策略,[①] 或是从语言要素"语音、词汇、语法、汉字"出发,研究具体的语音教学策略、词汇教学策略、语法教学策略和汉字教学策略,[②] 还有从"提问、操练、纠错、管理"等方面出发,提出具体的提问策略、纠错策略、操练策略、管理策略、课堂活动策略等。[③]

结合本节的研究目的和内容,我们从以下五个方面,即语言知识教学、课堂活动、课堂提问、课堂教学媒体、课堂管理探讨不同认知风格的教师在具体课堂教学策略或课堂教学行为上的表现。

(四)研究缘起及目的

教学既包括学生的学,也包括教师的教,且教师在教学过程中所扮演的角色具有无可忽视的重要性。既然不同认知风格的学

[①] 杨惠元《汉语听力说话教学法》,北京语言学院出版社1996年版;张云艳《对外汉语口语教学策略研究》,《云南师范大学学报》(对外汉语教学与研究版)2003年第6期;崔永华《什么是好的语言课堂活动——汉语课堂教学策略探讨》,《海外华文教育》2008年第2期;崔永华、杨寄洲主编《对外汉语课堂教学技巧》,北京语言文化大学出版社1997年版;王凤兰《高年级汉语精读课教学的影响因素及解决策略》,《云南师范大学学报》(对外汉语教学与研究版)2008年第3期。

[②] 吴剑《来华预科留学生汉语写作策略探索》,《华文教学与研究》2012年第2期;吴勇毅《词语的解释》,《汉语研究与应用》(第二辑),中国社会科学出版社2004年版;黄振英《初级阶段汉语词汇教学的几种方法》,《世界汉语教学》1994年第3期;程棠《对外汉语语音教学中的几个问题》,《语言教学与研究》1996年第3期;崔永华《什么是好的语言课堂活动——汉语课堂教学策略探讨》,《海外华文教育》2008年第2期;崔永华、杨寄洲主编《对外汉语课堂教学技巧》,北京语言文化大学出版社1997年版。

[③] 刘晓雨《提问在对外汉语课堂教学中的运用》,《世界汉语教学》2000年第1期;田艳《关于对外汉语课堂纠错策略的层次性选择》,《语言教学与研究》2010年第3期;王巍《对外汉语教学中的课堂活动设计》,《教育理论与实践》2012年第24期。

生在学习策略的运用上会表现出较大差异，那么不同认知风格的教师在教学策略的运用上会不会也有差异呢？"后方法"要求教师充分认识"教学自我"，因为它决定了教学行为，由此，引发笔者对教师认知风格和教学策略的关注。通过检索相关的文献，我们发现学界，尤其是对外汉语界，还未对不同认知风格的汉语教师进行过较大样本的考察和量化分析，并总结出不同认知风格的教师偏爱使用的教学策略。

因此，本节主要结合教师的认知风格和教学策略两方面展开研究，试图探讨：不同认知风格的汉语教师是否在教学策略运用上有差异？如果有差异，差异表现在哪里？是否可以通过定量研究的方法进行大样本的调查，用定性研究的方法进行分析解释？我们希望此研究能给对外汉语教师的教学提供参考，进而丰富对外汉语教师的教学策略，提高教学质量，优化教学效果。同时，也能给教师的自我认识、自我发展以启迪。

二 研究方法与工具

（一）研究对象

本节的研究对象为从事对外汉语教学且具有班教经验的汉语教师，共 74 名。剔除未完成认知风格测试的问卷 12 份，回收有效问卷 62 份，回收率为 83.78%。

（二）汉语课堂教学策略问卷调查

"汉语课堂教学策略调查问卷"是自制的，其项目经过对外汉语教师讨论并确认为经常使用，再结合文献分析而初步确定；经过试测，又请心理学家和对外汉语专家型教师评定了项目的适当性和科学性，调整修订个别项目后最终确定下来（正式问卷调查的项目为46项）。

问卷分为两部分，第一部分了解被试的基本信息，包括性别、所学专业、所教班级水平、课型和教龄等。第二部分（共计46题）调查汉语教师课堂教学策略的使用情况，根据相关内容可分为语言知识教学（Q1～Q12）、课堂活动（Q13～Q21）、课堂提问（Q22～Q28）、课堂教学媒体使用（Q29～Q34）、课堂管理（Q35～Q46）五个方面。回答采用李克特5级量表（5 point Likert-Scale）："从不这样做、一般不这样做、有时这样做、一般这样做、总是这样做"，所对应的分值是1分～5分。调查对象根据自己的实际情况做出判断，选择与自己实际情况相符的评价等级。调查所得的数据用社会科学统计软件包（SPSS 17.0）进行处理。实施前先对调查问卷按顺序进行编码，然后对教师施测，完成问卷大约需要10分钟。（问卷参见附录）

（三）认知风格测试

完成课堂教学策略的调查问卷后，会根据问卷编码顺序发给教师相对应的具有相同编码的认知风格测试卷。

我们采用孟庆茂等修订的《镶嵌图形测验》[1]（以下简称《修订》，Embedded Figures Test，简称 EFT）鉴别对外汉语教师的认知风格。测验包括三部分，第一部分共九题，供练习用，不计入总分；第二、三部分各十题。根据测试要求，成年人每部分限时4分钟，完成测验需12分钟。根据《修订》的计分方法，每

---

[1] 孟庆茂、常建华《关于〈镶嵌图形测验〉评分方法及部分常模的修订》，北京师范大学出版社1988年版。

部分的前 1～2 题答对各计 0.5 分，答错计 0 分；3～4 题答对各计 1.0 分，答错计 0 分；5～10 题答对各计 1.5 分，答错计 0 分。

根据公式（略）换算和研究需要，本研究以 55 分为基准，将总分高于 55 分者视为具有明显场独立型认知风格的个体，而低于 55 分者视为具有明显场依存型认知风格的个体。[①] 在调查的 74 位教师中，有 62 位完成策略使用和认知风格两个调查（问卷编码一致），且数据有效。这 62 位教师的认知风格情况如下：

表 4-8　被试认知风格分类情况

认知风格分数	认知风格倾向	被试人数	类别
$S>55$	明显的场独立型	35 名	场独立型教师
$S<55$	明显的场依存型	27 名	场依存型教师

（四）课堂观察

笔者以非参与者的身份分别对两位具有典型的场依存认知风格倾向的汉语教师（分数低于 40）和两位具有典型的场独立认知风格倾向的汉语教师（分数高于 70）进行了课堂观察并录音。

（五）访谈

笔者分别对 5 位场依存型汉语教师（包括课堂观察中两位典型的场依存型汉语教师）和 5 位场独立型汉语教师（包括课堂观察中两位典型的场独立型汉语教师）进行访谈，访谈是为了更好地解释和分析数据。

---

① 应该承认，在两个分数段之间可能存在某种中间状态（但定量研究很难对此做出规定），本节暂不做深究。

三 研究结果

(一)不同认知风格的汉语教师在语言知识教学上的策略使用情况对比

表4-9 两类教师在语言知识教学上的策略使用

场依存型教师数据				场独立型教师数据			
题号	N	平均数	标准差	题号	N	平均数	标准差
Q1	27	3.00	1.074	Q1	35	2.69	0.993
Q2	27	3.07	1.035	Q2	35	3.03	0.923
Q3	27	3.04	0.898	Q3	35	2.94	0.968
Q4	27	3.59	0.888	Q4	35	3.60	0.775
Q5	27	3.04	0.898	Q5	35	2.91	0.853
Q6	27	3.60	0.698	Q6	35	3.78	0.695
Q7	27	3.91	0.534	Q7	35	3.85	0.742
Q8	27	3.81	0.834	Q8	35	3.91	0.742
Q9	27	3.74	0.813	Q9	35	3.91	0.612
Q10	27	3.52	1.051	Q10	35	3.83	0.618
Q11	27	3.96	0.854	Q11	35	3.57	0.979
Q12	27	2.89	1.219	Q12	35	2.66	0.968

通过调查我们发现,在语言知识教学方面,相对于场依存型汉语教师而言,场独立型汉语教师使用频率较高的教学策略如下:第一,在语言形式教学方面,较多使用归纳法,较少使用演绎法(Q4、Q5);第二,操练过程中会要求学生严格按照形式进行操练,并经常在操练过程中纠正学生的错误(Q6、Q8);第三,在对待学生学过的语言点上,场独立型汉语教师更常对学生的语言点进行归类整理和对比(Q9、Q10)。

根据表4-9可知,相对于场独立型汉语教师而言,场依存型汉语教师使用频率较高的教学策略包括：第一，较多使用抽象符号、公式和语法术语辅助教学（Q1、Q2、Q3）；第二，举例时，经常以学生为例（Q11）。

（二）不同认知风格的汉语教师课堂活动教学策略使用情况对比

表 4-10　两类教师课堂活动的策略使用

场依存型教师数据				场独立型教师数据			
题号	N	平均数	标准差	题号	N	平均数	标准差
Q13	27	4.17	0.808	Q13	35	3.96	0.618
Q14	27	3.30	0.823	Q14	35	3.46	0.780
Q15	27	2.63	0.949	Q15	35	2.85	0.731
Q16	27	3.26	0.944	Q16	35	2.86	0.974
Q17	27	3.56	0.934	Q17	35	3.60	0.847
Q18	27	4.07	0.730	Q18	35	3.91	0.742
Q19	27	4.09	0.759	Q19	35	4.04	0.781
Q20	27	1.86	0.958	Q20	35	1.93	0.912
Q21	27	2.14	1.050	Q21	35	2.44	0.845

结合数据统计我们发现，在课堂活动中，不同认知风格的汉语教师所使用的教学策略呈现出较大差异。场独立型汉语教师经常使用的教学策略有：第一，具有竞争性质的课堂活动，包括小组之间和个人之间的竞争活动（Q14、Q15）；第二，使用课堂讨论的频率高于场依存型汉语教师（Q17）；第三，课堂讨论中，较少会在教室里来回走动给学生提供帮助，也较少会参与学生讨论（Q19、Q20、Q21）。相反，场依存型汉语教师经常使用的策略有：第一，多采用具有合作性质的活动（Q13）；第二，结合活动要求改变学生的座位形式（Q16）；第三，讨论中鼓励学生合作完成（Q18）。

（三）不同认知风格的汉语教师课堂提问策略使用情况对比

表 4-11　两类教师课堂提问的策略使用

场依存型教师数据				场独立型教师数据			
题号	N	平均数	标准差	题号	N	平均数	标准差
Q22	27	3.54	0.700	Q22	35	3.52	0.780
Q23	27	3.81	0.396	Q23	35	3.80	0.584
Q24	27	2.48	0.849	Q24	35	2.09	0.818
Q25	27	3.14	1.121	Q25	35	3.11	1.033
Q26	27	3.59	0.888	Q26	35	4.00	0.642
Q27	27	1.81	0.786	Q27	35	1.80	0.759
Q28	27	4.30	0.542	Q28	35	4.29	0.572

课堂提问中，不同认知风格的汉语教师的教学策略运用也有差异。场依存型汉语教师使用频率较高的教学策略有：第一，在问题设置上，较多设置没有标准答案、让学生自由发挥的问题（Q22）；第二，应答上，会让学生单独回答问题并限定学生回答问题的时间（Q23、Q24）；第三，学生回答时，较少纠正学生的错误（Q25、Q26）；第四，学生回答后，会及时给予学生反馈，包括积极性和消极性反馈（Q27、Q28）。而场独立型汉语教师则经常纠正学生的错误，包括回答过程中和回答后（Q25、Q26），但较少给予学生反馈（相对而言）。

（四）不同认知风格的汉语教师在教学媒体使用上的策略情况对比

表 4-12　两类教师在教学媒体上的策略使用

场依存型教师数据				场独立型教师数据			
题号	N	平均数	标准差	题号	N	平均数	标准差
Q29	27	2.89	1.050	Q29	35	2.86	1.115

(续表)

场依存型教师数据				场独立型教师数据			
题号	N	平均数	标准差	题号	N	平均数	标准差
Q30	27	4.07	0.781	Q30	35	3.63	0.808
Q31	27	3.15	1.027	Q31	35	3.26	0.701
Q32	27	3.67	1.000	Q32	35	3.49	0.919
Q33	27	3.37	0.742	Q33	35	3.17	0.618
Q34	27	3.78	0.698	Q34	35	3.86	0.733

我们主要分析不同认知风格的汉语教师辅助教学经常使用的媒体是什么，并从简笔画、图片、实物、PPT、视频和动作语言这些形象化的媒体进行考察。通过对比发现，首先，在总体上，场依存型汉语教师使用的教学媒体种类多于场独立型汉语教师；其次，在使用频率上，场依存型汉语教师使用媒体辅助教学的频率高于场独立型汉语教师，Q31、Q34反之；最后，场依存型汉语教师较多使用简笔画、图片、PPT和视频等相对复杂的媒体辅助教学，而场独立型汉语教师则较多使用实物和肢体语言等简单媒体来辅助教学（Q31、Q34）。

（五）不同认知风格的汉语教师在课堂管理上教学策略使用情况对比

表4-13　两类教师在课堂管理上的策略使用

场依存型教师数据				场独立型教师数据			
题号	N	平均数	标准差	题号	N	平均数	标准差
Q35	27	3.41	0.931	Q35	35	3.23	0.843
Q36	27	3.00	1.038	Q36	35	2.37	0.973
Q37	27	2.81	1.001	Q37	35	2.49	0.887
Q38	27	2.93	1.072	Q38	35	2.80	1.052
Q39	27	4.17	0.907	Q39	35	3.85	0.785

(续表)

场依存型教师数据				场独立型教师数据			
题号	N	平均数	标准差	题号	N	平均数	标准差
Q40	27	2.07	0.917	Q40	35	1.74	0.611
Q41	27	2.33	1.177	Q41	35	2.00	0.767
Q42	27	3.22	0.801	Q42	35	2.91	0.887
Q43	27	2.78	0.892	Q43	35	3.31	0.832
Q44	27	4.41	0.572	Q44	35	4.29	0.622
Q45	27	4.41	0.501	Q45	35	4.37	0.598
Q46	27	3.09	0.898	Q46	35	2.96	0.919

根据调查统计可以看出，场依存型汉语教师在课堂管理上使用频率较高的教学策略有：第一，较多要求学生严格遵守课堂秩序（Q35）；第二，课堂上，如有个别同学听不懂，较少会面对全班同学再讲一次（Q36）；第三，会对课堂表现好的学生进行表扬或鼓励，同时也会对违反课堂秩序的学生提出批评甚至惩罚（Q37、Q38、Q39、Q40、Q41）；第四，喜好以教师讲述为主，学生讨论为辅的课堂（Q42）；第五，注重营造轻松愉快的课堂气氛（Q44）；第六，对学生的困难非常敏感，经常根据学生表情判断困难所在（Q45）；第七，较多会因学生的突发兴趣而改变教学步骤（Q46）。

不同于场依存型汉语教师，场独立型汉语教师的课堂较多采用学生讨论为主，教师讲述为辅的方式（Q43）。相对于场依存型汉语教师，场独立型汉语教师对课堂秩序的要求并不严格，同时较少会因为课堂上的非预设事件[①]而改变教学步骤。

[①] 吴勇毅、石旭登《CSL课堂教学中的非预设事件及其教学资源价值探讨》，《世界汉语教学》2011年第2期。

（六）两类汉语教师数据显著性差异分析

通过对问卷的项目进行独立样本 t 检验，具有显著性差异的项目（$p<0.05$）见表 4-14：

表 4-14 两类教师的显著差异

项目	认知风格类别	人数	均值	标准差	均差	t	p
Q9	场依存	27	3.74	0.813	-0.174	-0.959	0.24
	场独立	35	3.91	0.612			
Q10	场依存	27	3.52	1.051	-0.310	-1.452	0.000
	场独立	35	3.83	0.618			
Q11	场依存	27	3.96	0.854	0.392	1.649	0.042
	场独立	35	3.57	0.979			
Q21	场依存	27	2.14	1.050	-0.302	-1.253	0.047
	场独立	35	2.44	0.845			
Q26	场依存	27	3.59	0.888	-0.407	-2.097	0.010
	场独立	35	4.00	0.642			
Q41	场依存	27	2.33	1.177	0.333	1.347	0.002
	场独立	35	2.00	0.767			

通过表 4-14 可以发现，场依存型教师和场独立型教师在语言知识教学中使用的教学策略的频率呈显著差异的分别是 Q9（$t=-0.959$，$p<0.05$）、Q10（$t=-1.452$，$p<0.001$）和 Q11（$t=0.392$，$p<0.05$）；其中 Q9 和 Q10 两项是课堂教学中教师对学生学过语言点进行对比和归类的策略。这表明，场依存型教师较少会对学生学过的语言点进行归类和对比，而场独立型教师则经常这样做。Q11（$t=1.649$，$p<0.05$）是课堂教学中的举例策略，即经常"拿学生举例子"，这表明场依存型教师经常通过拿学生举例子的方式进行讲解，而场独立型教师则较少这样做。

场依存型教师和场独立型教师在课堂活动中使用的教学策略的频率呈显著差异的是Q21（$t=-1.253$，$p<0.05$），即课堂讨论过程中，教师是否会参与讨论。结果表明场独立型教师在课堂讨论过程中较少会参与学生的讨论，而场依存型教师则经常参与学生的讨论。

场依存型和场独立型教师在课堂提问中使用的教学策略的频率呈显著差异的是Q26（$t=-2.097$，$p<0.05$），即学生回答后，教师是否会纠正学生的错误。结果表明，场依存型教师较少会在学生回答后纠正学生的错误，而场独立型教师则经常会纠正学生的错误。

场依存型和场独立型教师在课堂管理中使用的教学策略的频率呈显著差异的是Q41（$t=1.347$，$p<0.01$），即课堂上教师是否会对课堂表现不好的同学进行批评。结果表明，场依存型教师经常会对课堂表现不好的学生进行批评，而场独立型教师则较少这样做。

四 讨论

根据以上数据，可以发现不同认知风格的汉语教师在课堂教学策略的运用上存在着差异，主要体现在使用某一课堂教学策略的频率上。然而，这些差异一方面与教师的认知风格一致，即受其认知风格的影响，教师会较多使用符合其认知风格的教学策略；另一方面，有些策略的使用却与教师的认知风格并不一致。

（一）课堂教学策略的运用与教师的认知风格一致

通过对教师的课堂观察和访谈，我们得知，汉语教师一般会偏爱并选用符合其认知风格的教学策略，可见这是在其认知风格的影响下对课堂教学策略的运用。比如，场依存型汉语教师注重学生语言的流利性，出于鼓励并提高学生自信的考虑，一般会较少纠错；而场独立型汉语教师注重学生语言的准确性，出于提高学生说汉语的准确度，纠错的频率则较高。场依存型汉语教师善于利用与学生的关系，喜欢平等的师生关系，举例时经常以自己的学生为例，并经常以平等的身份参与学生的讨论；而场独立型汉语教师，则喜欢明确的师生关系，举例时一般使用第三人称，并经常以教师的身份监控学生的讨论。场依存型汉语教师偏爱并经常组织具有合作性的课堂活动，而场独立型汉语教师则偏爱并经常组织具有竞争性的课堂活动；场依存型汉语教师对学生的困难比较敏感，课堂讨论中经常给学生提供帮助，并鼓励学生合作完成；而场独立型汉语教师则注重个人努力的重要性，课堂讨论中较少会给学生提供帮助，并鼓励学生独立参加。场依存型汉语教师偏爱并经常给学生积极性反馈，以提高其学习的自信心；而场独立型汉语教师则偏爱通过纠错和分析学生的错误来帮助学生学习。场依存型汉语教师容易受学生影响，注重学生感兴趣的话题，偏爱并经常根据学生的兴趣改变原来的教学计划；而场独立型汉语教师则注重教学目标，以自己的教学计划为标准而较少因学生而改变。

（二）课堂教学策略的运用与教师的认知风格不一致

通常具有场独立型认知风格的人能较快地从复杂的背景图形中找到简单的图像，这说明他们具有较强的认知改组能力，并在思维时善于进行抽象加工。因此，场独立型人喜好抽象的数理科学。[1] 场独立型教师在教学时"无论是教数理学科还是人文学科，

---

[1] Saracho, N. O. & Spodek, B. The Teachers' Cognitive Styles and Their Educational Implications. *Educational Forum*, 1981(45).

喜好用图表、流程和公式"(Dembo 1981，转引自朱敬先[1])。然而，本研究却发现，反而是场依存型汉语教师使用抽象符号、公式和语法术语的频率高于场独立型汉语教师。如何解释这一现象？通过访谈，我们得知，场依存型汉语教师自己学习语言时并不喜欢使用抽象符号和语法术语，但由于语言学习的特殊性以及专业学习过程中形成的习惯，并且考虑到学生的要求及方便教学等因素，故而较多使用。场独立型汉语教师表示，其实他们课上很想使用抽象符号、语法术语等手段辅助教学，但许多学生表示听不懂，且通过一些理论学习发现很多语法规则是否适用于汉语还有待商榷，因此他们课堂上使用不多。

此外，本研究还得出一些与前人研究结果不一致的地方。比如，本研究通过问卷调查、课堂观察和访谈发现，场依存型汉语教师偏爱并经常使用具有开放性的问题，而场独立型汉语教师则偏爱使用具有标准答案的问题（不同于邬易平[2]）；在课堂秩序上，场依存型汉语教师偏爱严格的课堂秩序，而场独立型汉语教师则偏爱宽松的课堂秩序（不同于 Dembo 1981，转引自朱敬先[3]，李寿欣、孟庆茂[4]）；在课堂上，场依存型汉语教师喜欢并经常以教师讲述为主，学生讨论为辅，而场独立型汉语教师则

---

[1] 朱敬先《教学心理学》，五南图书出版公司 1987 年版。
[2] 邬易平《教师认知风格叙事研究：场独立/场依存与任务设计及实施》，《语文学刊》2009 年第 7 期。
[3] 同注[1]。
[4] 李寿欣、孟庆茂《师生间认知方式的相互作用对教学效果的影响》，《心理科学》1997 年第 5 期。

喜欢并经常以学生讨论为主，教师讲述为辅（不同于 Witkin et al.[1]，朱敬先[2]，李寿欣、孟庆茂[3]，Dembo1981，转引自朱敬先[4]）。通过访谈我们发现，场依存型汉语教师出于锻炼学生思维的目的而喜爱使用开放性的问题，而场独立型汉语教师则出于提高学生语言的准确度和便于判断正误的考虑偏爱使用具有标准答案的问题；场依存型汉语教师为了创造良好的学习环境，因而要求建立严格的课堂秩序，而场独立型汉语教师出于学生学习的自控性和自主性的考虑，因此较少要求课堂秩序；场依存型汉语教师由于语言的系统性和教学效果而偏爱使用教师讲述为主、学生讨论为辅的课堂，而场独立型教师则出于课型和判断学生掌握情况的考虑偏爱使用学生讨论为主、教师讲述为辅的课堂。

教师的实践性知识随着经验的不断积累而不断拓展，一开始或许从喜好出发来选用某项教学策略，到后来则从教学效果考虑选用某项教学策略。教师选用某一教学策略除了受其认知风格的影响之外，还会受到学生要求、学习内容、教学经验、教学效果以及理论专著的影响。因此，教学策略的选用有时并非跟认知风格相符，但其原因是可以解释的。

---

[1] Witkin, H. A. & Moore, C. A. & Goodenough, D. R. & Cox, P. W. Field-dependent and Field-independent Cognitive Styles and Their Educational Implications. *Review of Educational Research*, 1977 (47).

[2] 朱敬先《教学心理学》，五南图书出版公司 1987 年版。

[3] 李寿欣、孟庆茂《师生间认知方式的相互作用对教学效果的影响》，《心理科学》1997 年第 5 期。

[4] 同注②。

五 结语

通过问卷调查、课堂观察和访谈，本研究得出以下结论：首先，不同认知风格的汉语教师在课堂教学策略的运用上存在着差异，差异主要体现在：第一，受其认知风格的影响，汉语教师会偏爱并经常使用某项/些教学策略；第二，尽管受其认知风格的影响，汉语教师会偏爱使用某项/些策略，但由于其他因素的作用（如学生要求、课型、教学效果、专业知识等），他们可能使用该项/些策略的频率并不高，原因是可以解释的。其次，随着教师实践性知识的发展，汉语教师偏爱并经常使用的某项/些教学策略的出发点会从依照其自身的认知风格逐渐转变为依照教学实际（这或许也是一个汉语教师成熟的标志之一）。

由此我们给汉语教师的课堂教学提出以下建议：首先，要了解自己的认知风格，并尝试不同的教学方法，尤其是要尝试与自己认知风格不相符的方法；其次，多与同事、同行分享和交流彼此的教学经验和教学方法以丰富自己的教学手段；最后，在了解自己的基础上，走近学生，了解学生的认知风格，从而明确教师教学策略与学生认知风格的匹配与失配的关系，进而优化教学过程，提高教学效果。一线教师要努力形成一套具有自身特点和风格，但又非"独来独往"、不顾教学对象和教学环境的教学实践理论。

语言教学要"为在尽可能短的时间获得理想的学习效果而创造最佳的条件，这便是教学目的之所在"[①]。在后方法时代，人

[①] 库玛《超越教学法：语言教学的宏观策略》，北京大学出版社2013年版。

们试图解构理论家创建专业教学理论的话语权,教学实践者被赋予了建构自身教学实践理论的权利,教师的自主性得以突显。没有万能普适的教学法,汉语教师可以充分发挥自己的认知风格和特点,去建构属于自己的、个性化的教学实践理论与方法。与此同时,个性化的教学实践理论与方法应"建立在对特殊情境的全面解释基础之上"[①],即能适应施教当地的个体、机构、社会和文化语境。这也就是后方法给予我们的启迪。

---

① 库玛《全球化社会中的语言教师教育:"知""析""识""行"和"察"的模块模型》,赵杨、付玲毓译,北京大学出版社2014年版。

图书在版编目(CIP)数据

汉语作为第二语言的学习者研究/王建勤主编.—北京:商务印书馆,2019
(商务馆对外汉语教学专题研究书系.第二辑)
ISBN 978-7-100-17930-0

Ⅰ.①汉… Ⅱ.①王… Ⅲ.①汉语—对外汉语教学—教学研究 Ⅳ.①H195.3

中国版本图书馆 CIP 数据核字(2019)第 252794 号

权利保留,侵权必究。

汉语作为第二语言的学习者研究
王建勤 主编

商 务 印 书 馆 出 版
(北京王府井大街36号 邮政编码100710)
商 务 印 书 馆 发 行
北京新华印刷有限公司印刷
ISBN 978-7-100-17930-0

2019年12月第1版　　开本 880×1230　1/32
2019年12月北京第1次印刷　印张 8⅜
定价:29.00元